KB266220

Essential Korean 4-Character Idioms

176 Idioms to Upgrade Your Korean
Essential Korean 4-Character Idioms
사자성어를 알면 한국어가 쉬워진다

Writers	Jeyseon Lee, Youseon Lee
Editors	Eugene Lee, Soyoung Kim, Soyeon Moon, Soo Jung Sung
Cover Design	Jinkyu Yang
Interior Design	Kyesoo Chung, Euna Seo

Published by Kong & Park, Inc.
85 Gwangnaru-ro 56-gil, Gwangjin-gu, Seoul, 05116 Rep. of Korea
info@kongnpark.com
Tel +82 (0)2 565 1531
Fax +82 (0)2 6499 1801
www.kongnpark.com

Simultaneously published in the USA by Kong & Park USA, Inc.
1440 Renaissance Drive, Suite 430, Park Ridge, IL 60068, USA
usaoffice@kongnpark.com
Tel +1 847 241 4845
Fax +1 312 757 5553
www.kongnpark.com

Published July 22, 2024
Printed in Korea

ISBN 978-1-63519-085-4 53395
Library of Congress Control Number: 2024940555

Publisher's Cataloging-in-Publication data

Names:	Lee, Jeyseon. | Lee, Youseon.
Title:	Essential Korean 4-Character Idioms / Jeyseon Lee, Youseon Lee.
Description:	Park Ridge, IL: KONG & PARK USA, INC., 2024.
Identifiers:	LCCN 2024940555 | ISBN 9781635190854 (print)
Subjects:	LCSH: Proverbs--Korean. | Korean language--Idioms. | Korean language--Text Books for foreign speakers. | Korean language--Study and teaching--Foreign speakers. | BISAC: FOREIGN LANGUAGE STUDY / Korean. | LANGUAGE ARTS & DISCIPLINES / Spelling & Vocabulary. | LANGUAGE ARTS & DISCIPLINES / Study & Teaching.
Classification:	LCC PN6519.K6 L44 2024 | DDC 495.78--dc23

※ Visit the www.kongnpark.com website to download more teaching resources.

176 Idioms to Upgrade Your Korean

Essential Korean 4-Character Idioms

사자성어를 알면 한국어가 쉬워진다

Jeyseon Lee · Youseon Lee

　세계적으로 한국 대중문화가 인기를 끌고 한국어 학습에 대한 열의가 높아지면서, 한국어 교육 현장에서는 한국어 교재가 더 다양해져야 한다는 목소리가 힘을 얻고 있습니다. 특히 한국어 학습 열풍과 함께 중급 이상 학습자들의 수가 늘어나면서 이들 대부분이 한국어의 일부로서 한자어 학습의 필요성을 절실히 느끼고 있습니다. 외국인 학습자들뿐만 아니라 가정에서 한국어를 많이 듣고 자란 교포 학습자들도 언뜻 보기에는 한국어를 유창하게 하는 듯싶지만, 한자어에 기반한 사자성어처럼 별도로 학습하지 않으면 이해하기 힘든 표현에 부딪혔을 때 언어의 장벽을 느끼는 경우가 많습니다. 이렇듯 중·고급 수준의 한국어를 열심히 공부해도 한국 사람들이 일상생활에서 쓰는 사자성어를 포함한 한자어를 접하면 갑자기 의사소통에 어려움을 겪게 되어서 이를 학습할 수 있는 교재에 대한 요구가 크게 늘었습니다.

　《사자성어를 알면 한국어가 쉬워진다》는 사자성어를 통해 한국어에서 한자어의 쓰임을 효과적으로 학습할 수 있는 교재입니다. 이 책은 '국제 통용 한국어 표준 교육과정'에서 선정한 사자성어들과 국립국어원의 '한국어교수학습샘터'에서 제시하는 관용 표현으로서의 사자성어들 중 공통된 사자성어를 우선 선별하여 총 176개의 필수 사자성어를 다루고 있습니다. 또 이들 사자성어를 양태와 주제에 따라 과별로 4개씩 묶어 소개함으로써, 유사한 상황에서 사용되는 사자성어들을 연관지어 함께 배울 수 있습니다. 각 과는 두 가지 활동으로 구성되었으며, 활동 1을 통해 각각의 사자성어별 의미를 이해하고 활동 2의 다양한 문제들을 통해 관용적 표현으로서 사자성어의 사용법을 익힐 수 있습니다.

이 책은 중급 수준 이상의 학습자들을 대상으로 학교나 어학원 등 교육 기관에서 한국어 수업을 위한 보충 교재로 사용할 수도 있고, 한국어 교육 기관에 접근하기 어려운 학습자들이 자신의 학습 속도에 맞추어 혼자서 공부할 수도 있는 교재입니다. 물론 아직 중급 수준 이상의 실력을 갖추지 못한 학습자라 할지라도 자신의 수준에 맞는 문제를 우선 공부하며 사자성어에 대한 기초를 다진 후 시간을 두고 더 높은 단계의 문제에 접근하면 충분히 혼자서 완독할 수 있는 교재입니다. 의사소통 향상에 중점을 두고 실생활에서 접하는 여러 상황별 사자성어를 제시한 이 책을 통해, 한국어 어휘 향상은 물론 한국 문화의 이해를 바탕으로 한 자연스러운 한국어를 구사하는 데에 큰 도움이 되기를 기대합니다.

수년간 준비한 원고를 독자들이 좀 더 이해하기 쉽도록 함께 다듬어 책으로 출판될 수 있게 힘써 주신 공앤박 출판사의 공경용 대표님과 편집부 여러분들에게 진심으로 감사드리며, 바쁘신 중에도 내용을 꼼꼼히 살펴 완성도를 높이는 데 함께해 주신 경희대학교 국어국문학과 김양진 교수님께도 감사 인사를 드립니다.

마지막으로 한국어 교육 현장의 바람을 담아 열매 맺은 《사자성어를 알면 한국어가 쉬워진다》가 전 세계 학습자들이 한국의 전통·문화·가치를 깊이 이해하는 데 도움이 되기를, 그리고 고급 한국어 학습에 대한 문턱을 낮추어 독자들이 좀 더 자유로운 의사소통으로 나아가는 데 기여할 수 있기를 바랍니다.

2024년 7월,

이지선·이유선 씀.

이 책은 한국어의 사자성어를 일상생활에서 사용하는 양태와 주제에 따라 과별로 4개씩 묶어 소개합니다. 이때 교재에 수록된 총 176개의 사자성어는 '국제 통용 한국어 표준 교육과정'에서 선정한 사자성어들과 국립국어원의 '한국어교수학습샘터'에서 제시하는 관용 표현으로서의 사자성어들 중 공통된 사자성어를 우선 선별한 필수 사자성어입니다.

This book presents four-character idiomatic expressions in Korean, grouped in sets of four per lesson according to themes and situations in everyday life. The 176 idioms included in this book are primarily selected essential idioms that are common to the four-character idioms selected by the 'International Standard for Curriculum Korean Language' and the four-character idioms as idiomatic expressions presented by the National Institute of Korean Language's 'Center for Teaching and Learning Korean.'

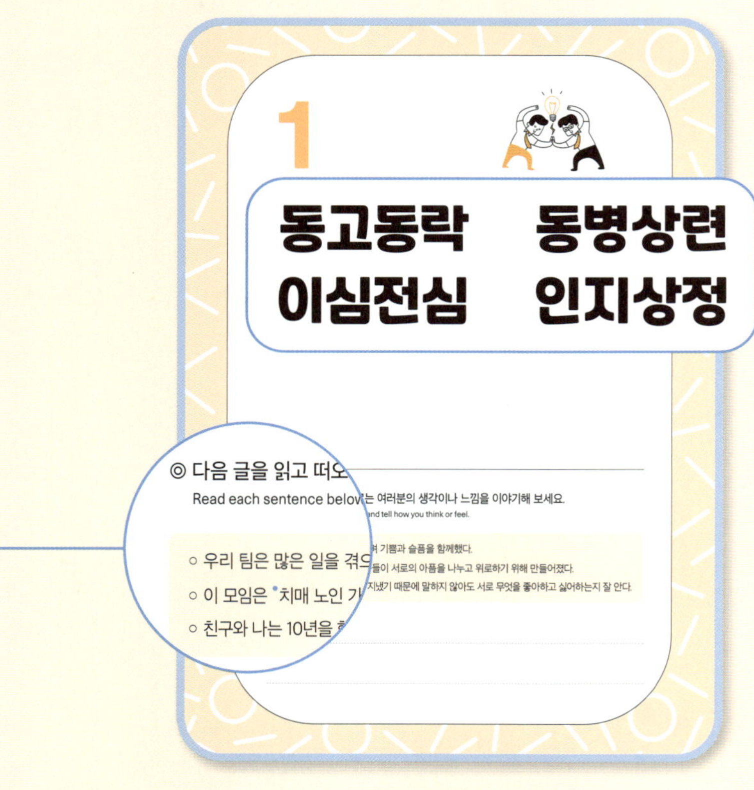

도입부는 각 과별 학습에 들어가기 전에 학습자들의 스키마를 활성화하는 데 활용할 만한 질문들을 제공합니다. 이를 통해 학습자들은 사자성어를 본격적으로 학습하기에 앞서, 각 과별 사자성어의 활용 양태와 주제를 미리 떠올려 좀 더 쉽게 사자성어의 이해에 도달할 수 있습니다.

The introduction part provides warm-up questions to activate the learners' schemas before immersing themselves in four-character idioms. This enables learners to comprehend idiomatic expressions more easily by pre-considering the themes and situations where the idioms are used.

활동 1은 각 과별로 제시된 사자성어 낱글자들의 뜻을 밝혀 해당 사자성어를 정확하게 이해하고 사용하도록 이끕니다. 이를 통해 학습자들은 사자성어를 이루고 있는 낱글자인 개별 한자어의 뜻과 음을 이해한 후, 사자성어로서 그 풀이와 함께 관용적 사용법을 익혀 정확한 활용을 도모할 수 있습니다.

In Activity 1, the literal meaning and pronunciation of each Chinese character of the idioms are provided to help learners understand the original and actual meaning of each idiom. Understanding the connection between the literal and the real meaning of the idioms not only improves the learners' comprehension but also promotes a more appropriate usage of idioms in real life.

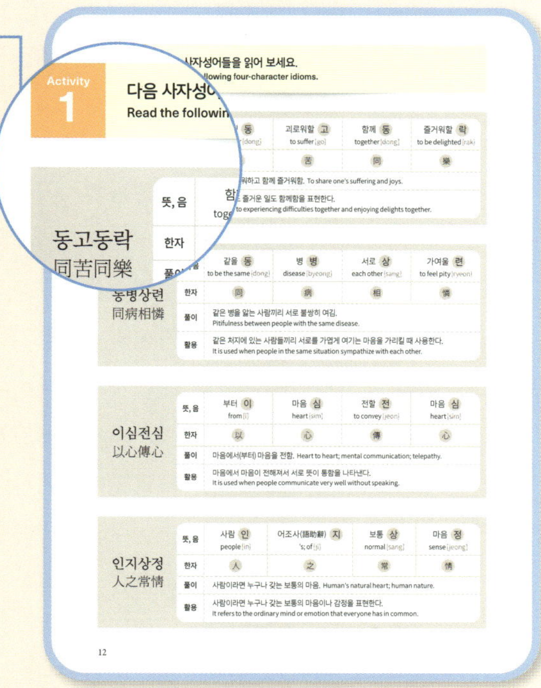

활동 2는 다양한 유형의 문제들을 풀면서 사자성어의 실제적 활용을 연습합니다. 이를 통해 학습자들은 짧은 서술문에서부터 대화문, 기사문 등의 문장에서 사자성어를 활용한 예들을 살펴보고, 실제적인 의사소통과 일상생활에서 사자성어를 활용하는 방법을 배울 수 있습니다.

In Activity 2, learners can practice various types of questions enhancing their comprehension and correct usage of idioms. The practice questions organized step-by-step will raise the learners' proficiency level from basic knowledge to practical applications in real life, such as daily communications, short passages, news articles, etc.

차례 Contents

머리말 Preface   4
교재의 활용 How to Use This Book   6

Lesson 1	동고동락	동병상련	이심전심	인지상정	11
Lesson 2	만장일치	상부상조	십시일반	혼연일체	17
Lesson 3	불철주야	심기일전	주경야독	칠전팔기	23
Lesson 4	궁여지책	안성맞춤	임기응변	적재적소	29
Lesson 5	과유불급	선견지명	유비무환	일석이조	35
Lesson 6	반면교사	역지사지	온고지신	타산지석	41
Lesson 7	박학다식	백발백중	외유내강	팔방미인	47
Lesson 8	살신성인	솔선수범	언행일치	청렴결백	53
Lesson 9	금의환향	승승장구	일사천리	탄탄대로	59
Lesson 10	괄목상대	대기만성	일취월장	자수성가	65
Lesson 11	구사일생	어부지리	일확천금	천우신조	71
Lesson 12	군계일학	명불허전	명실상부	전무후무	77
Lesson 13	무용지물	소탐대실	오리무중	자업자득	83
Lesson 14	견물생심	사리사욕	아전인수	이해타산	89
Lesson 15	시기상조	시시각각	자초지종	함흥차사	95
Lesson 16	격세지감	변화무쌍	상전벽해	천양지차	101
Lesson 17	산전수전	우여곡절	점입가경	파란만장	107
Lesson 18	기절초풍	내우외환	대성통곡	청천벽력	113
Lesson 19	사면초가	설상가상	속수무책	풍전등화	119
Lesson 20	고진감래	새옹지마	시행착오	전화위복	125

Lesson 21	길흉화복	생로병사	적자생존	흥망성쇠	131
Lesson 22	사필귀정	안분지족	인생무상	일장춘몽	137
Lesson 23	관혼상제	금지옥엽	애지중지	유일무이	143
Lesson 24	백년가약	백년해로	일편단심	천생연분	149
Lesson 25	교우이신	막역지우	죽마고우	희로애락	155
Lesson 26	무병장수	불로장생	자자손손	장유유서	161
Lesson 27	거두절미	단도직입	언중유골	유구무언	167
Lesson 28	감언이설	반신반의	유언비어	침소봉대	173
Lesson 29	야단법석	중구난방	중언부언	횡설수설	179
Lesson 30	노발대발	독불장군	막무가내	좌지우지	185
Lesson 31	사상누각	용두사미	유명무실	탁상공론	191
Lesson 32	갑론을박	시시비비	왈가왈부	좌충우돌	197
Lesson 33	동문서답	동상이몽	마이동풍	주객전도	203
Lesson 34	부화뇌동	우유부단	작심삼일	차일피일	209
Lesson 35	노심초사	심사숙고	전전긍긍	좌불안석	215
Lesson 36	기하급수	다다익선	우후죽순	인산인해	221
Lesson 37	금시초문	부지기수	비일비재	십중팔구	227
Lesson 38	각양각색	대동소이	유유상종	일맥상통	233
Lesson 39	난형난제	막상막하	무궁무진	천정부지	239
Lesson 40	금수강산	배산임수	산해진미	형형색색	245

부록_ 알아 두면 더 좋은 사자성어　251

찾아보기 Index　260

1

동고동락　동병상련
이심전심　인지상정

◎ 다음 글을 읽고 떠오르는 여러분의 생각이나 느낌을 이야기해 보세요.
Read each sentence below and tell how you think or feel.

- 우리 팀은 많은 일을 겪으며 기쁨과 슬픔을 함께했다.

- 이 모임은 *치매 노인 가족들이 서로의 아픔을 나누고 위로하기 위해 만들어졌다.

- 친구와 나는 10년을 함께 지냈기 때문에 말하지 않아도 서로 무엇을 좋아하고 싫어하는지 잘 안다.

➡ 함께 느끼다,

다음 사자성어들을 읽어 보세요.
Read the following four-character idioms.

동고동락
同苦同樂

뜻, 음	함께 동 together [dong]	괴로워할 고 to suffer [go]	함께 동 together [dong]	즐거워할 락 to be delighted [rak]
한자	同	苦	同	樂
풀이	함께 괴로워하고 함께 즐거워함. To share one's suffering and joys.			
활용	힘든 일도 즐거운 일도 함께함을 표현한다. It refers to experiencing difficulties together and enjoying delights together.			

동병상련
同病相憐

뜻, 음	같을 동 to be the same [dong]	병 병 disease [byeong]	서로 상 each other [sang]	가여울 련 to feel pity [ryeon]
한자	同	病	相	憐
풀이	같은 병을 앓는 사람끼리 서로 불쌍히 여김. Pitifulness between people with the same disease.			
활용	같은 처지에 있는 사람들끼리 서로를 가엽게 여기는 마음을 가리킬 때 사용한다. It is used when people in the same situation sympathize with each other.			

이심전심
以心傳心

뜻, 음	부터 이 from [i]	마음 심 heart [sim]	전할 전 to convey [jeon]	마음 심 heart [sim]
한자	以	心	傳	心
풀이	마음에서(부터) 마음을 전함. Heart to heart; mental communication; telepathy.			
활용	마음에서 마음이 전해져서 서로 뜻이 통함을 나타낸다. It is used when people communicate very well without speaking.			

인지상정
人之常情

뜻, 음	사람 인 people [in]	어조사(語助辭) 지 's; of [ji]	보통 상 normal [sang]	마음 정 sense [jeong]
한자	人	之	常	情
풀이	사람이라면 누구나 갖는 보통의 마음. Human's natural heart; human nature.			
활용	사람이라면 누구나 갖는 보통의 마음이나 감정을 표현한다. It refers to the ordinary mind or emotion that everyone has in common.			

1 다음 사자성어와 가장 알맞은 설명을 연결해 보세요.
Match the following four-character idioms with the most appropriate descriptions.

(1) 동고동락 •

(2) 동병상련 •

(3) 이심전심 •

(4) 인지상정 •

• ㉠ 어려운 *처지에 있는 사람끼리 서로를 *가엽게 여김.

• ㉡ (말이나 글로 표현하지 않아도) 마음으로 서로 뜻이 통함.

• ㉢ 힘든 일도 즐거운 일도 모두 함께함.

• ㉣ 사람으로 태어나 갖게 되는 보통의 마음이나 감정.

2 다음 밑줄 친 상황에 가장 잘 어울리는 사자성어를 써 보세요.
Write the most appropriate four-character idiom that describes the situation underlined below.

(1) 그 친구와 나는 대학에 들어와서 졸업할 때까지 힘든 시험공부도 즐거운 동아리 활동도 모두 함께했다.

| 동 | | | |

(2) 사고로 자녀를 잃은 부모들의 이야기는 사람이라면 누구라도 눈물을 흘릴 슬프고 안타까운 사연이다.

| | 지 | | |

(3) 오늘 한국 음식을 먹고 싶었는데, 마치 *마음이 통한 것처럼 룸메이트가 한국 음식점에서 저녁을 먹자고 했다.

| | | 전 | |

(4) 힘든 일을 겪고 나면 비슷한 처지에 놓인 사람들에게 가여운 *마음이 들어 관심을 끊기 어렵다.

| | | | 련 |

【3~6】 다음 사자성어를 활용해서 질문에 답해 보세요.(단, 문제 3~4는 4개의 사자성어를 1번씩만 사용해야 함.)
Answer the questions using the following four-character idioms. (For Questions 3 and 4, use each idiom only once.)

| 동고동락 | 동병상련 | 이심전심 | 인지상정 |

3 다음 빈칸에 가장 알맞은 사자성어를 넣어 문장을 완성해 보세요.
Fill in the blank with the most appropriate four-character idiom to complete the sentence.

(1) 우리 부부는 처음 만났을 때부터 지금까지 말하지 않아도 ☐☐☐☐(으)로 마음이 통했다.

(2) 직장 선배와 나는 둘 다 경제적인 어려움으로 대학 진학을 포기해야 했던 처지가 같았기 때문에 서로 ☐☐☐☐을/를 느낄 때가 많았다.

(3) *이민을 떠나야 하는데, 고등학교 생활 내내 함께 울고 웃으며 ☐☐☐☐한 친구들과 헤어지는 것이 너무 힘들다.

(4) 어린아이가 길에서 혼자 울며 도움을 요청하고 있으면 도와주고 싶은 마음이 생기는 것이 ☐☐☐☐(이)다.

4 다음 대화문을 읽고 빈칸에 가장 알맞은 사자성어를 써 보세요.
Read the following dialogues and fill in the blanks with the most appropriate four-character idioms.

(1) 가: 최근에 수지 씨랑 *부쩍 자주 만나는 것 같은데 무슨 일 있어요?

나: 수지 씨도 저도 최근에 남자 친구랑 헤어져서 같은 처지거든요. 우리는 자주 만나서 서로를 위로하며 ☐☐☐☐의 마음을 나누고 있어요.

(2) 가: 매번 위로해 주고 도움이 되는 말을 해 줘서 정말 고마워요.

나: 아니에요. 마음이 힘들 때 누군가에게 *의지하고 싶은 건 ☐☐☐☐인 걸요. 도움이 되었다니 다행이에요.

(3) 가: 너희 아버지가 다음 달 *은퇴를 *앞두고 동료들과 헤어지는 걸 무척 아쉬워하시네.

나: 오랫동안 많은 일을 함께 겪으며 ☐☐☐☐ 하셔서 그러실 만해요.

(4) 가: 이번 토요일에 서울 *근교로 *나들이 갈까요?

나: 좋아요. 사실 저도 날씨가 좋을 것 같아서 이번 주말에 같이 *바람 쐬러 가자고 말하려고

했는데 ☐☐☐☐ (으)로 서로 통했네요.

5. 다음 기사문을 읽고 알맞은 사자성어를 사용해서 제목을 완성해 보세요.

Read the following article and complete its title using the appropriate four-character idiom.

가수 K, 15년 넘게 ☐☐☐☐ 한 *매니저 결혼식에서 *축가

입력 2000.00.00.   가가 ⬆ 🖨

　　최근 가수 K가 15년 동안 함께한 매니저의 결혼식에서 축가를 불러 *화제의 주인공이 되었다. K는 매니저를 위해 *전성기 때처럼 화려한 춤을 *선보이며 노래를 불렀고, 이 장면을 결혼식에 참석한 손님들이 *SNS에 공개하면서 엄청난 관심을 모았다. K는 축가뿐만 아니라 *축사를 읽으며 어렵고 힘든 *시절이 떠올라서인지 눈물을 보이기도 했다. 사람들은 15년 동안 기쁜 일이나 슬픈 일이나 함께 겪은 두 사람의 우정에 마음이 따뜻해진다는 *댓글을 남겼다.

Vocabulary

• 이민 emigration	• 부쩍 markedly; drastically	• 의지하다 to rely on
• 은퇴 retirement	• 앞두다 have something ahead	• 근교 suburb
• 나들이 outing	• 바람 쐬다 to get some fresh air	• 매니저 manager
• 축가 congratulatory song	• 화제 topic	• 전성기 golden era
• 선보이다 to show	• SNS Social Network Service	• 축사 congratulatory message
• 시절 days; years	• 댓글 comment	

다음 글을 읽고 밑줄 친 부분과 관계있는 사자성어를 써 보세요.
Read the following passage and write the most appropriate four-character idiom related to the phrase underlined.

*불교의 *창시자 석가모니(釋迦牟尼)가 *제자들을 *한자리에 불러 *설법하고 있을 때였다. 갑자기 하늘에서 바람이 불면서 *연꽃이 *흩날렸고 석가모니는 아무 말도 없이 연꽃 송이 하나를 집어 살짝 *비틀었다. 제자들은 석가모니의 행동이 이해되지 않아서 *어리둥절했으나, 제자 '가섭'만이 무엇인가를 깨달은 듯 *빙그레 웃었다. 그 모습을 본 석가모니 역시 가섭을 보고 미소를 지었다.

"나에게는 마음에서 마음으로 전하고 싶은 *진리가 있다. 내가 그동안 깨달은 모든 것을 너에게 주겠다."

석가모니는 진리란 말이나 책이 아니라 마음에서 마음으로 통하는 것이어야 한다고 생각했다. 이 때문에 석가모니의 뜻을 이해한 가섭만이 *가르침을 받을 수 있었다.

2

만장일치 상부상조
십시일반 혼연일체

◎ 다음 글을 읽고 떠오르는 여러분의 생각이나 느낌을 이야기해 보세요.
Read each sentence below and tell how you think or feel.

- 팀 프로젝트를 성공시키기 위해 [*]팀원들이 서로서로 도우며 어려움을 극복해 나갔다.
- 회사 대표는 회사를 성장시키려면 [*]임원과 직원 모두가 공통의 목표를 위해 [*]하나가 되어야 한다고 [*]강조했다.
- 축구나 야구·농구 등 선수들이 단체로 경기를 치르는 운동은 무엇보다도 모든 선수가 하나의 마음이 되어 움직이는 팀워크가 매우 중요하다.

➡ 서로 돕다,

다음 사자성어들을 읽어 보세요.
Read the following four-character idioms.

만장일치 / 滿場一致

뜻, 음	가득 찰 **만** to be full [man]	마당 **장** yard [jang]	하나 **일** one [il]	이를 **치** to reach [chi]
한자	滿	場	一	致
풀이	(마당에 가득) 모인 모든 사람들의 의견이 하나로 모임. People's opinions in the yard are the same; unanimity.			
활용	한곳에 모인 모든 사람들의 어떤 일에 대한 의견이 하나로 같음을 말한다. It refers to everyone in one place having the same opinion about something.			

상부상조 / 相扶相助

뜻, 음	서로 **상** each other [sang]	의지할 **부** to rely on [bu]	서로 **상** each other [sang]	도울 **조** to help [jo]
한자	相	扶	相	助
풀이	서로를 의지하고 도움. To help each other.			
활용	서로 의지하고 도와 어려움을 이겨 나가는 상태를 가리킬 때 사용한다. It is used to refer to the state of overcoming difficulties by relying on and helping each other.			

십시일반 / 十匙一飯

뜻, 음	열 **십** ten [sip]	숟가락 **시** spoon [si]	하나 **일** one [il]	밥 **반** steamed rice [ban]
한자	十	匙	一	飯
풀이	밥 열 숟가락을 모으면 한 그릇이 됨. Ten spoonful's of rice makes a bowl of rice.			
활용	여러 사람이 조금씩 힘을 합하면 한 사람을 쉽게 도울 수 있다는 말로, 작은 힘으로도 큰 도움을 줄 수 있음을 표현한다. It means that if several people cooperate little by little, they can easily help one person, expressing that everyone's little contribution can be a great help if it is combined.			

혼연일체 / 渾然一體

뜻, 음	뒤섞일 **혼** to be blended [hon]	그러할 **연** to be like [yeon]	하나 **일** one [il]	몸 **체** body [che]
한자	渾	然	一	體
풀이	온통 완전히 섞여 하나가 됨. To be mixed or blended to become like one.			
활용	(참여한) 모든 사람들의 생각·행동·의지 등이 완전히 하나가 된 상태를 가리킬 때 사용한다. It is used to refer to a state in which thoughts, actions, and wills are completely working as one.			

앞에서 학습한 내용을 바탕으로 다음 질문에 답해 보세요.
Answer the following questions based on what you learned on the previous page.

1 다음 사자성어에 대한 설명 중 옳은 것은 ○, 옳지 <u>않은</u> 것은 × 표시해 보세요.
Read each description about four-character idioms and write ○ if correct and × if incorrect.

(1) 만장일치: 한곳에 모인 모든 사람들의 어떤 일에 대한 의견이 하나로 같음. 　(　)

(2) 상부상조: 사람이라면 누구나 갖는 보통의 마음이나 감정. 　(　)

(3) 십시일반: 여러 사람이 조금씩 •힘을 합하면 한 사람을 쉽게 도울 수 있음. 　(　)

(4) 혼연일체: 모든 사람들의 생각·행동 등이 조금도 다르지 않고 완전히 하나가 됨. 　(　)

> **잠깐** 위의 사자성어에 대한 설명으로 옳지 <u>않은</u> 것이 있으면 올바르게 고쳐 써 보세요.
> Read the above descriptions again and rewrite the incorrect descriptions if there are any.

2 다음 밑줄 친 상황에 가장 잘 어울리는 사자성어를 써 보세요.
Write the most appropriate four-character idiom that describes the situation underlined below.

(1) 나는 <u>친구의 한국어 공부를 도와주고, 친구는 나의 •화학 공부를 도와준다.</u>

상			

(2) 한국어반 학생들이 여름 방학 때 가고 싶은 나라로 한국을 꼽았다. 놀랍게도 <u>모두 같은 의견이었다.</u>

	장		

(3) 이번 홍수로 피해를 입은 사람들을 돕기 위해 학생들이 <u>조금씩 •기부를 해서 큰돈이 모였다.</u>

		일	

(4) <u>•경마에서 1등을 한 말과 •기수는 완전히 하나가 되어 달렸다.</u>

			체

【3~6】 다음 사자성어를 활용해서 질문에 답해 보세요.(단, 문제 3~4는 4개의 사자성어를 1번씩만 사용해야 함.)
Answer the questions using the following four-character idioms. (For Questions 3 and 4, use each idiom only once.)

만장일치	상부상조	십시일반	혼연일체

3

다음 빈칸에 가장 알맞은 사자성어를 넣어 문장을 완성해 보세요.
Fill in the blank with the most appropriate four-character idiom to complete the sentence.

(1) 소방관들은 적은 돈이지만 ☐☐☐☐(으)로 돈을 모아 다친 동료의 병원

비를 마련했다.

(2) 마을 사람들은 어려운 일이 생기면 서로 돕는 ☐☐☐☐ 정신으로 함께

어려움을 극복했다.

(3) 내 동생은 이번 피아노 대회에서 뛰어난 실력을 •유감없이 발휘했기 때문에 •심사 위원들의

☐☐☐☐(으)로 •대상을 받았다.

(4) 그 영화배우는 영화 속 인물과 하나된 것처럼 ☐☐☐☐이/가 되어 실감

나는 연기를 선보였다.

4

다음 대화문을 읽고 빈칸에 가장 알맞은 사자성어를 써 보세요.
Read the following dialogues and fill in the blanks with the most appropriate four-character idioms.

(1) 가: 아이들이 학교에서 ☐☐☐☐(으)로 조금씩 모은 돈을 환자들에게

기부했다는 소식을 듣고 한 기업이 가난한 어린이들을 위한 무료 병원을 짓기로 했대요.

나: 정말요? 아이들이 작은 손으로 큰일을 해냈네요.

(2) 가: 수지 씨, 오늘 제 발표 준비를 도와줄 수 있어요? 한국어로 말해야 해서 조금 어려워요.

나: 그럼요! 나나 씨가 지난번에 제 과제를 도와줬잖아요. ☐☐☐☐ 해

야죠.

(3) 가: 공연은 어땠어요?

나: 너무 좋았어요. 특히 마지막에 무대 위 가수와 객석의 *청중이 ☐☐☐☐

(으)로 공연을 즐긴 게 제일 감동적이었어요.

(4) 가: 국회에서 그 *안건이 ☐☐☐☐ (으)로 통과되었어요.

나: 정말 다행이네요. *복지 시설을 더 늘린다는 좋은 안건이니 모두 동의했나 봐요.

5. 다음 글을 읽고 빈칸에 가장 알맞은 사자성어를 써 보세요.

Read the following passage and fill in the blank with the most appropriate four-character idiom.

전통적인 한국 사회에서는 마을 사람들 간에 '*공동체 의식'이 강했다. 특히 농촌 마을에서는 벼를 옮겨 심는 *모내기나 *논밭의 *잡초를 뽑는 *김매기와 같은 농사일을 할 때, 그리고 *옷감을 짜거나 *김장을 할 때에 일손이 많이 필요했기 때문에 서로 돕는 조직이 잘 구성되어 있었다. 그중 대표적인 것이 '두레'이다. 마을 단위 *공동 노동 조직인 두레는 일을 마친 후 함께 어울려 *결속을 다지기도 했고, 마을 누군가에게 큰일이 생기면 기쁨과 슬픔을 함께 나누기도 했다. 현재 두레는 *전통 문화유산의 형태로만 남았지만 도움이 필요할 때 서로 돕는 ☐☐☐☐ 의 정신은 여전히 한국 사회 곳곳에서 발견할 수 있다.

6 다음 글을 읽고 밑줄 친 단어를 문맥에 가장 알맞은 사자성어로 고쳐 써 보세요.

Read the following passage and rewrite the underlined word using the most contextually appropriate four-character idiom.

(1)

이제 그곳은 '•공화국'으로 •선포되었다. 대통령을 뽑는데, 후보는 돼지 '나폴레옹'뿐이어서 모두가 •한마음이 되어 <u>인지상정으로</u> 그를 대통령으로 •선출했다.

→ ☐ ☐ ☐ ☐ (으)로

(2)

1907년과 1908년, •한반도에서는 일본으로부터 빌려 쓴 나라의 빚을 갚겠다며 국민들이 직접 돈을 모으는 '국채 보상 운동'이 벌어졌다. 이 모금 운동에는 여러 계층이 참여해 •하층민에서부터 •민족 자본가에 이르기까지 <u>동고동락으로</u> 돈을 모았다. 특히 많은 •부녀자들은 자신의 •패물을 내놓기도 하는 등 국채 보상 운동은 •범국민적 운동으로 •전개되었다.

→ ☐ ☐ ☐ ☐ (으)로

3

불철주야 심기일전
주경야독 칠전팔기

◎ 다음 글을 읽고 떠오르는 여러분의 생각이나 느낌을 이야기해 보세요.
Read each sentence below and tell how you think or feel.

○ 자격증 시험에 일곱 번이나 떨어졌지만 다시 한번 도전하려고 한다.

○ 교수님은 원하는 *실험 결과를 얻기 위해 며칠째 연구소에서 밤을 새우고 계신다.

○ 지난 실패를 *딛고 *프레젠테이션에 성공하기 위해 발표를 여러 번 연습하고 발표문을 수정했다.

➡ 노력하다,

다음 사자성어들을 읽어 보세요.
Read the following four-character idioms.

불철주야
不撤晝夜

뜻, 음	아닐 **불** not [bul]	거둘 **철** to withdraw [cheol]	낮 **주** day [ju]	밤 **야** night [ya]
한자	不	撤	晝	夜
풀이	낮과 밤을 가리지 않음. To not distinguish between day and night.			
활용	어떤 일에 집중하느라 조금도 쉴 틈 없이 밤낮을 가리지 않음을 표현한다. It is used when one spends all day and night concentrating on doing something without any break.			

심기일전
心機一轉

뜻, 음	마음 **심** mind [sim]	기틀 **기** frame [gi]	하나 **일** one [il]	바꿀 **전** to change [jeon]
한자	心	機	一	轉
풀이	마음의 틀을 한 번 바꿈. To change one's mindset; renewing one's mind.			
활용	어떤 일을 계기로 지금까지 가졌던 생각이나 마음가짐을 깨끗이 버려서 완전히 달라짐을 표현한다. It means that one renews one's mind, abandoning the thoughts or mindsets one has had before.			

주경야독
晝耕夜讀

뜻, 음	낮 **주** day [ju]	밭 갈 **경** to plow [gyeong]	밤 **야** night [ya]	읽을 **독** to read [dok]
한자	晝	耕	夜	讀
풀이	낮에는 밭을 갈고 밤에는 글을 읽음. To farm during the day and study at night.			
활용	일을 해야 하는 어려운 여건에도 열심히 공부함을 이르는 말이다. It refers to studying diligently even in economically difficult conditions where one needs to work.			

칠전팔기
七顚八起

뜻, 음	일곱 **칠** seven [chil]	엎드러질 **전** to fall down [jeon]	여덟 **팔** eight [pal]	일어날 **기** to rise [gi]
한자	七	顚	八	起
풀이	일곱 번 엎드러져도 여덟 번째 일어남. To fall seven times and get up eight times.			
활용	여러 번 실패해도 포기하지 않고 꾸준히 노력함을 표현한다. It means that even if one fails several times, one does not give up and continues to challenge.			

앞에서 학습한 내용을 바탕으로 다음 질문에 답해 보세요.
Answer the following questions based on what you learned on the previous page.

1 다음 사자성어와 가장 알맞은 설명을 연결해 보세요.
Match the following four-character idioms with the most appropriate descriptions.

(1) 불철주야 •

(2) 심기일전 •

(3) 주경야독 •

(4) 칠전팔기 •

• ㉠ 어떤 일에 집중하느라 *밤낮을 가리지 않음.

• ㉡ 여러 번 실패해도 포기하지 않고 꾸준히 노력함.

• ㉢ 낮에 밭을 갈고 밤에 글을 읽듯이, 일을 해야 하는 어려운 상황에서도 열심히 공부함.

• ㉣ 지금까지 가졌던 생각이나 *마음가짐을 버리고 완전히 달라짐.

2 다음 밑줄 친 상황에 가장 잘 어울리는 사자성어를 써 보세요.
Write the most appropriate four-character idiom that describes the situation underlined below.

(1) 세계 기록에 도전한 그 선수는 여러 번의 실패에도 *좌절하지 않고 꾸준히 훈련해서 세계 *신기록을 *경신했다.

칠			

(2) 우리 회사의 연구 팀은 밤낮으로 쉬지 않고 연구한 끝에 새로운 상품을 개발하는 데 성공했다.

	철		

(3) 집안 형편이 어려워서 대학교 진학을 포기했던 내 친구는 낮에는 회사에서 일하고 밤에는 열심히 공부하더니, 결국 장학금을 받고 원하는 대학교에 입학했다.

		야	

(4) 지금까지는 나의 행복만을 위해 살았지만, 이번 봉사 활동을 계기로 어려운 사람들을 도우며 살기로 *마음먹었다.

			전

【3~6】 다음 사자성어를 활용해서 질문에 답해 보세요.(단, 문제 3~4는 4개의 사자성어를 1번씩만 사용해야 함.)
Answer the questions using the following four-character idioms. (For Questions 3 and 4, use each idiom only once.)

불철주야	심기일전	주경야독	칠전팔기

3 다음 빈칸에 가장 알맞은 사자성어를 넣어 문장을 완성해 보세요.
Fill in the blank with the most appropriate four-character idiom to complete the sentence.

(1) 기말시험이 끝나면 혼자 배낭여행을 다녀와서 ☐☐☐☐ 하고 새로운

　　마음가짐으로 새 학기를 맞아야겠다.

(2) 중국·일본 등 주변 국가들에게 *침탈당하기를 반복했던 *암울한 역사 속에서도 한국은

　　☐☐☐☐ 의 정신으로 포기하지 않고 *꿋꿋하게 나라를 지켜 냈다.

(3) 고향집에 계신 부모님은 ☐☐☐☐ (으)로 자식이 잘되기만을 바라신다.

(4) 언니는 낮에는 회사에서 일하고 밤에는 열심히 공부하는 ☐☐☐☐ (으)로

　　*수석 합격이라는 *기쁨을 누렸다.

4 다음 대화문을 읽고 빈칸에 가장 알맞은 사자성어를 써 보세요.
Read the following dialogues and fill in the blanks with the most appropriate four-character idioms.

(1) 가: 어릴 때부터 가수를 꿈꿨는데, 서너 번 오디션에서 떨어지고 나니 전부 포기하고 싶은

　　　마음이 들어요.

　　나: 몇 번 실패했다고 오랜 꿈을 포기하다니요? ☐☐☐☐ (이)라고, 될

　　때까지 꾸준히 노력하면서 다시 한번 도전해 보세요. 파이팅!

(2) 가: 제가 응원하는 야구팀이 매 시즌마다 *꼴찌여서 속상했는데, 이번엔 뭔가 달라진 것 같

　　　아요!

　　나: 그래요? 응원하는 팬들을 실망시키지 않으려고 ☐☐☐☐ 해서 확실히

　　달라진 모습을 보여 주려나 봐요.

(3) 가: 이번 *북토크에 초대된 작가가 사실 공장 *노동자였대요.

　　나: 네. 낮에는 공장에서 일하고 밤에는 열심히 글을 쓰면서 ☐☐☐☐ 한

　　　　끝에 작가가 되었다네요. 정말 존경스러워요.

(4) 가: *공사장에서 일어난 사고를 이틀만에 *수습했다면서요?

　　나: 맞아요. *구조 대원들이 밤낮으로 쉬지 않고 ☐☐☐☐(으)로 구조

　　　　작업을 한 덕분이에요.

5 다음 글을 읽고 빈칸에 가장 알맞은 사자성어를 써 보세요.
Read the following passage and fill in the blank with the most appropriate four-character idiom.

> 　적에게 쫓기던 *장수가 조그만 *굴을 발견하고는 빠르게 숨었다. 장수는 적을 *따돌렸다는 생각에 마음을 놓으며 굴 밖을 바라봤다. 마침 굴 입구에서 거미 한 마리가 줄을 치고 있어서 장수는 아무 생각 없이 *거미줄을 손으로 *흩어 버렸다. 땅으로 떨어진 거미는 처음부터 다시 줄을 치기 시작했고, 장수는 *장난삼아서 거미줄을 일곱 번이나 흩어 버렸다. 그런데도 거미는 포기하지 않고 여덟 번째 거미줄을 쳤다. 그때 갑자기 적들이 굴 입구로 *다가왔고, 당황한 장수는 *숨죽이며 몸을 숨겼다. 적들은 굴 입구가 거미줄로 막힌 것을 보고, 안으로 들어간 사람이 없을 거라고 말하며 돌아갔다. 거미 덕분에 목숨을 구한 장수는 포기하지 않은 거미에게 ☐☐☐☐ 의 정신을 배워 이후 전쟁에서 큰 *공을 세웠다.

6 다음 글을 읽고 밑줄 친 단어를 문맥에 가장 알맞은 사자성어로 고쳐 써 보세요.

Read the following passage and rewrite the underlined word using the most contextually appropriate four-character idiom.

(1)

> 한국에서는 옛날에 *학문을 배우고 익힌 사람을 '*선비'라고 불렀다. 선비들 중 *관직에 올라 *나랏일을 하는 사람이라면 나라에서 *곡식과 *옷감 등을 받아 생활할 수 있었지만, 그렇지 않은 선비들은 대부분 가난하게 지냈다. 이들은 *생계를 유지하기 위해 주로 아침에 나가 밭을 갈고 농사를 지었으며, 밤에는 집에 돌아와 책을 읽고 관직에 오르기 위해 학문을 *게을리하지 않는 <u>만장일치</u>의 시간을 보냈다.

→ ☐☐☐☐ 의

(2)

> 회사가 어려워지면서 새로운 대표가 경영을 맡게 되었다. 새 대표는 직원들을 모두 불러 모아 앞으로의 각오와 *포부를 밝혔다. 그리고 어려운 상황을 극복하기 위해 지금까지의 생각이나 마음가짐을 버리고 완전히 달라져야 한다며, 모두 함께 <u>인지상정해서</u> 노력하자고 말했다.

→ ☐☐☐☐ 해서

4

궁여지책　안성맞춤
임기응변　적재적소

◎ 다음 글을 읽고 떠오르는 여러분의 생각이나 느낌을 이야기해 보세요.
Read each sentence below and tell how you think or feel.

○ 나한테는 필요가 없던 물건이 내 친구한테는 아주 *쓸모 있었다.

○ 그 사람은 거래처와의 회의 중에 어려운 질문을 받았지만, *재치 있게 대답해서 위기를 넘겼다.

○ 업무 *배정으로 머리가 아팠는데, 새로 오신 *팀장님이 팀원들의 능력에 맞는 업무를 알맞게 배정해 주셨다.

➡ 해결하다,

다음 사자성어들을 읽어 보세요.
Read the following four-character idioms.

궁여지책 窮餘之策

뜻, 음	궁할 **궁** to run out [gung]	남을 **여** to remain [yeo]	어조사(語助辭) **지** 's; of [ji]	꾀 **책** idea [chaek]
한자	窮	餘	之	策
풀이	궁한 끝에(나머지) 생각해 낸 꾀. An idea that came up at the last minute.			
활용	별수가 없어서 겨우 생각해 낸 해결책을 표현한다. It refers to a solution barely thought of due to a lack of alternatives.			

안성맞춤 安城맞춤

뜻, 음	편안할 **안** to be comfortable [an]	성곽 **성** fortress [seong]	'개인적 특성이나 기호에 맞게 물건을 주문해서 만듦.'이라는 뜻의 고유어. **맞춤** [mat chum]
한자	安	城	–
풀이	(경기도 안성 지역 장인들이 만들 듯이 사람들이) 요구하거나 생각한 대로 잘된 물건. Custom-made in Anseong city in Gyeonggi Province.		
활용	요구하거나 생각한 대로 잘 맞는 물건, 또는 조건이나 상황이 어떤 경우에 잘 어울림을 비유한 말이다. It refers to an object that fits well as requested, or a condition that fits to needs; just the thing.		

임기응변 臨機應變

뜻, 음	임할 **임** (림) to face [im]	때 **기** occasion [gi]	응할 **응** to respond [eung]	변할 **변** to change [byeon]
한자	臨	機	應	變
풀이	어떤 상황에 직면하면 그에 맞춰 임시로 변화함. To change answers according to situations; impromptu.			
활용	그때그때 처한 상황에 맞춰 임시로 결정하거나 처리함을 표현한다. It is used when one decides or processes something spontaneously on the spot according to the situation.			

적재적소 適材適所

뜻, 음	알맞을 **적** to be appropriate [jeok]	재능 **재** talent [jae]	알맞을 **적** to be appropriate [jeok]	곳 **소** place [so]
한자	適	材	適	所
풀이	알맞은 재능을 알맞은 자리(곳)에 씀. To put the right person in the right place.			
활용	어떤 물건을 그 물건을 사용하기에 알맞은 곳에 씀, 또는 (어떤 일을 맡기기에) 알맞은 재능을 가진 사람을 적합한 자리에 씀을 가리키는 말이다. It refers to placing people in the right position according to their talents.			

앞에서 학습한 내용을 바탕으로 다음 질문에 답해 보세요.
Answer the following questions based on what you learned on the previous page.

1 다음 사자성어에 대한 설명 중 옳은 것은 ○, 옳지 <u>않은</u> 것은 ✕ 표시해 보세요.
Read each description about four-character idioms and write ○ if correct and ✕ if incorrect.

(1) 궁여지책: 여러 번 실패해도 포기하지 않고 꾸준히 노력함. ( )

(2) 안성맞춤: 조건이나 상황이 경우에 *딱 들어맞음. ( )

(3) 임기응변: *그때그때의 상황에 맞춰 임시로 처리함. ( )

(4) 적재적소: 알맞은 사람을 *적합한 자리에 씀. ( )

잠깐 위의 사자성어에 대한 설명으로 옳지 <u>않은</u> 것이 있으면 올바르게 고쳐 써 보세요.
Read the above descriptions again and rewrite the incorrect descriptions if there are any.

---

2 다음 밑줄 친 상황에 가장 잘 어울리는 사자성어를 써 보세요.
Write the most appropriate four-character idiom that describes the situation underlined below.

(1) 몇 날 며칠을 굶은 그는 <u>돈을 벌 방법을 찾지 못해 결국 친구들에게 돈을 빌리기로 했다.</u>

| 궁 | | | |

(2) 생각보다 많은 사람들이 파티에 *오는 바람에 음식이 부족했다. <u>주인은 이 상황에 맞춰 바로 냉장고 속에 남은 재료로 새 요리를 만들었다.</u>

| | 기 | | |

(3) 회사는 여러 번의 면접을 거쳐 <u>업무에 알맞은 사람들을 뽑아 그들을 필요로 하는 부서에 배치했다.</u>

| | | 적 | |

(4) 이 집은 가격이나 크기 등 모든 면에서 <u>우리 가족이 살기에 알맞은 곳이다.</u>

| | | | 춤 |

【3~6】 다음 사자성어를 활용해서 질문에 답해 보세요.(단, 문제 3~4는 4개의 사자성어를 1번씩만 사용해야 함.)
Answer the questions using the following four-character idioms. (For Questions 3 and 4, use each idiom only once.)

> 궁여지책　　　　　안성맞춤　　　　　임기응변　　　　　적재적소

3 다음 빈칸에 가장 알맞은 사자성어를 넣어 문장을 완성해 보세요.
Fill in the blank with the most appropriate four-character idiom to complete the sentence.

(1) 그는 ☐☐☐☐ 에 뛰어나서 무슨 일이 생기든 바로 잘 처리한다.

(2) 이 옷은 단정하고 깔끔해서 면접을 보러 갈 때 입기에 ☐☐☐☐ (이)다.

(3) 이번 월드컵 우승은 끝까지 열심히 경기한 선수들과 ☐☐☐☐ 에 선수들을 배치한 감독의 *용병술 덕분이었다.

(4) 나는 팀 회의 시간에 지각한 이유를 말해야 해서 ☐☐☐☐ (으)로 어머니가 병원에 입원하셨다고 거짓말을 했다.

4 다음 대화문을 읽고 빈칸에 가장 알맞은 사자성어를 써 보세요.
Read the following dialogues and fill in the blanks with the most appropriate four-character idioms.

(1) 가: 어제 비가 와서 오늘 소풍을 갈 수 있을지 걱정했어요.

　　나: 그러게요. 마침 오늘은 화창하니 소풍 가기 ☐☐☐☐ 인 날씨여서 다행이에요.

(2) 가: 우리 회사는 ☐☐☐☐ 에 가장 적합한 *성향의 사람들을 배치하고 있어서 일의 *효율성이 아주 높아요.

　　나: 대단하네요. 회사 내 *인사 팀이 업무와 사람을 연결하는 *안목이 뛰어난가 봐요.

(3) 가: 폭설 피해가 엄청나다면서요?

나: 네. 집까지 무너지는 바람에 피해를 입은 마을 사람들이 임시로 *거주할 곳을 찾다가 어쩔

수 없이 ☐☐☐☐ (으)로 *마을 회관을 나눠 쓰고 있어요.

(4) 가: 팀 과제 발표 때 예상하지 못한 질문에 당황했는데, 수지 씨가 바로 대답해서 위기를

*모면할 수 있었어요.

나: 저도 예전에 수지 씨하고 함께 과제를 해서 잘 알아요. 수지 씨는 상황에 맞게 *대처하는

☐☐☐☐ 능력이 아주 뛰어나더라고요.

5 다음 글을 읽고 빈칸에 공통적으로 들어갈 사자성어를 써 보세요.
Read the following passage and fill in the blanks with the same appropriate four-character idiom.

옛날부터 한국 경기도 안성 지역의 '*유기(놋그릇)'는 뛰어난 솜씨를 지닌 *장인들이 만들어 품질이 좋기로 유명했다. 이 안성 유기는 대량으로 만드는 유기와 주문해서 제작하는 *맞춤 유기가 있었고, 그중 맞춤 유기는 주문한 사람의 마음에 꼭 들 정도로 품질이 매우 좋았다. 이 때문에 자연스럽게 '☐☐☐☐ 유기'란 말이 품질이 아주 좋은 유기라는 의미로 사용되었다. 시간이 지나면서 '☐☐☐☐'은/는 한 단어로 인정되어, 안성 장인에게 주문해서 만든 유기처럼 '품질 좋은 물건'이라는 일반적인 의미를 갖게 되었다.

6 다음 글을 읽고 밑줄 친 단어를 문맥에 가장 알맞은 사자성어로 고쳐 써 보세요.

Read the following passage and rewrite the underlined word using the most contextually appropriate four-character idiom.

(1)

> 뛰어난 장수는 *적군의 *침입에 항상 대비하면서, 실제 *전투가 일어났을 때 군사를 혼연일체에 배치하는 능력도 갖춰야 한다.

→ ☐☐☐☐ 에

(2)

> *전염병 때문에 *대면 수업을 하지 못하는 *비상 상황이 발생하자, 학교는 어쩔 수 없이 온라인으로 수업을 진행하겠다는 칠전팔기를 내놓았다.

→ ☐☐☐☐ 을/를

5

과유불급　선견지명
유비무환　일석이조

◎ 다음 글을 읽고 떠오르는 여러분의 생각이나 느낌을 이야기해 보세요.
Read each sentence below and tell how you think or feel.

- 올해 초부터 건강한 *노후를 위해 마라톤을 시작했다.
- 김장은 겨울철 먹거리를 미리 준비하는 한국 문화이다.
- 현재 *수익성이 매우 높은 *우량주를 갖게 된 것은 5년 전에 미리 알아보고 주식을 사 둔 결과이다.

➡ 미리 준비하다,

다음 사자성어들을 읽어 보세요.
Read the following four-character idioms.

과유불급 過猶不及

뜻, 음	지나칠 과 to be excessive [gwa]	같을 유 to be the same [yu]	아닐 불 not [bul]	미칠 급 to reach [geup]
한자	過	猶	不	及
풀이	지나친 것은 미치지(닿지) 못한 것과 같음. Exceeding is the same as not reaching.			
활용	무슨 일이든 너무 지나치거나 모자람 없이, 적당한 것이 중요함을 말한다. It means it is important to balance whatever you do, not short or too much.			

선견지명 先見之明

뜻, 음	먼저 선 beforehand [seon]	볼 견 to see [gyeon]	어조사(語助辭) 지 's; of [ji]	밝을 명 bright [myeong]
한자	先	見	之	明
풀이	미리(먼저) 보는 밝음. Brightness that can see something beforehand.			
활용	다가올 일을 미리 내다보고 아는 지혜를 가리킬 때 사용한다. It refers to wisdom to see ahead or a far-sighted ability.			

유비무환 有備無患

뜻, 음	있을 유 to be [yu]	갖출 비 to prepare [bi]	없을 무 to not be [mu]	근심 환 worry [hwan]
한자	有	備	無	患
풀이	미리 준비해 두면 근심이 없음. There is no worry if one prepares in advance.			
활용	미리 준비해 두면 나중에 걱정할 일이 없음을 말한다. It is used when there is nothing to worry about later if you prepare in advance for difficult times.			

일석이조 一石二鳥

뜻, 음	하나 일 one [il]	돌 석 stone [seok]	두 이 two [i]	새 조 bird [jo]
한자	一	石	二	鳥
풀이	돌 한 개로 새 두 마리를 잡음. To kill two birds with one stone.			
활용	동시에 두 가지 또는 그 이상의 이익을 얻음을 표현한다. It is used when one can get two or more benefits for doing one thing.			

앞에서 학습한 내용을 바탕으로 다음 질문에 답해 보세요.
Answer the following questions based on what you learned on the previous page.

1 **다음 사자성어와 가장 알맞은 설명을 연결해 보세요.**
Match the following four-character idioms with the most appropriate descriptions.

(1) 과유불급 •　　　　　　• ㉠ 다가올 일을 예측함.

(2) 선견지명 •　　　　　　• ㉡ 미리 준비해 놓으면 나중에 걱정할 일이 없음.

(3) 유비무환 •　　　　　　• ㉢ 지나치거나 모자람 없이, 적당한 것이 좋음.

(4) 일석이조 •　　　　　　• ㉣ 한 번에 두 가지 이익을 얻음.

2 **다음 밑줄 친 상황에 가장 잘 어울리는 사자성어를 써 보세요.**
Write the most appropriate four-character idiom that describes the situation underlined below.

(1) 친구 사이에 너무 많은 것을 알려고 하면 모르는 사이
　　보다 더 나쁜 관계가 될 수 있다.

　　| 과 | | | |

(2) 독감이 유행하기 전에 예방 주사를 맞아야겠다.

　　| | 비 | | |

(3) 대학교 *실험실에서 일해 *인턴 *경력도 쌓고 용돈도
　　벌 수 있었다.

　　| | | 이 | |

(4) 앞날을 내다보신 듯 *전망이 밝은 학과를 추천해 주신
　　*담임 선생님 덕분에 대학 졸업 후 바로 취직할 수 있
　　었다.

　　| | | | 명 |

【3~6】 다음 사자성어를 활용해서 질문에 답해 보세요.(단, 문제 3~4는 4개의 사자성어를 1번씩만 사용해야 함.)
Answer the questions using the following four-character idioms. (For Questions 3 and 4, use each idiom only once.)

과유불급	선견지명	유비무환	일석이조

3 다음 빈칸에 가장 알맞은 사자성어를 넣어 문장을 완성해 보세요.
Fill in the blank with the most appropriate four-character idiom to complete the sentence.

(1) ☐☐☐☐ (이)라고, 자식 사랑이 *유별난 부모는 자녀가 다 자랐을 때 자녀와 사이가 멀어지면서 지나친 사랑을 *후회하곤 한다.

(2) 그 영화감독은 이번에 대상을 받은 배우가 훌륭하게 성장할 것이라며, 그의 아역 시절부터 일찍이 미래를 *예견한 ☐☐☐☐ 이/가 있는 사람이다.

(3) 한국 드라마를 즐겨 보는 이유는 내가 좋아하는 배우도 볼 수 있고 한국어 공부도 할 수 있는 ☐☐☐☐ 의 효과가 있기 때문이다.

(4) 그는 장마철에는 언제 비가 올지 모른다며 ☐☐☐☐ 의 정신으로 늘 우산을 들고 다닌다.

4 다음 대화문을 읽고 빈칸에 가장 알맞은 사자성어를 써 보세요.
Read the following dialogues and fill in the blanks with the most appropriate four-character idioms.

(1) 가: 올해 유난히 긴 장마에도 우리 지역은 피해가 적어서 다행이에요.

　　나: 그러게요. 이번에 *당선된 *도지사가 ☐☐☐☐ 이/가 있어서 *하천 주변을 정리하는 등 미리 장마 대책을 마련했기 때문이래요.

(2) 가: 저는 매일 각종 비타민과 영양제를 *한 움큼씩 챙겨 먹고 있어요.

　　나: 너무 많이 먹는 거 아니에요? ☐☐☐☐ (이)라는데, 꼭 필요한 것만 챙겨 먹고 나머지는 음식으로 먹는 게 좋아요.

(3) 가: 갑자기 돈 쓸 일이 생길까 봐 월급의 일부분을 저금하기로 했어요.

　　나: 정말요? ☐☐☐☐ (이)라고, 얼마가 되든 든든하겠어요.

(4) 가: 이번 여행 때 *스킨 스쿠버 자격증을 땄다면서요?

　　나: 네! 신나게 놀고 자격증도 따고. 이런 게 바로 ☐☐☐☐ 아니겠어요?

5 다음 글을 읽고 빈칸에 가장 알맞은 사자성어를 각각 써 보세요.

Read the following passage and fill in the blanks with the most appropriate four-character idioms.

*조선 시대 때 이순신(李舜臣) *장군은 일본군의 *침략에 맞서 수십 번의 *해전에서 큰 승리를 거둔 것으로 유명하다. 그는 *임진왜란(1592년)이 일어나기 1년 전, 일본군의 침략을 예견한 (1) ☐☐☐☐ (으)로 전쟁에 미리 대비했다. 그는 우선 조선 *수군의 *전투선이었던 판옥선을 새롭게 고쳐 세계 최초의 *철갑선인 거북선을 만들었다. 또한 남해안의 복잡한 *지형과 *조류를 *파악하고 실제 전투처럼 훈련하며, 혹시 모를 전쟁을 미리 준비했다. 이러한 이순신의 (2) ☐☐☐☐ 의 정신 덕분에 당시 조선군이 *열세였음에도 불구하고 일본군의 침략으로부터 조선을 지킬 수 있었다.

6 다음 기사문을 읽고 알맞은 사자성어를 사용해서 제목을 완성해 보세요.
Read the following article and complete its title using the appropriate four-character idiom.

걱기 운동의 ☐☐☐☐ 효과

입력 20OO.OO.OO.   가가 ↱ 🖶

《유럽 예방 심장학 저널(European Journal of Preventive Cardiology)》은 하루에 1만 보가 아닌 4천 보만 걸어도 건강 개선 효과가 충분히 나타난다는 연구 결과를 발표했다. 이에 따르면 직장 생활이나 학습으로 인해 앉아 있는 시간이 긴 현대인의 생활 습관은 *심혈관 질환 발생률을 높인다. 그런데 걷기 운동은 이러한 심혈관 질환 발생률을 낮추는 데 효과적일 뿐만 아니라, *우울증과 치매 예방에도 효과가 있다. 전문가들은 걷기 운동의 다양한 효과를 누리기 위해서는 1주일에 최소 3회 이상 올바른 자세로 *숨이 찰 정도로 걷기 운동을 할 것을 추천했다.

6

반면교사　역지사지
온고지신　타산지석

◎ 다음 글을 읽고 떠오르는 여러분의 생각이나 느낌을 이야기해 보세요.
Read each sentence below and tell how you think or feel.

○ 옛 기록이나 책들을 읽으면 조상들의 삶의 지혜를 깨달을 수 있다.

○ 친구의 잘못된 행동을 보고, 나도 그런 행동을 한 건 아닌지 반성했다.

○ 의사는 환자 역할을, 환자는 의사 역할을 해 보며 서로를 이해하는 시간을 가졌다.

➡ 배우는 자세,

다음 사자성어들을 읽어 보세요.
Read the following four-character idioms.

반면교사 反面教師

뜻, 음	돌이킬 **반** to return [ban]	낯 **면** face [myeon]	가르칠 **교** to teach [gyo]	스승 **사** teacher [sa]
한자	反	面	教	師
풀이	부정적인 면에서 (교사처럼) 깨달음을 주는 대상. Something that teaches a lesson for not doing like that.			
활용	(사람이나 사물의) 부정적인 면을 돌이켜 볼 때 교훈을 얻게 하는 대상을 이르는 말이다. It refers to a case or object from which we can learn something, even though it is undesirable.			

역지사지 易地思之

뜻, 음	바꿀 **역** to switch [yeok]	처지 **지** situation [ji]	생각할 **사** to consider [sa]	그것 **지** that [ji]
한자	易	地	思	之
풀이	(서로의) 처지를 바꾸어 (그것을) 생각함. To think in the other person's situation; to put oneself in someone else's shoes.			
활용	서로의 입장을 바꾸어 생각해 봄을 말한다. It means considering something in the other person's situation or position.			

온고지신 溫故知新

뜻, 음	익힐 **온** to learn [on]	옛 **고** old [go]	알 **지** to know [ji]	새 **신** new [sin]
한자	溫	故	知	新
풀이	옛것을 익혀 새로운 것을 앎. To know something new by learning the old.			
활용	옛것을 익히고, 그것을 통해서 새로운 것을 알게 됨을 표현한다. It means that one can understand the new by learning the old.			

타산지석 他山之石

뜻, 음	다를 **타** to be different [ta]	산 **산** mountain [san]	어조사(語助辭) **지** 's; of [ji]	돌 **석** stone [seok]
한자	他	山	之	石
풀이	다른 산의 돌(도 자기 산의 옥돌을 가는 데에 쓸모가 있음). Even a stone from a different mountain helps grind the rocks here.			
활용	다른 사람의 좋지 않은 말이나 행동도 자신의 몸과 마음을 바로잡는 데에 도움이 될 수 있음을 말한다. It means that even someone else's inappropriate words or behaviors can help straighten one's body and mind.			

1 다음 사자성어에 대한 설명 중 옳은 것은 ○, 옳지 <u>않은</u> 것은 ✕ 표시해 보세요.
Read each description about four-character idioms and write ○ if correct and ✕ if incorrect.

(1) 반면교사: 그때그때 처한 상황에 맞춰 임시로 결정하거나 처리함.　　　(　)

(2) 역지사지: 서로의 입장을 바꾸어 생각해 봄.　　　(　)

(3) 온고지신: •옛것을 배우고 알면 새로운 것을 깨달을 수 있음.　　　(　)

(4) 타산지석: 다른 사람의 좋지 않은 모습을 보고 나의 몸과 마음을 바로잡음.　　　(　)

잠깐 위의 사자성어에 대한 설명으로 옳지 <u>않은</u> 것이 있으면 올바르게 고쳐 써 보세요.
Read the above descriptions again and rewrite the incorrect descriptions if there are any.

2 다음 밑줄 친 상황에 가장 잘 어울리는 사자성어를 써 보세요.
Write the most appropriate four-character idiom that describes the situation underlined below.

(1) 친구가 술을 절대 안 마시겠다고 결심한 것은 <u>술 때문에 가족들을 힘들게 한 아버지의 삶에서 얻은 교훈이 컸기 때문이다.</u>

반 □ □ □

(2) 내 의견만 고집할 것이 아니라 <u>상대방이 왜 그러한 주장을 하는지 서로의 입장이 되어 생각해 볼 필요가 있다.</u>

□ 지 □ □

(3) 이번 •창작곡은 전통 악기를 잘 다루는 친구들이 현대 악기를 함께 사용해서 연주한 퓨전 음악으로, <u>옛것을 잘 익힌 덕분에 현대 사람들이 좋아하는 곡을 만들어 낼 수 있었다고 평가받았다.</u>

□ □ 지 □

(4) A 회사가 제품 불량으로 경영이 어려워졌다는 소식이 퍼지자 많은 기업들이 <u>A 회사와 같은 •전철을 밟지 않으려고 제품 관리를 더욱 철저히 하게 되었다.</u>

□ □ □ 석

Vocabulary

• 옛것 old things　　• 창작곡 creative song　　• 전철을 밟다 to repeat the mistake of one's predecessor

| 반면교사 | 역지사지 | 온고지신 | 타산지석 |

3 다음 빈칸에 가장 알맞은 사자성어를 넣어 문장을 완성해 보세요.
Fill in the blank with the most appropriate four-character idiom to complete the sentence.

(1) 선생님은 옛 어른들의 지혜가 담긴 *고전 문학을 ☐☐☐☐ 의 정신으로

읽으며 공부하라고 말씀하셨다.

(2) 전공을 잘못 선택해서 대학 생활을 힘들어하는 사촌 형을 ☐☐☐☐ /

☐☐☐☐ *(으)로 삼아 내 적성을 잘 따져 진학할 학과를 선택하기로 마음

먹었다.

(3) 입장을 바꿔 ☐☐☐☐ 해 보니 그 사람이 왜 그렇게 화를 냈는지 이해할

수 있을 것 같다.

4 다음 대화문을 읽고 빈칸에 가장 알맞은 사자성어를 써 보세요.
Read the following dialogues and fill in the blanks with the most appropriate four-character idioms.

(1) 가: 유럽 국가들은 *복지 정책이 일찍부터 발달했잖아요. 그런데 최근에는 *경기 침체 때문에

복지 정책 *시행에 어려움이 많은가 봐요.

나: 복지 정책을 유지하려면 국가 *재정이 튼튼해야 하니까요. 우리나라도 다른 나라의 상

황을 ☐☐☐☐ / ☐☐☐☐ (으)로 삼아 국가 재정

관리를 잘하면 좋겠어요.

(2) 가: 부부 싸움을 하지 않는 *비결이 뭐예요?

나: 언제나 ☐☐☐☐ 의 자세로 상대방의 마음을 *헤아리는 것이 중요

해요. 상대방의 입장이 되어 생각해 보면 이해하지 못할 일도 별로 없거든요.

(3) 가: '뉴트로(newtro)'라는 말 들어 봤어요?

　　나: 네. '새로움(new)'과 '복고(retro)'를 합친 *신조어잖아요. 복고를 새롭게 즐기는 *경향을 뜻하는 이 말은 한국어의 □□□□ 하고 비슷해요. 요즘 옛것을 그대로 가져오는 게 아니라 현대에 맞게 *재창조한 뉴트로 제품이 세계적인 인기를 끌고 있는 것 같아요.

5 다음 글을 읽고 빈칸에 가장 알맞은 사자성어를 써 보세요.
Read the following passage and fill in the blank with the most appropriate four-character idiom.

*《조선왕조실록》은 조선 시대 제1대 왕인 *태조 때부터 제25대 철종 때까지, 472년 동안 일어난 *왕조의 역사적 사실을 순서대로 기록한 책이다. 이 책에는 정치·경제·사회·외교·군사·예술 등의 내용뿐만 아니라, 왕의 *지시와 *신하의 보고 등이 꼼꼼히 기록되어 있다. 이 책은 한 왕조의 역사적 기록으로는 세계에서 가장 긴 시간에 걸쳐 작성되었다는 등의 가치를 인정받아 1997년에 유네스코(UNESCO) *세계 기록 유산으로 지정되었다. 《조선왕조실록》은 현재를 살아가는 한국인들이 과거의 실패를 거울삼아 올바른 미래로 나아갈 수 있도록 □□□□ / □□□□ 의 역할을 하는 중요한 *역사서이다.

다음 글을 읽고 밑줄 친 단어를 문맥에 가장 알맞은 사자성어로 고쳐 써 보세요.

Read the following passage and rewrite the underlined word using the most contextually appropriate four-character idiom.

(1)

> 역사 선생님은 과거의 전통과 역사에 대해 충분히 배운 후, 그것을 *밑거름으로 새로운 지식을 익히는 <u>과유불급의</u> 자세가 매우 중요하다고 말씀하셨다.

➡ ☐☐☐☐ 의

(2)

> 한 기업은 매년 모든 *임직원들이 모이는 *간담회를 연다. 이 간담회는 *상사와 부하 직원 사이에 쌓였던 오해를 *허심탄회하게 *털어놓으면서 서로 입장을 바꾸어 이해해 보는 <u>궁여지책의</u> 시간을 갖는 자리이다.

➡ ☐☐☐☐ 의

Vocabulary

- 밑거름 foundation
- 상사 boss
- 임직원 executives and staff members
- 허심탄회하게 candidly
- 간담회 meeting; talk
- 털어놓다 to confide

Answer

1. (1) ✕ (2) ○ (3) ○ (4) ○ 함께 (1) 반면교사: 부정적인 면을 돌이켜 볼 때 교훈을 얻게 하는 대상.
2. (1) 반면교사 (2) 역지사지 (3) 온고지신 (4) 타산지석 3. (1) 온고지신 (2) 반면교사/타산지석 (3) 역지사지
4. (1) 반면교사/타산지석 (2) 역지사지 (3) 온고지신 5. 반면교사/타산지석 6. (1) 온고지신 (2) 역지사지

7

박학다식 백발백중
외유내강 팔방미인

◎ 다음 글을 읽고 떠오르는 여러분의 생각이나 느낌을 이야기해 보세요.
Read each sentence below and tell how you think or feel.

○ 그 사람은 *작사나 *작곡도 잘하지만 노래도 정말 잘 부른다.

○ 내 동생은 공부를 열심히 할 뿐만 아니라 책도 많이 읽어서 아는 게 많다.

○ 내가 좋아하는 가수는 드라마·뮤지컬·프로그램 진행 등 여러 분야에서 활동하는 *만능 엔터테
이너이다.

➡ 뛰어난 사람,

박학다식 博學多識

뜻, 음	넓을 **박** to be broad [bak]	배울 **학** to learn [hak]	많을 **다** to be a lot [da]	알 **식** to know [sik]
한자	博	學	多	識
풀이	배움이 넓고 아는 것이 많음. Broad learning and lots of knowledge.			
활용	배워서 얻은 지식이 넓고 이것저것 아는 것이 많음을 표현한다. It means one is highly knowledgeable in various aspects.			

백발백중 百發百中

뜻, 음	일백 **백** one hundred [baek]	쏠 **발** to shoot [bal]	일백 **백** one hundred [baek]	가운데 **중** center [jung]
한자	百	發	百	中
풀이	백 번 쏘아 백 번 가운데(에 맞힘). To shoot one hundred times and hit the center one hundred times.			
활용	활이나 총을 쏠 때마다 원하는 곳에 다 맞히거나, 무슨 일이든지 틀림없이 잘 들어맞는 상황을 가리킬 때 사용한다. It is used when one always hits the arrow in the desired spot or when everything goes as one wants. It is the same expression as 'to hit the bull's eye all the time.'			

외유내강 外柔內剛

뜻, 음	바깥 **외** outside [oe]	부드러울 **유** to be soft [yu]	안 **내** inside [nae]	굳셀 **강** to be strong [gang]
한자	外	柔	內	剛
풀이	밖(바깥)은 부드러우나 안은 굳셈. The outside is soft, but the inside is strong.			
활용	겉으로 보이는 모습은 부드럽고 순해 보이지만 속은 곧고 굳셈을 가리킨다. It means that someone looks soft and gentle but has a strong and firm mind.			

팔방미인 八方美人

뜻, 음	여덟 **팔** eight [pal]	방향 **방** direction [bang]	아름다울 **미** to be beautiful [mi]	사람 **인** person [in]
한자	八	方	美	人
풀이	여덟 방향 어디로나(어느 방향으로 보나) 아름다운 사람, 또는 여러 방면으로 재주 있는 사람. A person who is beautiful in eight directions.			
활용	어느 모로 보나 아름다운 사람, 혹은 여러 방면에 능통한 사람을 비유적으로 표현하는 말이다. It is a metaphorical expression referring to a beautiful person in every aspect. It also means a well-rounded person or a jack of all trades.			

앞에서 학습한 내용을 바탕으로 다음 질문에 답해 보세요.
Answer the following questions based on what you learned on the previous page.

1 다음 사자성어와 가장 알맞은 설명을 연결해 보세요.
Match the following four-character idioms with the most appropriate descriptions.

(1) 박학다식 •

(2) 백발백중 •

(3) 외유내강 •

(4) 팔방미인 •

• ㉠ 많이 배워 이것저것 아는 것이 많음.

• ㉡ 여러 방면의 일을 다 잘하는 사람.

• ㉢ 겉으로는 부드럽고 순해 보이지만 속은 •굳셈.

• ㉣ 일 또는 계획한 것이 •잘 들어맞음.

2 다음 밑줄 친 상황에 가장 잘 어울리는 사자성어를 써 보세요.
Write the most appropriate four-character idiom that describes the situation underlined below.

(1) 교수님은 동남아시아 국가들에 대해서는 정치·경제·문화 등 이것저것 아는 것이 많으시다.

박			

(2) 새로 오신 팀장님은 부드럽게 보이지만 •결단력이 있고 마음이 굳센 분이시다.

	유		

(3) 내 동생은 •공부를 잘하는 건 물론, 그림도 잘 그리고 피아노도 잘 친다.

		미	

(4) 그 축구 선수가 차는 공은 언제나 •골대 안으로 정확히 들어간다.

			중

【3~6】 다음 사자성어를 활용해서 질문에 답해 보세요.(단, 문제 3~4는 4개의 사자성어를 1번씩만 사용해야 함.)
Answer the questions using the following four-character idioms. (For Questions 3 and 4, use each idiom only once.)

| 박학다식 | 백발백중 | 외유내강 | 팔방미인 |

3 다음 빈칸에 가장 알맞은 사자성어를 넣어 문장을 완성해 보세요.
Fill in the blank with the most appropriate four-character idiom to complete the sentence.

(1) 그는 겉으로 보기에는 순하고 마음이 *여려 보이지만 다른 사람의 말에 쉽게 상처받지 않는

〔　〕〔　〕〔　〕〔　〕 인 사람이다.

(2) 내 친구는 독서를 많이 해서 그런지 아는 게 많아 〔　〕〔　〕〔　〕〔　〕 하다는 말을

종종 듣는다.

(3) 우리 누나는 케이팝(K-pop)을 좋아해서 노래의 첫 *가사만 들어도 그 노래의 제목과 가수의

이름을 〔　〕〔　〕〔　〕〔　〕 알아맞힌다.

(4) 해외에서도 크게 *흥행한 이 영화의 주인공은 공부면 공부, 운동이면 운동, 못하는 게 없는

〔　〕〔　〕〔　〕〔　〕 (이)다.

4 다음 대화문을 읽고 빈칸에 가장 알맞은 사자성어를 써 보세요.
Read the following dialogues and fill in the blanks with the most appropriate four-character idioms.

(1) 가: 이번에 우리와 같이 일하게 된 영화감독은 어떤 사람인가요?

나: *전형적인 〔　〕〔　〕〔　〕〔　〕 *형의 사람 같아요. 아주 부드럽게 행동하고 말

하지만 작품을 만들 때는 다른 사람의 말에 전혀 *휘둘리지 않는 단단한 사람이에요.

(2) 가: *SNS 요리 스타를 인터뷰하러 간다더니 어땠어요?

나: 너무 좋았어요. *말솜씨도 뛰어나고 미술에도 *일가견이 있으시고. 요리만 잘하는 게

아니라 못하는 게 없는 〔　〕〔　〕〔　〕〔　〕 (이)시더라고요.

(3) 가: 동네에 새로 생긴 오락실에서 총 쏘기 게임을 해 봤어요?

나: 그럼요. 총 쏘기 게임을 할 때마다 [　　][　　][　　][　　] (으)로 •총알이 •과녁을

맞춰서 상품까지 탄 걸요.

(4) 가: 이번 팀 프로젝트에서 이 대리님의 [　　][　　][　　][　　] 한 지식이 큰 도움이

되었어요. 어떻게 그렇게 아는 것이 많으세요?

나: 별말씀을요. 마침 관심 있던 분야가 프로젝트 주제와 잘 맞았어요. 운이 좋았죠.

5 다음 글을 읽고 빈칸에 가장 알맞은 사자성어를 써 보세요.
Read the following passage and fill in the blank with the most appropriate four-character idiom.

　　미국의 작가 올컷(Louisa Alcott)이 지은 •장편 소설 〈작은 아씨들〉은 •남북 전쟁을 배경으로, 아버지가 전쟁에 나가 집을 비운 사이에 4명의 자매가 어머니를 도우면서 여러 가지 어려움을 극복하고 성장하는 과정을 그린 작품이다. 첫째 '메그'는 아름답고 책임감이 강하지만 •허영심이 있고, 둘째 '조'는 활달하고 모든 일에 열정적이다. 셋째 '베스'는 •수줍음이 많아 여려 보이지만 다른 자매들이 다투면 그들을 화해시키기도 하고 병에 걸려 죽음을 앞둔 상황에서도 •의연한 모습을 보이는 등, •겉보기와 달리 속이 단단한 [　　][　　][　　][　　] 형 인물이다. 넷째 '에이미'는 귀엽고 사랑스러우며 멋내기를 좋아하는 •사고뭉치 막내로 그려진다. 이렇듯 소설은 성격이 다른 4명의 자매가 풀어 가는 크고 작은 사건들로 전개된다.

- 여리다 to be tender-hearted
- 전형적 typical
- SNS Social Network Service
- 총알 bullet
- 남북 전쟁 the Civil War
- 의연하다 to be resolute
- 가사 lyrics
- -형 type
- 말솜씨 eloquence
- 과녁 target
- 허영심 vanity
- 겉보기 appearance
- 흥행하다 to be a box office hit
- 휘둘리다 to be swung
- 일가견이 있다 to have expertise
- 장편 소설 full-length novel
- 수줍음 shyness
- 사고뭉치 troublemaker

6 다음 글을 읽고 밑줄 친 단어를 문맥에 가장 알맞은 사자성어로 고쳐 써 보세요.

Read the following passage and rewrite the underlined word using the most contextually appropriate four-character idiom.

(1)

> 아리스토텔레스(Aristoteles)는 *고대 그리스의 *철학자이다. 그는 책벌레라는 말을 들을 정도로 책을 많이 읽어 여러 분야의 다양한 지식을 쌓은 <u>역지사지한</u> 사람이었다. 이후 그는 자신이 가진 방대한 지식을 바탕으로 *논리학·*수사학 등 여러 학문을 *체계적으로 정리한 많은 책들을 남겼다.

→ ☐☐☐☐ 한

(2)

> 이번 올림픽 대회에 국가대표로 *출전하는 그 *양궁 선수는 *활을 쏘면 쏘는 대로 <u>임기응변하는</u> *명사수이다.

→ ☐☐☐☐ 하는

8

살신성인　솔선수범
언행일치　청렴결백

◎ 다음 글을 읽고 떠오르는 여러분의 생각이나 느낌을 이야기해 보세요.
Read each sentence below and tell how you think or feel.

- 우리 선생님은 자신이 한 말이나 약속은 반드시 지키려고 노력하신다.
- 그는 어떤 *뇌물이나 *청탁도 받지 않는 *청렴하고 깨끗한 *공직자였다.
- 항상 다른 사람을 먼저 돕는 친구의 모습은 다른 학생들에게 모범이 되었다.

➡ 훌륭한 인품,

다음 사자성어들을 읽어 보세요.
Read the following four-character idioms.

살신성인
殺身成仁

뜻, 음	죽일 **살** to kill [sal]	몸 **신** body [sin]	이룰 **성** to achieve [seong]	어질 **인** benevolence [in]
한자	殺	身	成	仁
풀이	자신의 목숨을 바쳐 옳은 일을 함. To achieve benevolence by killing (sacrificing) oneself.			
활용	자기 몸을 희생해서 어진 행동을 함을 나타낸다. It refers to sacrificing one's body for good and valuable things.			

솔선수범
率先垂範

뜻, 음	거느릴 **솔** to take care of [sol]	먼저 **선** first [seon]	전할 **수** to pass down [su]	본보기 **범** role model [beom]
한자	率	先	垂	範
풀이	(다른 사람들을 거느리며) 먼저 나서서 모범을 보임. To take the initiative and be a role model.			
활용	남보다 앞장서서 먼저 행동해 다른 사람의 본보기가 됨을 말한다. It refers to taking the lead and being a role model for others.			

언행일치
言行一致

뜻, 음	말씀 **언** word [eon]	행할 **행** action [haeng]	하나 **일** one [il]	이를 **치** to reach [chi]
한자	言	行	一	致
풀이	말과 행동이 하나에 이름. Words and action reach the one; words and behaviors match.			
활용	말과 행동이 같거나 말한 대로 실행함을 표현한다. It means that one's words and behavior are the same or when one behaves as one says.			

청렴결백
淸廉潔白

뜻, 음	맑을 **청** to be clear [cheong]	청렴할 **렴** to be incorruptible [ryeom]	깨끗할 **결** to be clean [gyeol]	흰 **백** to be white [baek]
한자	淸	廉	潔	白
풀이	(사람의 품성이) 맑고 청렴하고 깨끗하고 순수함. (One's personality) To be clear, clean, and incorruptible, like white.			
활용	(사람이) 마음이 맑고 깨끗하며 욕심이 없음을 표현한다. It refers to one's clear-mindedness and lack of greed.			

앞에서 학습한 내용을 바탕으로 다음 질문에 답해 보세요.
Answer the following questions based on what you learned on the previous page.

1 다음 사자성어에 대한 설명 중 옳은 것은 ○, 옳지 <u>않은</u> 것은 ✕ 표시해 보세요.
Read each description about four-character idioms and write ○ if correct and ✕ if incorrect.

(1) 살신성인: 다른 사람 또는 *대의를 위해 목숨을 희생함.　　　　　　　　(　　)

(2) 솔선수범: 먼저 *나서서 다른 사람의 *본보기가 됨.　　　　　　　　（　　）

(3) 언행일치: 배워서 얻은 지식이 넓고 이것저것 아는 것이 많음.　　　　（　　）

(4) 청렴결백: 마음이 맑고 깨끗하며 *검소해 욕심이 없음.　　　　　　　（　　）

> **잠깐** 위의 사자성어에 대한 설명으로 옳지 <u>않은</u> 것이 있으면 올바르게 고쳐 써 보세요.
> Read the above descriptions again and rewrite the incorrect descriptions if there are any.

2 다음 밑줄 친 상황에 가장 잘 어울리는 사자성어를 써 보세요.
Write the most appropriate four-character idiom that describes the situation underlined below.

(1) 이번에 새로 열린 한국어 강의를 신청한 그 학생은 <u>한국어를 열심히 공부하겠다고 말한 이후로 수업에 한 번도 빠지지 않았다.</u>

　　언 [　][　][　]

(2) 우리 선생님은 <u>순수한 마음으로 학생들을 사랑하고, 돈이나 지위에 전혀 욕심이 없으신</u> 분이다.

　　[　] 렴 [　][　]

(3) <u>교실의 쓰레기를 반장이 먼저 치우니 다른 학생들도 쓰레기를 치우기 시작했다.</u>

　　[　][　] 수 [　]

(4) 아파트에 불이 나자 한 청년이 <u>위험을 *무릅쓰고 사람들을 구하다가</u> 크게 다쳤다.

　　[　][　][　] 인

Vocabulary

- 뇌물 bribe
- 공직자 public official
- 본보기 role model
- 청탁 solicitation; request
- 대의 great cause
- 검소하다 to be thrifty
- 청렴하다 to be incorruptible
- 나서다 to lead
- 무릅쓰다 to risk

【3~6】 다음 사자성어를 활용해서 질문에 답해 보세요.(단, 문제 3~4는 4개의 사자성어를 1번씩만 사용해야 함.)
Answer the questions using the following four-character idioms. (For Questions 3 and 4, use each idiom only once.)

| 살신성인 | 솔선수범 | 언행일치 | 청렴결백 |

3 다음 빈칸에 가장 알맞은 사자성어를 넣어 문장을 완성해 보세요.
Fill in the blank with the most appropriate four-character idiom to complete the sentence.

(1) 자녀 교육의 기본은 부모가 모범이 되는 행동들을 자녀 앞에서 □□□□

하는 것이다.

(2) 지도자는 대중에게 한 약속을 꼭 행하는 □□□□ 한 모습을 보여 줘야

한다.

(3) 매년 8월 15일 '광복절'에는 한국의 독립을 위해 □□□□ 하신 분들을

*기리는 행사가 열린다.

(4) 그는 30년 동안 *재물이나 자리 등에 *욕심내지 않고 □□□□ 한 공무

원으로 생활해 왔다.

4 다음 대화문을 읽고 빈칸에 가장 알맞은 사자성어를 써 보세요.
Read the following dialogues and fill in the blanks with the most appropriate four-character idioms.

(1) 가: 어제 사고 현장에서 소방관 한 분이 *순직하셨다면서요?

나: 네. 안타깝게도 □□□□ 의 정신으로 사람들을 구하다가 건물이 무

너지는 바람에 빠져나오지 못하셨다네요.

(2) 가: 저분은 연세도 많은데 봉사 활동을 아직도 활발히 하시네요.

나: 네. 저분은 다른 *봉사자들에게 모범이 되어 주세요. 봉사 활동 때마다 힘들고 어려운

일도 먼저 □□□□ 하시는 모습이 참 존경스러워요.

(3) 가: 요즘 우리 지역의 *국회 의원이 뇌물 *혐의로 조사를 받는다던데요?

　　나: 맞아요. ☐☐☐☐ 한 줄 알았는데 돈에 욕심을 내다니 실망이 커요.

(4) 가: 지난주부터 다이어트한다고 했죠? 지금 먹는 양을 보면 ☐☐☐☐이/가

　　안 되는 것 같은데요?

　　나: 너무 힘들어서 다이어트를 그만뒀어요. 말한 것을 실천에 옮기기가 너무 어렵네요.

5 다음 글을 읽고 빈칸에 가장 알맞은 사자성어를 써 보세요.

Read the following passage and fill in the blank with the most appropriate four-character idiom.

> 　정약용(丁若鏞)은 조선 시대 *후기의 대표적인 *실학자이다. 그는 지방의 관리들이 자신의 이익에만 관심을 두고 어떻게 목민(*백성을 *다스림)해야 하는지 잘 모른다며, 조선 *행정관의 *지침서인 《목민심서》를 썼다. 그는 이 책에서 *지방 관리가 첫 *부임할 때부터 업무를 마무리할 때까지 어떻게 해야 하는지에 대한 구체적인 규칙과 실천 방법 등을 한눈에 알 수 있도록 분명하게 설명하고 있다. 특히 그는 관리로서의 마음가짐을 자세히 밝혀 썼는데, "지방 관리는 언제나 마음이 깨끗하고 욕심이 없는 생활을 해야 한다. … 명예와 재물과 이익을 *탐내지 말고 뇌물을 절대로 받지 말아야 한다."라며 ☐☐☐☐을/를 강조했다. 정약용이 《목민심서》에서 이야기한 이러한 마음가짐은 오늘날의 공직자에게도 모범이 되고 있다.

6 다음 글을 읽고 밑줄 친 단어를 문맥에 가장 알맞은 사자성어로 고쳐 써 보세요.

Read the following passage and rewrite the underlined word using the most contextually appropriate four-character idiom.

매년 1월이 되면 일본의 한 *역사에서 한국인 청년을 기리는 *추모제가 열린다. 2001년 전철역 *선로에 떨어진 사람을 구하다가 사망한 한국인을 추모하는 행사로, 사고 현장인 일본 도쿄의 신오쿠보역에서 이뤄지고 있다. 사망한 한국인은 당시 *어학연수를 위해 일본에서 지내고 있었는데, 열차를 기다리던 중 술에 취해 선로에 떨어진 시민을 구하려고 뛰어내렸다고 한다. 마침 현장에 있던 일본인 사진작가도 함께 뛰어내렸으나 열차가 너무 빨리 접근해서 안타깝게도 세 사람 모두 *세상을 떠나고 말았다.

현대 사회는 이웃보다 자신의 삶에 *치중하는 *개인주의가 *팽배하다고들 말한다. 그럼에도 불구하고 선로에 떨어진 시민을 구하려던 이들처럼, 우리 사회 곳곳에서 위험을 무릅쓰며 *의로운 일을 행하는 <u>불철주야의</u> 자세로 살아가는 사람들을 발견할 수 있다는 것은 다행한 일이다. 물론 죽음에 이르는 희생은 무척 안타깝지만, 이들 덕분에 우리 사회가 좀 더 따뜻한 곳이 되어 가는 건 부정할 수 없다.

→ ☐☐☐☐의

Answer

1. (1) ○ (2) ○ (3) × (4) ○ 잠깐 (3) 언행일치: 말과 행동이 같거나 말한 대로 실행함. 2. (1) 언행일치 (2) 청렴결백 (3) 솔선수범 (4) 살신성인
3. (1) 솔선수범 (2) 언행일치 (3) 살신성인 (4) 청렴결백 4. (1) 살신성인 (2) 솔선수범 (3) 청렴결백 (4) 언행일치 5. 청렴결백 6. 살신성인

9

금의환향   승승장구
일사천리   탄탄대로

◎ 다음 글을 읽고 떠오르는 여러분의 생각이나 느낌을 이야기해 보세요.
Read each sentence below and tell how you think or feel.

- 신제품의 *판매량이 점점 늘고 있다.
- 새 아르바이트를 찾고 있던 중에 친구가 좋은 곳을 소개해 줬다.
- 새로운 선수를 *영입해서 *전력 *보강을 시도한 우리 팀은 경기에서 계속 승리했다.

➡ 잘되어 가다,

다음 사자성어들을 읽어 보세요.
Read the following four-character idioms.

금의환향 錦衣還鄉

뜻, 음	비단 **금** silk [geum]	옷 **의** clothes [ui]	돌아올 **환** to return [hwan]	고향 **향** hometown [hyang]
한자	錦	衣	還	鄉
풀이	비단옷을 입고 고향에 돌아옴. To come back to one's hometown in silk clothes.			
활용	성공하거나 출세해서 고향에 돌아옴을 비유적으로 표현하는 말이다. It is a metaphorical expression meaning that someone returns to one's hometown after making a big success.			

승승장구 乘勝長驅

뜻, 음	탈 **승** to ride [seung]	이길 **승** to win [seung]	길 **장** to be long [jang]	몰 **구** to push [gu]
한자	乘	勝	長	驅
풀이	(싸움에) 이긴 기세를 타고 길게 몰아침. To push harder using the momentum of winning a fight.			
활용	싸움이나 경쟁 등에서 이긴 기세를 타고 나아가며 계속 이기는 상황, 혹은 어떤 일이 계속해서 잘되어 감을 표현한다. It means that the situation or something continues to work well while continuing to win based on winning spirit.			

일사천리 一瀉千里

뜻, 음	하나 **일** one [il]	쏟을 **사** to pour [sa]	일천 **천** one thousand [cheon]	거리 **리** distance [ri]
한자	一	瀉	千	里
풀이	한 번 쏟아진 (강물의) 물줄기가 천 리(약 400㎞)를 감. The stream of water poured down at once flows to around a thousand miles (1 ri is about 393 meters).			
활용	어떤 일이 중간에 막힘없이 순조롭게 진행됨을 가리킬 때 사용한다. It is used when something goes smoothly without any obstacles or interruptions.			

탄탄대로 坦坦大路

뜻, 음	평평할 **탄** to be flat [tan]	평평할 **탄** to be flat [tan]	큰 **대** to be big [dae]	길 **로** road [ro]
한자	坦	坦	大	路
풀이	(높낮이가 없이) 평평하고 큰길. (without high or low) A flat and big road.			
활용	아무런 어려움이 없이 순조로운 장래를 말한다. It refers to a promising, bright future without any difficulties.			

앞에서 학습한 내용을 바탕으로 다음 질문에 답해 보세요.
Answer the following questions based on what you learned on the previous page.

1 다음 사자성어와 가장 알맞은 설명을 연결해 보세요.
Match the following four-character idioms with the most appropriate descriptions.

(1) 금의환향 •

(2) 승승장구 •

(3) 일사천리 •

(4) 탄탄대로 •

• ㉠ 어떤 일이 중간에 *막힘없이 진행됨.

• ㉡ 성공해서 고향에 돌아옴.

• ㉢ 경쟁이나 경기에서 계속 이김.

• ㉣ 장래가 아무 어려움 없이 *순조로움.

2 다음 밑줄 친 상황에 가장 잘 어울리는 사자성어를 써 보세요.
Write the most appropriate four-character idiom that describes the situation underlined below.

(1) 그는 집안도 좋고 성격도 좋고 실력도 *뛰어난 데다가
이 회사 사장의 *무남독녀와 결혼하게 되었으니 앞으로
순조로운 사회생활을 하게 될 것으로 보인다.

| 탄 | | | |

(2) 모든 전투에서 이길 수 있는 기회를 놓치지 않은 장군
덕분에 우리 군은 계속 승리를 이어 갈 수 있었다.

| | 승 | | |

(3) 며칠째 미루던 보고서를 한번 쓰기 시작하니 막힘없이
2시간 만에 끝냈다.

| | | 천 | |

(4) 사촌 동생은 유학을 간 지 10년 만에 *박사 학위를 받고
미국 최고 대학의 교수가 되어 고향에 돌아왔다.

| | | | 향 |

Vocabulary

- 판매량 sales volume; sales
- 보강 reinforcement
- 뛰어난 데다가 in addition to being outstanding
- 영입하다 to scout
- 막힘없이 easily
- 무남독녀 only daughter
- 전력 team force
- 순조롭다 to be smooth
- 박사 학위 doctoral degree

【3~6】 다음 사자성어를 활용해서 질문에 답해 보세요.(단, 문제 3~4는 4개의 사자성어를 1번씩만 사용해야 함.)
Answer the questions using the following four-character idioms. (For Questions 3 and 4, use each idiom only once.)

금의환향	승승장구	일사천리	탄탄대로

3 다음 빈칸에 가장 알맞은 사자성어를 넣어 문장을 완성해 보세요.
Fill in the blank with the most appropriate four-character idiom to complete the sentence.

(1) 그림에 *소질이 있던 내 친구는 미술 대학을 졸업한 후 얼마 되지 않아 이름을 날리고 개인

전시회를 여는 등 아무 *탈 없이 ☐☐☐☐ 을/를 걷고 있다.

(2) 김 부장님은 *고속 승진하며 실패 없이 줄곧 ☐☐☐☐ 해 온 분이시다.

(3) ☐☐☐☐ 하기를 꿈꾸며 고향에서 수도인 서울로 올라오는 젊은이들이

많지만, 물가는 높고 마땅한 직장을 구하기도 쉽지 않다.

(4) 한국에서는 인터넷으로 물건을 주문하면 ☐☐☐☐ (으)로 배달해 준다.

4 다음 대화문을 읽고 빈칸에 가장 알맞은 사자성어를 써 보세요.
Read the following dialogues and fill in the blanks with the most appropriate four-character idioms.

(1) 가: 어제 스포츠 뉴스 보셨어요?

나: 그럼요. 제가 응원하는 팀에 *무실점 승리 *투수로 ☐☐☐☐ 하고

있는 선수가 영입된다고 해서 기대하고 있어요.

(2) 가: 국제 대회에서 우승한 축구 국가대표 팀이 오늘 귀국한다고 해서 공항에 기자들과 팬

들이 *어마어마하게 모여 있어요.

나: 국제 대회에서 우승을 하고 귀국하니 *그야말로 ☐☐☐☐ *하는 셈

이네요.

(3) 가: 지난번에 진행하던 프로젝트는 잘 마무리했어요?

　　나: 네. 부장님이 문제를 해결해 주신 다음부터 막힘없이 　□□□□ (으)로

　　모든 일이 진행되어서 잘 끝났어요.

(4) 가: 요즘에는 좋은 대학을 다녀도 취직 걱정 때문에 대학 생활을 즐기지도 못한대요.

　　나: 그러게요. 경제 성장 시대에는 대학만 들어가면 미래가 　□□□□ (이)

　　라고 했는데 안타까워요.

5 다음 글을 읽고 빈칸에 공통적으로 들어갈 사자성어를 써 보세요.
Read the following passage and fill in the blanks with the same appropriate four-character idiom.

　　'프랑스 혁명'은 1789년 국가 재정이 *파산의 *위기에 처하면서 일어난 시민 혁명이다. 이로써 오래도록 *굳건할 것만 같았던 *절대 왕정이 무너지자, 가까운 유럽 국가들은 자기 나라에 *혁명의 불꽃이 옮겨 올 것을 막기 위해 프랑스를 공격했다. 이때 코르시카섬 출신의 *포병 장교였던 나폴레옹(Napoleon Bonaparte)이 이끄는 프랑스군이 계속 승리를 거뒀고, 전쟁마다 □□□□ 하며 유럽뿐 아니라 이집트의 알렉산드리아까지 거대한 *영토를 *점령했다. 이로써 나폴레옹은 프랑스의 *영웅이 되었고 전쟁에서 돌아온 그는 *집권 후 *황제에 올랐다. 이후로도 그는 아주 많은 전쟁을 치르면서 계속 □□□□ 했으나, '워털루 전투'에서 *패한 후 *유배를 당하고 힘든 삶을 지내다가 역사 속으로 사라졌다.

다음 글을 읽고 밑줄 친 단어를 문맥에 가장 알맞은 사자성어로 고쳐 써 보세요.

Read the following passage and rewrite the underlined word using the most contextually appropriate four-character idiom.

바쁜 현대 사회에서는 멀티태스킹, 즉 여러 가지 일을 한꺼번에 처리해야 하는 경우가 많다. 게다가 유튜브와 SNS 등 *스마트 기기로 손쉽게 접할 수 있는 콘텐츠가 대량 생산되면서 많은 사람들이 여러 가지 콘텐츠를 한꺼번에 소비하느라 *집중력을 *도둑맞는다는 지적도 있다. 이에 오래전 이탈리아의 한 경영 *컨설턴트가 *고안한 '포모도로 기법(Pomodoro Technique)'이 *재조명되고 있다. 이 기법은 시간을 30분 단위로 *쪼개어 25분 동안 학업이나 일에 집중하고 5분 쉬는 것을 총 4번 반복한 후, 15분 쉰 다음 다시 이를 반복하는 방식으로 집중력을 향상시키는 방법이다. 최근 한 대학 연구진이 실험을 통해 포모도로 기법이 공부나 업무를 막힘없이 <u>인지상정으로</u> 진행하는 데 효과적임을 *증명했다. 이로써 많은 기업이 업무 *생산성을 높이기 위해 이 기법을 활용할 것으로 기대된다.

→ ☐☐☐☐ (으)로

10

괄목상대　대기만성
일취월장　자수성가

◎ 다음 글을 읽고 떠오르는 여러분의 생각이나 느낌을 이야기해 보세요.
Read each sentence below and tell how you think or feel.

- 그는 혼자 시골에서 올라와 *온갖 어려움을 이겨 내고 지금의 *자리에 올랐다.
- 나는 한국어 공부를 시작한 지 1년 만에 한국어 능력 시험(TOPIK) 4급에 합격했다.
- 신입 기자였던 그 사람은 *부단히 노력해서 10년 만에 *꿈에 그리던 뉴스 앵커가 되었다.

➡ 성장하다,

다음 사자성어들을 읽어 보세요.
Read the following four-character idioms.

괄목상대 刮目相對

뜻, 음	비빌 **괄** to rub [gwal]	눈 **목** eye [mok]	서로 **상** each other [sang]	대할 **대** to face [dae]
한자	刮	目	相	對
풀이	눈을 비비고 상대방을 다시 대함. To rub one's eyes and face the other person.			
활용	상대방의 능력이나 성과가 (눈을 비비고 볼 만큼) 놀랄 정도로 매우 좋아짐을 나타낸다. It means that someone's ability or performance has improved surprisingly to the extent that one cannot believe one's eye.			

대기만성 大器晚成

뜻, 음	큰 **대** to be big [dae]	그릇 **기** bowl [gi]	늦을 **만** to be late [man]	이룰 **성** to accomplish [seong]
한자	大	器	晚	成
풀이	큰 그릇은 뒤늦게 이루어짐. Big bowls are made (accomplished) late.			
활용	크게 될 사람은 많은 노력을 한 끝에 늦게 성공함을 말한다. It means that it takes time for a person to achieve great success because they have put a lot of effort into it for a long time.			

일취월장 日就月將

뜻, 음	날 **일** day [il]	나아갈 **취** to proceed [chwi]	달 **월** month [wol]	나아갈 **장** to proceed [jang]
한자	日	就	月	將
풀이	날마다 나아지고 달마다 발전함. To go forward day after day and develop month after month.			
활용	끊임없이 노력해 계속해서 나아지고 발전해 가는 것을 가리킬 때 사용한다. It is used when someone keeps working hard and making steady progress.			

자수성가 自手成家

뜻, 음	스스로 **자** oneself [ja]	손 **수** hand [su]	이룰 **성** to accomplish [seong]	집 **가** house [ga]
한자	自	手	成	家
풀이	자신의 손(힘)으로 집안을 일으킴(이룸). To accomplish family wealth with one's own hands.			
활용	물려받은 재산 없이 자기 혼자의 힘으로 큰돈을 모으고 집안을 일으킴을 말한다. It refers to making a lot of money and supporting a family solely without inherited property.			

앞에서 학습한 내용을 바탕으로 다음 질문에 답해 보세요.
Answer the following questions based on what you learned on the previous page.

1 다음 사자성어에 대한 설명 중 옳은 것은 ○, 옳지 <u>않은</u> 것은 ✕ 표시해 보세요.
Read each description about four-character idioms and write ○ if correct and ✕ if incorrect.

(1) 괄목상대: 상대방의 능력이나 *성과가 놀랄 만큼 아주 좋아짐.　　　　　(　　)

(2) 대기만성: 남보다 앞장서서 먼저 행동해 다른 사람의 본보기가 됨을 말함.　　(　　)

(3) 일취월장: 끊임없이 노력해 날마다 발전하고 나아짐.　　　　　　　　(　　)

(4) 자수성가: 혼자의 힘으로 성공해서 큰돈을 모음.　　　　　　　　　(　　)

감깐 위의 사자성어에 대한 설명으로 옳지 <u>않은</u> 것이 있으면 올바르게 고쳐 써 보세요.
Read the above descriptions again and rewrite the incorrect descriptions if there are any.

2 다음 밑줄 친 상황에 가장 잘 어울리는 사자성어를 써 보세요.
Write the most appropriate four-character idiom that describes the situation underlined below.

(1) 삼촌은 <u>젊을 때 회사를 관둔 이후 평생 경제적으로 어렵게 사셨는데, 오랜 연구를 마치고 그에 대한 성과를 거두며 마침내 국내 최초로 노벨상(Nobel Prize)을 받으셨다.</u>

| 대 | | | |

(2) 여름 방학 동안 한국으로 단기 어학연수를 다녀온 <u>친구의 한국어 실력이 엄청나게 늘어서</u> 깜짝 놀랐다.

| | 목 | | |

(3) 남편의 요리 실력이 <u>날이 갈수록 점점 더 좋아지고</u> 있다.

| | | 월 | |

(4) 그분은 <u>젊은 나이에 다른 사람의 도움 없이 크게 성공해 가난한 *집안을 일으키셨다.</u>

| | | | 가 |

【3~6】 다음 사자성어를 활용해서 질문에 답해 보세요.(단, 문제 3~4는 4개의 사자성어를 1번씩만 사용해야 함.)
Answer the questions using the following four-character idioms. (For Questions 3 and 4, use each idiom only once.)

> 괄목상대　　　　대기만성　　　　일취월장　　　　자수성가

3 다음 빈칸에 가장 알맞은 사자성어를 넣어 문장을 완성해 보세요.
Fill in the blank with the most appropriate four-character idiom to complete the sentence.

(1) 그는 다른 선수들보다 운동을 늦게 시작했지만 실력이 점점 느는 것을 보니 앞으로 훌륭한

선수가 될 것 같다. 그래서 ⬜⬜⬜⬜ (이)라는 말이 있나 보다.

(2) 정부는 *벤처 기업에 대한 투자를 확대해 혼자만의 힘으로 회사를 세워 경영해 나가는

'⬜⬜⬜⬜ 형 CEO'들을 적극 지원하고 있다.

(3) 지난 대회 꼴찌 팀이 올해는 경기할 때마다 ⬜⬜⬜⬜ 할 만큼 놀라운 실

력을 보여 주더니 결국 이번 대회의 우승 팀이 되었다.

(4) 선생님은 내 친구가 꾸준히 연습해서 바이올린 연주 실력이 날마다 더 느는 것을 보시고

⬜⬜⬜⬜ 하는 학생이라며 칭찬을 아끼지 않으셨다.

4 다음 대화문을 읽고 빈칸에 가장 알맞은 사자성어를 써 보세요.
Read the following dialogues and fill in the blanks with the most appropriate four-character idioms.

(1) 가: 연기를 못한다고 비난을 받던 배우가 이번 드라마에서 완전히 달라진 모습을 보여 줘서

정말 깜짝 놀랐어요.

나: 맞아요. 그 배우의 연기 실력이 예전에 비해 ⬜⬜⬜⬜ 할 만큼 많이

늘어서 이번 드라마를 아주 재미있게 보고 있어요.

(2) 가: 나나 씨, 한국어 실력이 *나날이 늘어 그야말로 ⬜⬜⬜⬜ (이)네요.

발음도 무척 좋아지고 있어요.

나: 정말요? 고마워요. 제가 좋아하는 한국 드라마를 날마다 보면서 연습한 보람이 있네요.

(3) 가: 이 회사 사장님은 혼자 회사를 키우셨다면서요?

　　나: 네. 정말 대단한 분이시죠. 아무 가진 것 없이 혼자 서울로 올라와서 대기업과 *어깨를

　　　　나란히 할 만큼 큰 규모의 회사를 만든 ☐☐☐☐ 한 분이시잖아요.

(4) 가: 준호가 어릴 때는 공부를 잘하는 편이 아니었는데 이번 시험에 *수석으로 합격했대.

　　나: 정말? 준호는 ☐☐☐☐ 형인가 보네. 축하 인사를 해야겠어.

5 다음 글을 읽고 빈칸에 가장 알맞은 사자성어를 써 보세요.

Read the following passage and fill in the blank with the most appropriate four-character idiom.

> 　　최근 *인공 지능의 급속한 발달과 함께 곧 기계가 인간의 *노동력을 대체하는 시대가 올 것이라는 예측으로 사회적 *불안감이 높아지고 있다. 이러한 미래 예측이 늘어나는 가운데, 한편으로는 1970년대에 *발달 심리학자인 존 플라벨(John Flavell)이 발표한 '*메타 인지' 개념이 주목받고 있다. 이것은 인간만이 가진 매우 뛰어난 능력으로, 자신이 아는 것과 모르는 것을 *분별할 수 있는 능력을 말한다. 그에 따르면 메타 인지 능력이 뛰어난 사람은 자신의 부족한 점이 무엇인지 알고 이를 채우려고 노력함으로써 보다 나은 방향으로 자신을 *계발할 수 있다. 여러 교육 현장에서도 메타 인지 학습법을 적용해 수업을 한 결과, 학생들이 스스로 모르는 부분을 더 집중적으로 공부해서 학습 능력이 ☐☐☐☐ 했음을 알 수 있었다고 한다. 이와 같은 메타 인지 능력의 계발은 인공 지능으로 완전히 대체될 수 없는 인간만의 고유한 *영역을 만들어 나가는 데 중요한 학습 *역량으로 *부각되고 있다.

다음 글을 읽고 밑줄 친 단어를 문맥에 가장 알맞은 사자성어로 고쳐 써 보세요.

Read the following passage and rewrite the underlined word using the most contextually appropriate four-character idiom.

미국의 °발명가 에디슨(Thomas Edison)은 어려서부터 °호기심이 많아 °엉뚱한 행동을 곧잘 했다. 이 때문에 초등학교 입학 후 선생님에게 °산만한 아이로 지적받아 학교를 그만두고 집에서 어머니에게 교육을 받아야 했다. 이후 에디슨은 가난한 집안 형편 때문에 어린 나이에 철도역에서 신문과 과자를 팔았고, 호기심으로 °화물차 내에서 실험을 하다가 °화재를 일으키기도 했다. 직장 생활을 하면서 진행한 연구와 실험이 °딱히 좋은 결과를 내지 못했는데도 에디슨은 발명하는 일을 놓지 않았고, 결국 °전신기와 °축음기·°백열전구·°영사기 등을 발명하는 데 성공했다. 이렇듯 에디슨을 포함해서 아인슈타인(Albert Einstein), 로댕(Auguste Rodin) 등 성공한 많은 사람들이 어린 시절에는 재능을 보이지 못하다가 꾸준히 노력한 끝에 뒤늦게 뛰어남을 드러내곤 했다. 이와 같이 오랜 시간 후에 큰사람으로 성장하는 경우, 이들을 <u>심기일전형</u> 인물이라고 말한다.

→ ☐ ☐ ☐ ☐ 형

11

구사일생　　어부지리
일확천금　　천우신조

◎ 다음 글을 읽고 떠오르는 여러분의 생각이나 느낌을 이야기해 보세요.
Read each sentence below and tell how you think or feel.

- 그가 10년 전에 사 놓은 땅의 가격이 갑자기 10배로 올랐다.
- 고속 도로에서 큰 *추돌 사고를 당한 친구는 *천만다행으로 다친 데가 없었다.
- 마라톤 대회에서 앞서가던 2명의 선수가 넘어져서 뒤따르던 선수가 *1등을 차지했다.

➡ 운이 좋다,

다음 사자성어들을 읽어 보세요.
Read the following four-character idioms.

구사일생
九死一生

뜻, 음	아홉 **구** nine [gu]	죽을 **사** to die [sa]	하나 **일** one [il]	살 **생** to live [saeng]
한자	九	死	一	生
풀이	아홉 번 죽을 뻔하다가 한 번 살아남. Almost being about to die nine times, but survive; narrow excape.			
활용	죽을 뻔한 상황을 여러 번 넘기고 겨우 살아남을 말한다. 주로 '구사일생으로'의 형태로 사용된다. It is used when one can barely survive after overcoming a near-death situation many times.			

어부지리
漁夫之利

뜻, 음	고기 잡을 **어** to fish [eo]	사내 **부** man [bu]	어조사(語助辭) **지** 's; of [ji]	이익 **리** profit [ri]
한자	漁	夫	之	利
풀이	어부(고기잡이)가 이익을 봄. A fisherman's profit; an irrelevant bystander makes a profit from a state of confusion.			
활용	두 사람이 이해관계로 서로 싸우는 사이에 다른 사람이 힘들이지 않고 대신 얻는 이익을 나타낸다. It means that a third party benefits in the middle of fights or struggles between two stakeholders.			

일확천금
一攫千金

뜻, 음	하나 **일** one [il]	움킬 **확** to grasp [hwak]	일천 **천** one thousand [cheon]	황금 **금** gold [geum]
한자	一	攫	千	金
풀이	단번에 천금을 움켜쥠. Grabbing one thousand gold at once; jackpot.			
활용	힘들이지 않고 단번에 많은 재물을 얻음, 혹은 그러한 재물을 표현한다. It refers to the acquisition of a lot of wealth that has been obtained without effort or such wealth.			

천우신조
天佑神助

뜻, 음	하늘 **천** heaven [cheon]	도울 **우** to help [u]	귀신 **신** ghost [sin]	도울 **조** to help [jo]
한자	天	佑	神	助
풀이	하늘이 돕고 귀신(신령)도 도움. Heaven helps, and ghosts help as well.			
활용	이루어질 수 없다고 여긴 일이 극적으로 이루어졌을 때 사용한다. It is used when something that seems impossible has dramatically come true.			

앞에서 학습한 내용을 바탕으로 다음 질문에 답해 보세요.
Answer the following questions based on what you learned on the previous page.

1 다음 사자성어와 가장 알맞은 설명을 연결해 보세요.
Match the following four-character idioms with the most appropriate descriptions.

(1) 구사일생 •　　　　　• ㉠ *단번에 큰 재물을 얻음.

(2) 어부지리 •　　　　　• ㉡ 죽을 뻔한 상황을 여러 번 넘겨 겨우 살아남.

(3) 일확천금 •　　　　　• ㉢ 이루어질 수 없다고 생각한 일이 *극적으로 이루어짐.

(4) 천우신조 •　　　　　• ㉣ 두 사람이 서로 싸우는 사이에 다른 사람이 얻은 이익.

2 다음 밑줄 친 상황에 가장 잘 어울리는 사자성어를 써 보세요.
Write the most appropriate four-character idiom that describes the situation underlined below.

(1) 대학교 졸업반 때 *창업한 *스타트업이 크게 성공해서 대기업에 팔림으로써 <u>단번에 수천 억 원을 벌었다.</u>　　　일 □ □ □

(2) 바닷가에 놀러 갔다가 물에 빠져서 <u>죽을 뻔했는데, 구조 대원이 구해 줘서 겨우 살아났다.</u>　　　□ 사 □ □

(3) 내 실력으로는 <u>원하는 회사에 들어가기가 거의 불가능했는데 정말 기적같이 합격했다.</u>　　　□ □ 신 □

(4) 거친 *몸싸움을 벌인 우승 후보 두 사람이 *실격을 당하는 바람에 <u>3등이던 선수가 1등을 차지했다.</u>　　　□ □ □ 리

【3~6】다음 사자성어를 활용해서 질문에 답해 보세요.(단, 문제 3~4는 4개의 사자성어를 1번씩만 사용해야 함.)
Answer the questions using the following four-character idioms. (For Questions 3 and 4, use each idiom only once.)

구사일생	어부지리	일확천금	천우신조

3 다음 빈칸에 가장 알맞은 사자성어를 넣어 문장을 완성해 보세요.
Fill in the blank with the most appropriate four-character idiom to complete the sentence.

(1) 이번 선거에서 *여당 후보와 *야당 후보가 지나치게 서로 *헐뜯고 다투며 안 좋은 모습을

보이는 바람에 *무소속 후보가 ☐ ☐ ☐ ☐ (으)로 당선되었다.

(2) 합격 대기자였던 친구는 ☐ ☐ ☐ ☐ (으)로 입학식 전날 합격했다는 연락을

받았다. 운이 좋았다.

(3) 동생은 불이 난 창고에 *꼼짝없이 갇혔는데, *구조대에 의해 ☐ ☐ ☐ ☐

(으)로 목숨을 구했다.

(4) 그는 *사기꾼의 유혹에 넘어가 ☐ ☐ ☐ ☐ 을/를 꿈꾸다가 전 재산을 날

리고 말았다.

4 다음 대화문을 읽고 빈칸에 가장 알맞은 사자성어를 써 보세요.
Read the following dialogues and fill in the blanks with the most appropriate four-character idioms.

(1) 가: 마이클 씨, 할아버지께서 한국 전쟁에 참전하셨다면서요?

나: 네. 할아버지가 *참전 용사셨는데 엄청나게 *치열했던 전투 중의 하나인 장진호 전투에서

☐ ☐ ☐ ☐ (으)로 살아나셨대요.

(2) 가: 이번에 오래된 *미제 사건, 그러니까 10여 년 동안 해결되지 않았던 사건의 진짜 범인이

잡혔다더라고요.

나: 저도 뉴스 봤어요. 많이 늦기는 했지만 ☐ ☐ ☐ ☐ (으)로 범인이 잡혔

으니 피해자 가족들도 이제 마음을 놓겠어요.

(3) 가: 마트에 갔더니 라면 가격이 엄청 내렸더라고요.

나: 네. 업체들 간에 가격 경쟁이 벌어지는 바람에 소비자들이 이익을 보게 되었으니

□□□□ (이)라고 할 수 있죠.

(4) 가: 저는 꾸준히 노력하지 않고 □□□□ 을/를 바라는 사람들이 이해

되지 않아요.

나: 저도 그래요. 하지만 꾸준히 노력해도 모을 수 있는 돈이 적은 사람들에게 한번에 바로

돈을 버는 방법이 있다며 유혹하는 사람들이 더 문제라고 생각해요.

5 다음 기사문을 읽고 알맞은 사자성어를 사용해서 제목을 완성해 보세요.
Read the following article and complete its title using the appropriate four-character idiom.

•표류 3개월 만에 극적으로 구조된 □□□□ 의 사나이

입력 2000.00.00.   가가 ⬆ 🖶

육지에서 약 1,930km나 떨어진 태평양 바다 위, 한 •참치잡이 •어선의 승무원들이 3개월간 표류하던 어선 내에 있던 남성과 그의 •반려견을 구조했다는 소식이 전해졌다. 그는 반려견과 함께 멕시코를 떠나 프랑스로 향하던 중 •폭풍우를 만나 배가 망가졌고 •동력을 잃은 데다가 통신 시스템까지 고장 나 죽음의 위기를 마주해야 했지만, •날생선과 빗물을 먹으며 •간신히 버텼다고 한다. 그렇게 표류한 지 3달째를 이어 가던 어느 날, 그는 어선 활동을 감시하던 헬리콥터에 발견되어 근처 참치잡이 어선 승무원들에 의해 극적으로 구조되었다. 구조 후 그는 병원으로 이동해서 여러 검사와 치료를 받았으나 건강에 아무 문제가 없다고 알려졌다.

• 여당 ruling party	• 야당 opposition party	• 헐뜯다 to slander
• 무소속 independent	• 꼼짝없이 helplessly	• 구조대 rescue team
• 사기꾼 swindler	• 참전 용사 war veteran	• 치열하다 to be intense
• 미제 사건 unsolved case	• 표류 drifting; floating	• 참치잡이 tuna fishing
• 어선 fishing boat	• 반려견 pet dog	• 폭풍우 storm
• 동력 power	• 날생선 raw fish	• 간신히 with difficulty

다음 글을 읽고 밑줄 친 부분과 관계있는 사자성어를 써 보세요.

Read the following passage and write the most appropriate four-character idiom related to the phrase underlined.

강에서 사는 *조개가 어느 날 *햇볕을 쬐기 위해 강가로 나와 입을 벌리고 편안한 마음으로 쉬고 있었다. 그런데 갑자기 *도요새가 날아와 *조갯살을 *부리로 쪼았고, 조개는 깜짝 놀라 입을 닫았다. 그 때문에 도요새의 부리는 *조개껍데기 사이에 끼고 말았지만, 자신을 쪼아 화가 난 조개는 입을 단단하게 닫고 부리를 놓아 주지 않았다. 당황한 도요새는,

"나를 놓아 주지 않으면 너는 물에 들어가지 못해서 말라 죽게 될걸?"

이라고 겁을 주며 말했다. 그러자 조개는,

"내가 놓아 주지 않으면 너야말로 굶어 죽을걸?"

이라며 지지 않고 말했다. 도요새와 조개가 한참 동안 *실랑이를 벌이며 싸우던 그때, *고기잡이를 마치고 집으로 돌아가던 *어부가 이 모습을 보게 되었다. 그는 싸우느라 지쳐서 움직일 힘도 없는 도요새와 조개를 한꺼번에 잡았고, 저녁을 배불리 먹겠다며 신이 나서 집으로 갔다.

☐ ☐ ☐ ☐

Answer

1. (1) ㉡ (2) ㉣ (3) ㉠ (4) ㉢   2. (1) 일확천금 (2) 구사일생 (3) 천우신조 (4) 어부지리
3. (1) 어부지리 (2) 천우신조 (3) 구사일생 (4) 일확천금   4. (1) 구사일생 (2) 천우신조 (3) 어부지리 (4) 일확천금   5. 천우신조   6. 어부지리

12

군계일학 명불허전
명실상부 전무후무

◎ 다음 글을 읽고 떠오르는 여러분의 생각이나 느낌을 이야기해 보세요.
Read each sentence below and tell how you think or feel.

○ 세종 대왕은 한국 역사상 가장 많은 *업적을 남긴 지도자로 손에 꼽힌다.

○ 올해 최고의 화제작이었던 그 작품이 각종 영화 *시상식에서 상을 *휩쓸고 있다.

○ 이번 국제 높이뛰기 경기에서 세계 랭킹 1위 선수가 또 세계 최고 기록을 세웠다.

➡ 최고 중의 최고,

다음 사자성어들을 읽어 보세요.
Read the following four-character idioms.

군계일학
群鷄一鶴

뜻, 음	무리 **군** herd [gun]	닭 **계** chicken [gye]	하나 **일** one [il]	학 **학** crane [hak]
한자	群	鷄	一	鶴
풀이	닭의 무리 가운데에서 유일한 학. A crane in the herd of chickens; the best of the bunch.			
활용	여러 평범한 사람들 가운데에서 뛰어난 오직 한 사람을 가리킬 때 사용한다. It refers to the most outstanding figure among the group of ordinary people.			

명불허전
名不虛傳

뜻, 음	이름 **명** name [myeong]	아닐 **불** not [bul]	헛될 **허** to be vain [heo]	전할 **전** to convey [jeon]
한자	名	不	虛	傳
풀이	유명한 이름이 헛되이(잘못) 전해진 것은 아님. A famous name is not conveyed in vain.			
활용	명성이나 명예가 널리 알려진 데는 다 그럴 만한 이유가 있음을 가리킬 때 사용한다. It is used to express that there is a good reason for someone's widely-known fame or reputation.			

명실상부
名實相符

뜻, 음	이름 **명** name [myeong]	실제 **실** reality [sil]	서로 **상** each other [sang]	맞을 **부** to correspond [bu]
한자	名	實	相	符
풀이	이름과 내용(실제)이 서로 맞음. The name and its content(reality) match with each other.			
활용	겉으로 드러난 것과 실제 내용이 서로 꼭 맞음을 표현한다. It means a close correspondence between outward appearance and actual content.			

전무후무
前無後無

뜻, 음	앞 **전** before [jeon]	없을 **무** to not be [mu]	뒤 **후** after [hu]	없을 **무** to not be [mu]
한자	前	無	後	無
풀이	전에도 없었고 후에도(앞으로도) 없음. Being none before and never after.			
활용	이전에도 없었고 이후로도 없을, 평범하지 않은 절대적인 존재나 상황을 나타낼 때 사용한다. It expresses an absolute being or unusual situation that has never existed before and will never exist.			

1 다음 사자성어에 대한 설명 중 옳은 것은 ○, 옳지 <u>않은</u> 것은 ✕ 표시해 보세요.
Read each description about four-character idioms and write ○ if correct and ✕ if incorrect.

(1) 군계일학: 평범한 무리 가운데 뛰어난 사람. (   )

(2) 명불허전: 이름이 알려진 데는 다 그럴 만한 이유가 있음. (   )

(3) 명실상부: 죽을 뻔한 상황을 여러 번 넘기고 겨우 살아남. (   )

(4) 전무후무: 이전에도 없었고 앞으로도 없을 만큼 뛰어남. (   )

잠깐 위의 사자성어에 대한 설명으로 옳지 <u>않은</u> 것이 있으면 올바르게 고쳐 써 보세요.
Read the above descriptions again and rewrite the incorrect descriptions if there are any.

2 다음 밑줄 친 상황에 가장 잘 어울리는 사자성어를 써 보세요.
Write the most appropriate four-character idiom that describes the situation underlined below.

(1) 그 사람은 [*]피겨 스케이팅 여자 싱글 역사상 처음으로 <u>모든 출전 대회에서 금메달을 땄는데, 이후로도 그런 선수는 없을 것 같다.</u>

[전][ ][ ][ ]

(2) 전 세계적으로 유명해진 한국 화장품은 <u>실제로 사용해 보면 그 [*]명성에 [*]걸맞은 품질임을 알 수 있다.</u>

[ ][실][ ][ ]

(3) 매번 신기술을 개발해서 뛰어난 신제품을 선보이고 [*]사후 서비스도 [*]탁월한 그 기업을 보니, <u>세계적 명성에 그럴 만한 이유가 있음을 알겠다.</u>

[ ][ ][허][ ]

(4) 그는 <u>친구들과 함께 있을 때 더욱 두드러져 보일 만큼</u> [*]품격이 있는 행동을 보여 줬다.

[ ][ ][ ][학]

Vocabulary

- 업적 achievement
- 피겨 스케이팅 figure-skating
- 사후 서비스 after-sales service
- 시상식 awards ceremony
- 명성 fame
- 탁월하다 to be excellent
- 휩쓸다 to sweep
- 걸맞다 to be suitable
- 품격이 있다 to be classy

【3~6】 다음 사자성어를 활용해서 질문에 답해 보세요.(단, 문제 3~4는 4개의 사자성어를 1번씩만 사용해야 함.)
Answer the questions using the following four-character idioms.(For Questions 3 and 4, use each idiom only once.)

군계일학   명불허전   명실상부   전무후무

3 다음 빈칸에 가장 알맞은 사자성어를 넣어 문장을 완성해 보세요.
Fill in the blank with the most appropriate four-character idiom to complete the sentence.

(1) 한국 남자 아이돌 그룹이 미국 대중음악 인기 순위 *집계상 차트 1위에 오른 것은 이번이

처음으로, 한국 대중가요 역사상 ☐☐☐☐ 한 일이다.

(2) 오스트리아의 작곡가 모차르트(Wolfgang Mozart)는 어려서부터 탁월한 음악적 재능을

보여 많은 음악가들 사이에서 ☐☐☐☐ 이었/였다고 한다.

(3) 한국의 병원들은 소문대로 ☐☐☐☐ / ☐☐☐☐ 인

최고의 의료 서비스를 제공하고 있어서 한국으로 치료를 받으러 오는 외국인들이 많다.

4 다음 대화문을 읽고 빈칸에 가장 알맞은 사자성어를 써 보세요.
Read the following dialogues and fill in the blanks with the most appropriate four-character idioms.

(1) 가: 이번에 우리 팀에 들어온 신입 사원이 ☐☐☐☐ 인 것 같아요.

나: 저도 그렇다고 생각했어요. 다른 신입 사원들과는 달리 업무 이해와 처리 능력이 매우

뛰어나더라고요.

(2) 가: 준호 씨가 좋아하는 작가가 발표한 *신작이 지금 엄청 화제가 되고 있어요!

나: 맞아요. 저도 봤어요. ☐☐☐☐ / ☐☐☐☐ (이)라

고, 정말 좋은 작품이어서 괜한 명성이 아니구나 싶었어요.

(3) 가: 우리나라 선수들이 이번 양궁 단체전에서도 우승한 덕분에 최초로 올림픽 10*연패라는

기록을 세웠어요.

나: ☐☐☐☐ 한 대기록이네요. 너무 멋진 것 같아요.

다음 기사문을 읽고 알맞은 사자성어를 사용해서 제목을 완성해 보세요.

Read the following article and complete its title using the appropriate four-character idiom.

뮤지컬 〈파우스트〉, ☐☐☐☐ 의 매진 기록

입력 2000.00.00.

가가 ↱ 🖶

　독일의 작가 괴테(Johann Goethe)가 *평생에 걸쳐 썼다는 〈파우스트〉. 세계적으로 뛰어난 이 작품이 *시대를 거슬러 오늘날 무대에서 재탄생했다.

　〈파우스트〉는 세상의 모든 지식을 *깨쳤으나 오히려 *자살 충동을 느낄 만큼 우울과 *환멸에 빠진 '파우스트 박사'가 *악마의 유혹에 자신의 영혼을 건 계약을 맺고 다시 젊음을 되찾아 다른 인생을 경험한다는 내용이다. 이 이야기 속에서 파우스트는 악마에게 *이끌려 다양한 경험을 쌓으며 성장한다. 그리고 순간적 행복을 향해 노력하다가 결국 악마와의 계약에 따라 죽음을 맞지만, 천사들에 의해 *구원을 받는다.

　무대에서 *재현되는 이 작품의 티켓은 *오픈 이후 *연이어 매진되고 있다. 이를 두고 *원작이 워낙 *탄탄해서 그렇다고도 하고, 이를 무대 위에서 *풀어낸 배우들의 연기가 대단하기 때문이라고도 한다. '인간의 욕망과 구원'에 대해 살피고 있는 이 작품이 흥행하는 데에는 그럴 만한 이유가 있다는 얘기이다. 정확한 이유가 무엇이든지 간에, 오늘날 무대를 찾는 현대의 사람들에게 큰 감동을 준다는 데에는 큰 *이견이 없어 보인다.

다음 글을 읽고 밑줄 친 부분과 관계있는 사자성어를 써 보세요.
Read the following passage and write the most appropriate four-character idiom related to the phrase underlined.

수학계에서 가장 명예롭고 *권위 있는 상으로 알려진 필즈상(Fields Medal)은 캐나다의 수학자인 존 찰스 필즈(John Charles Fields)가 남긴 유산을 *기반으로 생겨났다.

존 찰스 필즈는 토론토 대학을 졸업한 후 미국 존스 홉킨스 대학에서 박사 학위를 받고, 프랑스와 독일에서 수학자 및 과학자들과 어울리며 연구에 *매진했다. 그는 1902년 토론토 대학의 교수로 부임한 후 연구뿐만 아니라 연구비 확보와 *재단 설립 등 연구 지원에 크게 힘썼으며, 1924년에는 토론토에서 '세계 수학자 대회(ICM)'를 *유치하기도 했다. 결국 그는 자신의 유산을 기부해서 필즈상을 *제정하는 *기금을 마련하였고, 오늘날 '수학계의 노벨상'으로 불리는 필즈상은 세계의 수많은 탁월한 수학자들 중 가장 뛰어난 사람에게 주어져 수학계의 발전에 *이바지하고 있다.

<table>
<tr><td></td><td></td><td></td><td></td></tr>
</table>

13

무용지물　소탐대실
오리무중　자업자득

◎ 다음 글을 읽고 떠오르는 여러분의 생각이나 느낌을 이야기해 보세요.
Read each sentence below and tell how you think or feel.

- 회의 때 *아는 척했다가 어려운 과제까지 몽땅 *떠맡게 되었다.
- 내 피자를 먹고 나서 동생 피자까지 뺏어 먹는 바람에 배탈이 났다.
- 친구의 반지를 탐내어 내 손가락에 끼었다 뺐다 하다가 내 반지를 잃어버렸다.

➡ 자기 잘못으로 곤란해지다,

다음 사자성어들을 읽어 보세요.
Read the following four-character idioms.

무용지물 無用之物

뜻, 음	없을 **무** to not be [mu]	쓸 **용** to use [yong]	어조사(語助辭) **지** 's; of [ji]	물건 **물** thing [mul]
한자	無	用	之	物
풀이	쓸모가 없는 것. A thing or a person that is of no use.			
활용	쓸모가 없는 물건이나 쓸 만한 능력이 없는 사람을 가리킨다. It refers to a useless thing or an incompetent person.			

소탐대실 小貪大失

뜻, 음	작을 **소** to be small [so]	탐할 **탐** to desire [tam]	큰 **대** to be big [dae]	잃을 **실** to lose [sil]
한자	小	貪	大	失
풀이	작은 것을 탐하다가 큰 것을 잃음. Losing a big one while being greedy for a small one.			
활용	작은 이익에 욕심을 부리다가 오히려 큰 손해를 보거나 중요한 것을 잃어버리게 되는 상황에서 사용한다. It is used when one has a great loss while being greedy for small profits.			

오리무중 五里霧中

뜻, 음	다섯 **오** five [o]	거리 **리** distance [ri]	안개 **무** fog [mu]	가운데 **중** middle [jung]
한자	五	里	霧	中
풀이	오 리(약 2km)나 되는 짙은 안개 속. To be in the thick fog.			
활용	가도 가도 끝나지 않는 짙은 안개 속을 헤매듯이 어떤 일을 해결할 방법을 전혀 찾을 수 없거나, (사람이) 어디에 있는지 도무지 알 수 없는 상태를 가리킬 때 사용한다. It is used when one cannot find a way to solve a problem, or when one does not know where a person is as if wandering through a thick fog that never seems to end.			

자업자득 自業自得

뜻, 음	스스로 **자** oneself [ja]	일 **업** work [eop]	스스로 **자** oneself [ja]	얻을 **득** to get [deuk]
한자	自	業	自	得
풀이	자기가 한 일의 결과를 자기가 받음. One gets the outcome of one's action.			
활용	자기가 저지른 일의 결과를 자기가 감당해야 할 때 사용한다. It is used when one should cope with the results of what one has done.			

앞에서 학습한 내용을 바탕으로 다음 질문에 답해 보세요.
Answer the following questions based on what you learned on the previous page.

1 **다음 사자성어와 가장 알맞은 설명을 연결해 보세요.**
Match the following four-character idioms with the most appropriate descriptions.

(1) 무용지물 •

(2) 소탐대실 •

(3) 오리무중 •

(4) 자업자득 •

• ㉠ 작은 이익에 *욕심을 부리다가 오히려 큰 손해를 봄.

• ㉡ *쓸모가 없는 물건이나 쓸 만한 능력이 없는 사람.

• ㉢ 자기가 *저지른 일의 결과를 자기가 *감당해야 함.

• ㉣ 어떤 일을 해결할 방법을 찾을 수 없음.

2 **다음 밑줄 친 상황에 가장 잘 어울리는 사자성어를 써 보세요.**
Write the most appropriate four-character idiom that describes the situation underlined below.

(1) 친구가 음주 운전으로 교통사고를 내고 병원에 입원했다. 자기 잘못으로 그렇게 되었으니 누구를 *탓하겠냐 싶다가도, 막상 입원해서 누워 있는 친구를 보니 *가슴이 찡했다.

자 ☐ ☐ ☐

(2) 살인 사건의 범인을 쫓고 있는 경찰은 사건 해결의 *실마리를 찾지 못하고 있다.

☐ 리 ☐ ☐

(3) 단것을 먹지 못하는 사람에게 초콜릿이나 사탕은 불필요한 선물이다.

☐ ☐ 지 ☐

(4) 주차비 *몇 푼을 아끼려고 *공용 주차장을 지나 공원 근처에 아무렇게나 주차하는 바람에 *벌금을 크게 물었다.

☐ ☐ ☐ 실

【3~6】다음 사자성어를 활용해서 질문에 답해 보세요.(단, 문제 3~4는 4개의 사자성어를 1번씩만 사용해야 함.)
Answer the questions using the following four-character idioms. (For Questions 3 and 4, use each idiom only once.)

| 무용지물 | 소탐대실 | 오리무중 | 자업자득 |

3 다음 빈칸에 가장 알맞은 사자성어를 넣어 문장을 완성해 보세요.
Fill in the blank with the most appropriate four-character idiom to complete the sentence.

(1) 학기 말 시험을 망쳐서 기분이 좋지 않았지만 노느라고 공부를 제대로 하지 않은 결과로

인한 ☐☐☐☐ (이)니 누구에게 화를 낼 수도 없었다.

(2) 진로를 바꾸기로 결심하고 그림 그리기를 그만두니 갖고 있던 수많은 종류의 물감이

☐☐☐☐ 이/가 되었다.

(3) 식당 주인은 *수익을 올리기 위해 신선하지 않은 값싼 재료를 사용했다. 그 결과 음식 맛이

떨어져 손님들의 *발길이 끊어졌고, 식당 주인은 작은 수익에 *눈이 멀어 가게 문을 닫게 된

☐☐☐☐ 의 결과에 눈물을 흘렸다.

(4) 며칠째 그의 *행방이 ☐☐☐☐ 이어/여서 가족들의 걱정은 커져만 갔다.

4 다음 대화문을 읽고 빈칸에 가장 알맞은 사자성어를 써 보세요.
Read the following dialogues and fill in the blanks with the most appropriate four-character idioms.

(1) 가: 그 회사 *주가가 *바닥이래요. 무슨 일이 생긴 걸까요?

나: *복지 비용을 줄이려다가 직원들과 다툼이 생기는 바람에 기업 이미지가 나빠졌대요.

☐☐☐☐ (이)라더니 복지 비용을 아끼려다 잘못하면 회사가 문을 닫게

생겼어요.

(2) 가: 오늘 회의는 어땠어요? 해결 방법을 찾았어요?

나: 아니요. 여전히 ☐☐☐☐ (이)라서 답답하네요.

(3) 가: 바비큐 파티가 내일이죠? 초대해 주셔서 감사해요.

　　 나: 별말씀을요. 덕분에 거의 ☐☐☐☐ 이/가 되어 가던 바비큐 *그릴을

　　 사용할 수 있게 되었으니, 제가 더 감사해요.

(4) 가: 다이어트한다고 하지 않았어? 살이 더 찐 것 같아.

　　 나: 그러게. 운동하고 배가 고파서 밤늦게 음식을 먹는 바람에 살이 더 쪘어. 이게 다

　　 ☐☐☐☐ (이)지 뭐.

5 다음 기사문을 읽고 알맞은 사자성어를 사용해서 제목을 완성해 보세요.

Read the following article and complete its title using the appropriate four-character idiom.

물가 *안정화를 위한 *해결책은 여전히 ☐☐☐☐

입력 2000.00.00.

　　농산물 가격이 지난달과 비교해서 *큰 폭으로 상승하고, 빵과 우유 등 *가공식품의 가격은 *전년 대비 15%까지 올랐다. 이에 따라 *서민들의 생활비 부담이 점점 증가하고 있으며, 특히 *저소득층에게는 큰 어려움으로 다가갈 것이라는 *우려의 목소리도 나오고 있다. 정부는 국민이 실제로 느끼는 물가를 낮추기 위해 제품 가격 할인 등을 지원하겠다고 밝혔지만, 이러한 정부의 대책은 물가 상승률에 비하면 크게 부족하다. 전문가들은 이러한 *상승세가 4달째 이어지고 있어 물가 안정화를 위한 근본적인 해결책을 찾기 쉽지 않을 것이라고 말했다.

---

6 다음 글을 읽고 빈칸에 가장 알맞은 사자성어를 써 보세요.

Read the following passage and fill in the blank with the most appropriate four-character idiom.

전 세계가 *극심한 기후 변화로 힘겨워하고 있다. *이상 고온 현상이 일어나고, 연이은 *폭염 탓에 *전력 사용이 급증해서 대규모 *정전 사태를 대비하는 나라도 있다. 이에 한국 서울의 한 과학관에서는 기후 위기에 대해 생각해 볼 수 있는 〈기후 비상〉이라는 특별 전시회를 열었다. 이를 통해 관람객들은 매일 먹는 햄버거·껌 등과 매일 사용하는 옷·*텀블러·*친환경 가방 등이 *지구 온난화에 어떤 영향을 끼치는지, 이로 인한 기후 변화가 우리를 어떻게 위험하게 하는지를 쉽게 이해할 수 있었다. 또한 이들은 기후 위기가 인간이 *초래한 ☐☐☐☐ 의 상황임을 깨달아 *지속 가능한 미래를 함께 만들기 위해서 생활 속 작은 변화를 실천하기로 결심했다.

Answer

1. (1) ⓒ (2) ㉠ (3) ⓔ (4) ⓒ   2. (1) 자업자득 (2) 오리무중 (3) 무용지물 (4) 소탐대실
3. (1) 자업자득 (2) 무용지물 (3) 소탐대실 (4) 오리무중   4. (1) 소탐대실 (2) 오리무중 (3) 무용지물 (4) 자업자득   5. 오리무중   6. 자업자득

14

견물생심　사리사욕
아전인수　이해타산

◎ 다음 글을 읽고 떠오르는 여러분의 생각이나 느낌을 이야기해 보세요.
Read each sentence below and tell how you think or feel.

○ 사업을 하는 사람은 *어떤 일이든 간에 이익과 손해를 따지게 된다.

○ 그 친구는 무슨 일이든 자기에게 이익이 되는지를 우선으로 생각한다.

○ 두 나라가 *접하고 있는 땅 근처에 *천연가스가 발견되었다는 소식이 들리자마자 *전쟁이 터졌다.

➡ 이해관계,

다음 사자성어들을 읽어 보세요.
Read the following four-character idioms.

견물생심 見物生心

뜻, 음	볼 **견** to see [gyeon]	물건 **물** object [mul]	날 **생** to come up [saeng]	마음 **심** mind [sim]
한자	見	物	生	心
풀이	물건을 보면 욕심이 생김. If one sees something, one wants it.			
활용	물건을 보면 그것을 갖고 싶은 마음이 생기는 것을 가리킨다. 또는 재물을 보면 욕심이 생기는 것이 자연스러움을 말할 때 사용한다. It means someone becomes greedy upon seeing something desirable. It is used to express that it is natural to be greedy when one sees valuable things.			

사리사욕 私利私慾

뜻, 음	사사로울 **사** to be private [sa]	이익 **리** benefit [ri]	사사로울 **사** to be private [sa]	욕심 **욕** greed [yok]
한자	私	利	私	慾
풀이	개인적인 이익과 욕심. Self-interest; selfish desire.			
활용	사사로운(개인적인) 이익을 우선시해서 계산적이고 이기적으로 부리는 욕심을 가리킨다. It refers to the selfish greed that prioritizes private interests.			

아전인수 我田引水

뜻, 음	나 **아** I [a]	밭 **전** field [jeon]	끌 **인** to draw [in]	물 **수** water [su]
한자	我	田	引	水
풀이	내 논에 물(을 끌어서) 대기. Drawing and supplying water to one's own field; an self-centered interpretation.			
활용	자기에게 도움이나 이익이 되는 것만 생각하고 행동함을 표현한다. It refers to interpreting and acting in favor of one's own interests in a given situation.			

이해타산 利害打算

뜻, 음	이익 **이** (리) benefit [ri]	손해 **해** harm [hae]	칠 **타** to count [ta]	셈 **산** calculation [san]
한자	利	害	打	算
풀이	이익(이로움)과 손해(해로움)를 셈하여 따짐. Calculating gains(benefits) and losses(harms).			
활용	이익과 손해를 아울러(함께) 자세히 따지는 일을 말한다. It refers to calculating gains and losses in detail from selfish motives.			

앞에서 학습한 내용을 바탕으로 다음 질문에 답해 보세요.
Answer the following questions based on what you learned on the previous page.

1 다음 사자성어에 대한 설명 중 옳은 것은 ○, 옳지 <u>않은</u> 것은 ✕ 표시해 보세요.
Read each description about four-character idioms and write ○ if correct and ✕ if incorrect.

(1) 견물생심: 어떤 재물을 실제로 보게 되면 그것을 갖고 싶은 마음이 생김.　（　　）

(2) 사리사욕: 자기 이익을 •우선시해서 •계산적이고 이기적으로 부리는 욕심.　（　　）

(3) 아전인수: 자기가 저지른 일의 결과를 자기가 감당해야 함.　（　　）

(4) 이해타산: 이익과 손해를 자세히 따짐.　（　　）

> **잠깐** 위의 사자성어에 대한 설명으로 옳지 <u>않은</u> 것이 있으면 올바르게 고쳐 써 보세요.
> Read the above descriptions again and rewrite the incorrect descriptions if there are any.

---

2 다음 밑줄 친 상황에 가장 잘 어울리는 사자성어를 써 보세요.
Write the most appropriate four-character idiom that describes the situation underlined below.

(1) 일부 정치인들이 <u>자신의 이익과 욕심만 채우기에 바빠</u>
•민심을 돌보지 않고 있다.

사			

(2) 내 룸메이트는 <u>그 일이 자기에게 좋은지 나쁜지를 철
저히 따져</u> 절대로 •손해 보는 일을 하지 않는다.

	해		

(3) 그는 <u>모든 주장을 자기에게 •유리한 쪽으로만 해석
하려고</u> 해서 사람들에게 비난을 받았다.

		인	

(4) 인터넷 쇼핑을 하다 보면 <u>필요한 것이 아닌데도 눈에
보이는 대로 사고 싶어지는</u> 경우가 많다.

			심

【3~6】 다음 사자성어를 활용해서 질문에 답해 보세요.(단, 문제 3~4는 4개의 사자성어를 1번씩만 사용해야 함.)
Answer the questions using the following four-character idioms. (For Questions 3 and 4, use each idiom only once.)

견물생심	사리사욕	아전인수	이해타산

3 다음 빈칸에 가장 알맞은 사자성어를 넣어 문장을 완성해 보세요.
Fill in the blank with the most appropriate four-character idiom to complete the sentence.

(1) 이웃 나라들과 관련된 역사적 사실을 ⬚⬚⬚⬚ •식으로 자기 나라에

유리하게 •인식하는 경우가 많아 국가 간 갈등이 생기기도 한다.

(2) 전시장에서 새 휴대폰을 구경하다가 ⬚⬚⬚⬚ 에 •충동구매를 하고 말

았다.

(3) 친구의 부탁이어서 ⬚⬚⬚⬚ 을/를 따지지 않다가 크게 손해를 봤다.

(4) 팀장이 회사 전체의 이익보다 ⬚⬚⬚⬚ 에 눈이 멀면 팀은 물론 회사가

•곤경에 빠질 수 있다.

4 다음 대화문을 읽고 빈칸에 가장 알맞은 사자성어를 써 보세요.
Read the following dialogues and fill in the blanks with the most appropriate four-character idioms.

(1) 가: 동대문 시장에 오니 예쁜 옷이 너무 많아요. 다 사고 싶은데요!

나: ⬚⬚⬚⬚ (이)라고, 저도 여기만 오면 어느새 쇼핑을 하고 있더라고요.

(2) 가: 어떻게 •대가도 없는 •자원봉사 활동을 꾸준히 하는 거죠?

나: ⬚⬚⬚⬚ 을/를 따지면 계속할 수 없어요. •계산 없이 남을 도와주는

게 그 무엇과도 바꿀 수 없는 행복이니까 꾸준히 하는 거예요.

(3) 가: 산불로 집을 잃은 사람들을 돕기 위해서 모금한다는 가짜 웹사이트가 있대요.

나: 도움을 주려는 사람들의 착한 마음을 이용해 개인적인 ⬚⬚⬚⬚ 을/를

챙기려고 하다니. 정말 나쁜 사람들이네요.

(4) 가: 여당과 야당이 누가 봐도 *뻔한 상황을 다르게 해석하고 있다니, 정말 이해할 수 없어요.

나: 각자 자기 *정당에 유리하게 해석하니 다를 수밖에요. ⬜⬜⬜⬜ (이)

라고 정치권에는 그런 경우가 꽤 많더라고요.

5 다음 글을 읽고 빈칸에 가장 알맞은 사자성어를 써 보세요.

Read the following passage and fill in the blank with the most appropriate four-character idiom.

옛날에 가난하지만 착한 *나무꾼이 살고 있었는데, 어느 날 나무를 *베다가 하나뿐인 *쇠도끼를 연못에 빠뜨리고 말았다. 이를 슬퍼하는 착한 나무꾼 앞에 갑자기 *산신령이 나타나 *금도끼와 *은도끼를 보여 주며 "이것이 네 것이냐?"라고 물었다. 착한 나무꾼이 제 것이 아니라고 답하자 산신령은 이번에는 낡은 쇠도끼를 보여 줬고, 착한 나무꾼은 그 도끼가 자신의 도끼라고 말했다. 착한 나무꾼의 정직한 마음에 *감탄한 산신령은 쇠도끼는 물론 금도끼와 은도끼도 *덤으로 줬다. 착한 나무꾼이 산신령에게 받은 금도끼와 은도끼를 보자 ⬜⬜⬜⬜ 에 욕심쟁이 나무꾼은 서둘러 산에 올라가 자신의 새 쇠도끼를 연못에 일부러 빠뜨렸다. 그러자 산신령이 나타나 금도끼·은도끼·쇠도끼를 보여 주며 어느 도끼가 욕심쟁이 나무꾼의 도끼인지 물었다. 욕심쟁이 나무꾼은 모두 자신의 것이라고 답했지만, 산신령은 욕심부리며 거짓말하는 욕심쟁이 나무꾼을 *꾸짖고 모든 도끼를 갖고 사라져 버렸다.

6 **다음 글을 읽고 밑줄 친 단어를 문맥에 가장 알맞은 사자성어로 고쳐 써 보세요.**

Read the following passage and rewrite the underlined word using the most contextually appropriate four-character idiom.

(1)

> 사장님은 오리무중을 따져서 회사에 *이득이 되는 거래처와 계약하셨다.

→ ☐ ☐ ☐ ☐ 을/를

(2)

> 과장님은 가면 갈수록 모든 일을 자수성가로 해석해서 팀 생활에 *해를 끼치신다.

→ ☐ ☐ ☐ ☐ (으)로

15

시기상조 　시시각각
자초지종 　함흥차사

◎ 다음 글을 읽고 떠오르는 여러분의 생각이나 느낌을 이야기해 보세요.
Read each sentence below and tell how you think or feel.

- 지금 당장은 원하는 조건으로 계약하기 어려워 상황을 지켜보고 있다.
- 친구의 화가 풀릴 때쯤 이제까지의 일을 °털어놓으려고 기회를 엿보고 있다.
- 시간의 흐름에 따라 달라지는 달의 모양을 기록하기 위해 °망원경으로 관찰 중이다.

➡ 알맞은 때(시간)를 기다리다,

다음 사자성어들을 읽어 보세요.
Read the following four-character idioms.

시기상조 時機尚早

뜻, 음	때 **시** time [si]	기회 **기** chance [gi]	오히려 **상** rather [sang]	일찍 **조** early [jo]
한자	時	機	尚	早
풀이	(어떤 일을 하기에는) 오히려 때가 이름. The timing is rather too early (to have a chance to do something); being premature.			
활용	어떤 일을 하기에 아직 적절한 때나 마땅한 계기가 이루어지지 않았음을 표현한다. It means that the right time or opportunity to do something has not yet come, and it is too early to do something.			

시시각각 時時刻刻

뜻, 음	때 **시** time [si]	때 **시** time [si]	시각 **각** hour [gak]	시각 **각** hour [gak]
한자	時	時	刻	刻
풀이	시간이 흐르는 매 시각, 매 분초마다. Every minute, every hour, as time passes.			
활용	시간이 점차로 흘러가는 그때그때의 시각을 말한다. It refers to every moment in time as it gradually passes.			

자초지종 自初至終

뜻, 음	부터 **자** from [ja]	처음 **초** beginning [cho]	이를 **지** to reach [ji]	마칠 **종** end [jong]
한자	自	初	至	終
풀이	(일이) 시작되었을 때부터 마무리되었을 때까지. From the beginning to the end (of work); all the details; whole story.			
활용	처음부터 끝까지의 모든 과정을 가리킬 때 사용한다. It refers to the entire process from beginning to end.			

함흥차사 咸興差使

뜻, 음	다 **함** all [ham]	일어날 **흥** to rise [heung]	보낼 **차** to send [cha]	사신 **사** envoy [sa]
한자	咸	興	差	使
풀이	함흥(오늘날의 함경도 함흥시)으로 보낸 차사. A messenger sent to Hamheung(present Hamheung-si, Hamgyeongdo) by a king.			
활용	심부름을 가서 오지 않거나 아주 늦게 온 사람을 말한다. It refers to someone who has gone on an errand and has not returned or who has returned very late.			

앞에서 학습한 내용을 바탕으로 다음 질문에 답해 보세요.
Answer the following questions based on what you learned on the previous page.

1 다음 사자성어와 가장 알맞은 설명을 연결해 보세요.
Match the following four-character idioms with the most appropriate descriptions.

(1) 시기상조 •

(2) 시시각각 •

(3) 자초지종 •

(4) 함흥차사 •

• ㉠ •심부름을 갔다가 •좀처럼 돌아오지 않는 사람.

• ㉡ 어떤 일을 하기에 아직 적절한 때가 아님.

• ㉢ •그때그때의 시각.

• ㉣ 시작부터 마무리까지의 전체 과정.

2 다음 밑줄 친 상황에 가장 잘 어울리는 사자성어를 써 보세요.
Write the most appropriate four-character idiom that describes the situation underlined below.

(1) 오전에 운동만 하고 집으로 금방 돌아오겠다던 아이가
저녁때가 되도록 오지 않고 연락도 없어서 걱정이다.

함			

(2) 그 사람을 만난 지 3일 만에 결혼을 결심했다니, 너무
시기가 빠른 것 같다.

	기		

(3) 등산을 하면서 본 하늘의 구름은 바라볼 때마다 그때
그때 모양이 달라져서 아주 인상적이었다.

		각	

(4) 내 친구는 남편을 처음 만났을 때부터 어떻게 결혼까지
하게 되었는지 그 •상세한 과정을 전부 이야기해 줬다.

			종

【3~6】다음 사자성어를 활용해서 질문에 답해 보세요.(단, 문제 3~4는 4개의 사자성어를 1번씩만 사용해야 함.)
Answer the questions using the following four-character idioms. (For Questions 3 and 4, use each idiom only once.)

시기상조	시시각각	자초지종	함흥차사

3 다음 빈칸에 가장 알맞은 사자성어를 넣어 문장을 완성해 보세요.
Fill in the blank with the most appropriate four-character idiom to complete the sentence.

(1) 회사 대표님은 어떻게 이런 사고가 일어나게 되었는지 □□□□ 을/를

가능한 자세히 보고하라고 하셨다.

(2) 차가 고장 나서 서비스 센터에 맡기러 간다던 사람이 몇 시간째 연락도 되지 않으니, 그야말로

□□□□ (이)다.

(3) 요즘 주가가 많이 올랐다고는 하지만 당분간은 더 오를 것 같기 때문에, 지금 주식을 파는

것은 □□□□ (이)다.

(4) □□□□ 변하는 유행을 따라가기란 결코 쉬운 일이 아니다.

4 다음 대화문을 읽고 빈칸에 가장 알맞은 사자성어를 써 보세요.
Read the following dialogues and fill in the blanks with the most appropriate four-character idioms.

(1) 가: 저는 이번 학기에 한국 대학교에 교환 학생으로 지원하려고 준비 중이에요.

나: 이제 겨우 1학년 1학기인데 너무 □□□□ 아니에요? 2년 정도는

지금 다니는 학교에서 공부한 다음에 교환 학생으로 가면 좋을 텐데요.

(2) 가: 오후 수업 시간이 다 되어 가는데, 오전에 *프로젝터를 가지러 간 친구가 오지도 않고

연락도 되지 않아 걱정이에요.

나: 정말요? 큰일이네요. 지금까지 아무 연락이 없다니, □□□□ *이/가

따로 없네요.

(3) 가: 캘리포니아는 1년 내내 따뜻하지요?

나: 계절에 따른 기온 차이는 그렇게 크지 않지만 일교차는 큰 편이어서, 하루에도 날씨가

    ☐ ☐ ☐ ☐ (으)로 자주 바뀌는 편이에요.

(4) 가: 언니가 이 일의 ☐ ☐ ☐ ☐ 을/를 듣고는 해결책을 함께 찾아 줬어요.

나: 다행이에요. 혼자 고민하지 않고 언니에게 말하길 정말 잘했네요.

5 다음 글을 읽고 빈칸에 가장 알맞은 사자성어를 써 보세요.

Read the following passage and fill in the blank with the most appropriate four-character idiom.

> 한국의 조선 시대 °태조 이성계(李成桂)에게는 여덟 아들이 있었는데, 그중 다섯째 아들인 이방원(李芳遠)이 조선을 세울 때 가장 큰 공을 세웠다. 그럼에도 이성계는 막내인 여덟째 아들을 °세자로 삼았고, 이에 °불만을 품은 이방원이 '왕자의 °난'을 일으켜 세자와 그를 °지지하는 동생을 죽였다. 이 사건 이후 이방원은 둘째 형을 °왕위에 올렸지만, 그는 몇 년을 °허수아비 임금으로 있다가 이방원에게 왕의 °자리를 내줬다. 왕자들의 싸움에 °환멸을 느낀 이성계는 °궁에서 나와 고향 함흥(오늘날의 함경남도 함흥시)으로 떠났다. 이에 이방원은 아버지 이성계를 다시 궁으로 모시고자 차사(임금이 중요한 임무를 위해 °파견하던 임시 °벼슬 또는 그 일을 맡은 사람)를 함흥으로 보냈지만, 이성계는 궁으로 돌아가지 않고 함흥으로 온 차사마다 °가두거나 죽여 버렸다. 이 일이 있은 뒤부터 사람들은 떠났다가 소식 없이 돌아오지 않는 사람을 ☐ ☐ ☐ ☐ (이)라고 불렀다.

- 프로젝터 projector
- 세자로 삼다 to make a crown prince
- 지지하다 to support
- 자리를 내주다 to yield the position
- 파견하다 to dispatch
- –이/가 따로 없다 to be the same as ~
- 불만을 품다 to be discontented
- 왕위 throne
- 환멸을 느끼다 to be disillusioned
- 벼슬 government post
- 태조 the first king
- 난을 일으키다 to cause strife; to revolt
- 허수아비 scarecrow; (metaphorically) puppet
- 궁 palace
- 가두다 to lock up

6 다음 글을 읽고 밑줄 친 단어를 문맥에 가장 알맞은 사자성어로 고쳐 써 보세요.

Read the following passage and rewrite the underlined word using the most contextually appropriate four-character idiom.

(1)

> 내가 *목격한 사건을 조사하기 위해 *형사가 찾아왔다. 사건의 *전말을 궁금해하는 그에게 나는 당시의 <u>자수성가</u>를 *차근차근 설명해 줬다.

→ ☐☐☐☐ 을/를

(2)

> 오늘 만난 *부동산 중개인은 지금은 집값이 계속 오르고 내리기를 반복하는 상황이어서 집을 사기에는 아직 <u>괄목상대</u>라며 상황을 조금 더 지켜보자고 *조언했다.

→ ☐☐☐☐ (이)라며

16

격세지감 변화무쌍
상전벽해 천양지차

◎ 다음 글을 읽고 떠오르는 여러분의 생각이나 느낌을 이야기해 보세요.
Read each sentence below and tell how you think or feel.

○ 환절기에는 아침저녁으로 일교차가 크다.

○ 고향 동네에 논밭이 사라지고 대형 마트와 백화점이 생겼다.

○ 지금의 서울은 마치 딴 세상처럼 50여 년 전과 많이 다른 모습이 되었다.

➡ 변화가 크다,

Activity 1

다음 사자성어들을 읽어 보세요.
Read the following four-character idioms.

격세지감
隔世之感

뜻, 음	사이 뜰 **격** to have a gap [gyeok]	세대 **세** generation [se]	어조사(語助辭) **지** 's; of [ji]	느낄 **감** feeling [gam]
한자	隔	世	之	感
풀이	(다른 시대를 사는 듯) 세대 사이를 뛰어넘을 정도로 달라진 느낌. Feeling that a lot has changed as if skipping over generations.			
활용	길지 않은 시간 동안 몰라보게 변해서 아주 다른 세상이 된 것 같은 느낌을 말한다. It refers to a surprising feeling that the world has changed a lot in a short time and looks completely different.			

변화무쌍
變化無雙

뜻, 음	변할 **변** to change [byeon]	될 **화** to become [hwa]	없을 **무** to not be [mu]	쌍 **쌍** pair [ssang]
한자	變	化	無	雙
풀이	바뀌어 달라진 일이 짝을 찾을 수 없음(짝을 찾아볼 수 없을 정도로 심하게 변함.). Changing too much to find pairs (due to a big change, there is no similarity); being ever changing until noting is similar.			
활용	변화가 아주 심함을 가리킨다. '변화무쌍하다'의 형태로써 형용사로 사용할 수 있다. It refers to a great deal of change.			

상전벽해
桑田碧海

뜻, 음	뽕나무 **상** mulberry [sang]	밭 **전** field [jeon]	푸를 **벽** to be blue [byeok]	바다 **해** ocean [hae]
한자	桑	田	碧	海
풀이	뽕나무 밭이 (변해서) 푸른 바다가 됨. The mulberry field has turned into a blue ocean.			
활용	어떤 지역의 변화가 심해서 전혀 다른 장소로 느껴짐을 비유적으로 이르는 말이다. It is a metaphorical expression describing a drastically changed world beyond recognition.			

천양지차
天壤之差

뜻, 음	하늘 **천** sky [cheon]	땅 **양** earth [yang]	어조사(語助辭) **지** 's; of [ji]	다름 **차** difference [cha]
한자	天	壤	之	差
풀이	하늘과 땅 사이의 차이. The difference between heaven and earth.			
활용	하늘과 땅 사이처럼 엄청나게 큰 차이를 가리킬 때 사용한다. It is used to express a huge difference just like between the sky and the ground.			

앞에서 학습한 내용을 바탕으로 다음 질문에 답해 보세요.
Answer the following questions based on what you learned on the previous page.

1 다음 사자성어에 대한 설명 중 옳은 것은 ○, 옳지 <u>않은</u> 것은 ✕ 표시해 보세요.
Read each description about four-character idioms and write ○ if correct and ✕ if incorrect.

(1) 격세지감: 몰라보게 바뀌어 아주 다른 세상이 된 것 같은 느낌. ( )

(2) 변화무쌍: 변화가 많고 심해서 서로 같은 것이 없음. ( )

(3) 상전벽해: 어떤 지역의 변화가 심해서 전혀 다른 장소로 느껴짐. ( )

(4) 천양지차: 상대방의 능력이나 성과가 놀랄 정도로 매우 좋아짐. ( )

잠깐 위의 사자성어에 대한 설명으로 옳지 <u>않은</u> 것이 있으면 올바르게 고쳐 써 보세요.
Read the above descriptions again and rewrite the incorrect descriptions if there are any.

2 다음 밑줄 친 상황에 가장 잘 어울리는 사자성어를 써 보세요.
Write the most appropriate four-character idiom that describes the situation underlined below.

(1) 최근 생긴 카페는 로봇이 커피를 만들고 서빙하는 등 <u>지금까지와 완전히 다른, 새로운 세상처럼 느껴졌다.</u>

격			

(2) 두 소설 작품 모두 미래를 배경으로 한 °공상 과학 소설이지만, 각각 암울한 °미래상과 °유토피아를 그려 내어 <u>이야기 전개가 상당히 달랐다.</u>

	양		

(3) 이 곡은 음의 높낮이 변화가 심하고 °장단이나 °강약 등의 <u>변화가 매우 심해서</u> 연주하기 까다롭다.

		무	

(4) 10년 만에 찾아간 °달동네는 °재개발되어 °고급 주거지로 <u>몰라보게 바뀌어 있었다.</u>

			해

Vocabulary

- 환절기 time of changing seasons
- 유토피아 Utopia
- 달동네 hillside slum
- 공상 과학 소설 SF novel
- 장단 rhythm
- 재개발되다 to be redeveloped
- 미래상 image of the future
- 강약 dynamic; strong and weak beats
- 고급 주거지 high-end residence

【3~6】 다음 사자성어를 활용해서 질문에 답해 보세요.(단, 문제 3~4는 4개의 사자성어를 1번씩만 사용해야 함.)
Answer the questions using the following four-character idioms. (For Questions 3 and 4, use each idiom only once.)

격세지감	변화무쌍	상전벽해	천양지차

3 다음 빈칸에 가장 알맞은 사자성어를 넣어 문장을 완성해 보세요.

Fill in the blank with the most appropriate four-character idiom to complete the sentence.

(1) 전쟁으로 *폐허였던 서울이 *반세기 만에 세계적인 도시로 매우 빠른 속도로 성장해서

☐☐☐☐ 이/가 된 현실에 전 세계 사람들이 놀라워했다.

(2) *동서양 문화 차이는 ☐☐☐☐ (이)라서 서로 예상하지 못했던 오해가

생기기도 한다.

(3) 어른들은 요즘 아이들과 생각이 다른 데다가 그들이 쓰는 말을 못 알아듣고 *의사소통하기가

힘들어서 ☐☐☐☐ 을/를 느낀다.

(4) 한국 가수들은 매번 달라지는 앨범 *콘셉트에 따라 ☐☐☐☐ 하고 다양한

모습을 보여 준다.

4 다음 대화문을 읽고 빈칸에 가장 알맞은 사자성어를 써 보세요.

Read the following dialogues and fill in the blanks with the most appropriate four-character idioms.

(1) 가: 요즘 아이들은 어려서부터 스마트 기기를 사용해서인지 어떤 IT 기반 기술이든 꽤 잘

다루는 것 같아요.

나: 네. 그 때문에 스마트폰조차 다루기 어려운 세대들은 심한 ☐☐☐☐

을/를 느끼는 것 같더라고요.

(2) 가: 한국의 봄날을 즐기러 여행을 다녀왔는데 갑자기 추워져서 두꺼운 외투를 사 입었어요.

나: 그랬군요. 한국의 봄 날씨는 예측하기 어려울 정도로 ☐☐☐☐ 해요.

따뜻하다가도 종종 *꽃샘추위라고, 봄이 오는 걸 *시샘하는 듯한 추운 날씨로 변하거든요.

(3) 가: 요즘 오래된 도시를 재개발하는 도시 재생 사업이 세계적으로 활기를 띤다고 해요.

　　 나: 그러게요. •폐광이었던 도시에 자연 친화적인 호텔을 지어 여행지로 •부활시키는 등 도시

　　 재생 사업으로 인한 오래된 도시의 변화가 ⬜⬜⬜⬜ (이)나 •다름없더

　　 라고요.

(4) 가: 제주도 말은 표준어와 많이 다른가요?

　　 나: 그럼요. 제주도 말은 표준어와 ⬜⬜⬜⬜ 이어/여서, 제주도에 사는

　　 사람이 아니면 알아듣기 어려워요.

5 다음 기사문을 읽고 알맞은 사자성어를 사용해서 제목을 완성해 보세요.
Read the following article and complete its title using the appropriate four-character idiom.

잠실의 변화, ⬜⬜⬜⬜ 와/과 다름없다!

입력 2000.00.00.

　　 서울 '잠실'은 옛날 모습을 알아볼 수 없을 정도로 어마어마한 변화를 이룬 지역이다. 이곳은 원래 한강에 둘러싸인 섬으로, '잠실(蠶室, •누에를 치는 방)'이라는 이름에서 알 수 있듯이 조선 시대 세종 때 •뽕나무를 심어 (의복 생산에 필요한 실을 뽑는) 누에를 키우던 곳이었다. 그런데 장마철에 종종 •침수되어서인지 이곳의 뽕나무는 어느새 사라지고 거대한 •모래밭이 되었다.

　　 1970년대 한국 정부는 세계 경제의 영향으로 •경기가 나빠지자 건설 경기를 •활성화해서 어려움을 극복하고자 했다. 이에 정부는 한강 주변을 •매립해서 거대한 •주택 단지를 만들었고, 이로써 잠실은 육지와 연결되었다. 그리고 오늘날 잠실은 대규모 아파트 단지에 더해 국제 경기를 치를 수 있는 종합 운동장과 흥미로운 시설을 갖춘 놀이공원, 서울 전체를 바라볼 수 있는 높이 약 555m의 타워가 있는 지역으로 세계 여행객들이 찾는 명소가 되었다.

---

6 다음 글을 읽고 밑줄 친 단어를 문맥에 가장 알맞은 사자성어로 고쳐 써 보세요.

Read the following passage and rewrite the underlined word using the most contextually appropriate four-character idiom.

˙고려가 ˙멸망하고 조선이 ˙건국될 때 한국 사회는 매우 어지러웠다. 그도 그럴 것이 왕조가 바뀌고 ˙권력을 잡은 세력이 바뀌면서 많은 제도가 버려지거나 ˙개혁되었기 때문이다. 이때 학자들은 고려의 멸망을 찬성하기도 하고 안타까워하기도 했다. 그중 학자인 길재(吉再)는 고려의 수도를 돌아보며 과거를 ˙회상하고 ˙비탄한 심정을 느꼈는데, 다음 ˙시조를 통해 그의 마음을 ˙짐작할 수 있다.

오백 년 도읍지(한 나라의 수도)를 필마(한 필의 말)로 돌아드니,
˙산천은 의구하되(옛날과 다름없으나) 인걸(인재)은 ˙간 데 없다.
어즈버(아아) 태평연월(걱정이 없는 편안한 세월)이 꿈인가 하노라.

그는 이 시조에서 평화로운 시절을 보냈던 고려가 ˙한낱 꿈인 것 같다고 말하며, 세상이 예전에 비해 몰라보게 변해 다른 세상이 된 것 같은 느낌, 즉 <u>팔방미인</u>을 표현하였다.

→ ☐☐☐☐ 을/를

17

산전수전　우여곡절
점입가경　파란만장

◎ 다음 글을 읽고 떠오르는 여러분의 생각이나 느낌을 이야기해 보세요.
Read each sentence below and tell how you think or feel.

○ 두 사람은 결혼에 이르기까지 주변의 많은 반대에 부딪혔다.

○ 그는 가난한 환경에서 자라서 어릴 적부터 온갖 *험한 일을 안 해 본 게 없었다.

○ 조선 왕조의 마지막 *황녀인 덕혜 *옹주는 어린 나이에 강제로 일본으로 떠난 후 38년 만에 고국 땅을 밟기까지 많은 일을 겪었다.

➡ 어려움을 겪다,

다음 사자성어들을 읽어 보세요.
Read the following four-character idioms.

산전수전
山戰水戰

뜻, 음	산 **산** mountain [san]	싸울 **전** to fight [jeon]	물 **수** water [su]	싸울 **전** to fight [jeon]
한자	山	戰	水	戰
풀이	산에서의 싸움과 물에서의 싸움. Fights in mountains and water; all kinds of hardship.			
활용	세상의 온갖 고생과 어려움을 말할 때 사용한다. It is used when someone experiences all kinds of difficulties and hardships in one's life.			

우여곡절
迂餘曲折

뜻, 음	에돌 **우** to detour [u]	나머지 **여** the rest [yeo]	굽을 **곡** to be curved [gok]	꺾일 **절** to be twisted [jeol]
한자	迂	餘	曲	折
풀이	멀리 돌아가는 길에 남은 길이 굽히고 꺾임. Being curved and twisted on the rest of a detouring road; complications.			
활용	뒤엉켜 복잡하고 어려운 사정을 표현한다. 순조롭지 않은 여러 사정이 마무리된 후 이를 뭉뚱그려 '우여곡절 끝에'라는 표현으로 종종 사용한다. It refers to a complex situation or change that is intertwined in various ways.			

점입가경
漸入佳境

뜻, 음	점점 **점** gradually [jeom]	들 **입** to enter [ip]	아름다울 **가** to be beautiful [ga]	지경 **경** state [gyeong]
한자	漸	入	佳	境
풀이	점점 아름다운 지경으로(좋은 상태로) 들어감. The more it moves forward, the more beautiful it gets.			
활용	어떤 일이나 상황이 점점 더 좋거나 재미가 있음을 표현한다. 반대로, 시간이 지날수록 하는 짓이나 몰골이 더욱 꼴불견임을 비유할 때에도 사용한다. It indicates that any situation or circumstance gradually improves. Conversely, it is also metaphorically used to describe a situation becoming unsatisfactory as time goes by.			

파란만장
波瀾萬丈

뜻, 음	물결 **파** wave [pa]	물결 **란** wave [ran]	일만 **만** ten thousand [man]	길이 **장** length [jang]
한자	波	瀾	萬	丈
풀이	파도의 물결이 만 장(약 30㎞)이나 될 정도로 심하게 일어남. Waves as high as ten thousand jang(about 30km); being turbulent.			
활용	사람의 생활이나 일의 진행 등에 시련이 많고 변화가 심함을 표현한다. 주로 우여곡절보다 긴 세월(일대기) 동안의 사정을 말하며, '파란만장하다'의 형태로써 형용사로 사용할 수 있다. It means there are many trials and difficulties in one's life.			

앞에서 학습한 내용을 바탕으로 다음 질문에 답해 보세요.
Answer the following questions based on what you learned on the previous page.

1 다음 사자성어와 가장 알맞은 설명을 연결해 보세요.
Match the following four-character idioms with the most appropriate descriptions.

(1) 산전수전 •　　　　　　• ㉠ 여러 가지 *시련이 많고 변화가 심함.

(2) 우여곡절 •　　　　　　• ㉡ *뒤엉켜 *순조롭지 않은 사정.

(3) 점입가경 •　　　　　　• ㉢ 일이나 상황이 점점 더 좋거나 재미가 있음.

(4) 파란만장 •　　　　　　• ㉣ 세상의 온갖 어렵고 힘든 일.

2 다음 밑줄 친 상황에 가장 잘 어울리는 사자성어를 써 보세요.
Write the most appropriate four-character idiom that describes the situation underlined below.

(1) 산속으로 깊이 들어갈수록 더욱더 아름다운 경치가 펼쳐져 *황홀한 마음이 들었다.

　　｜점｜　｜　｜　｜

(2) 첫 해외여행 때 *경유 비행기가 *결항되어 다른 비행기로 바꿔 타다가 짐을 분실했다. 그 바람에 늦게 도착한 호텔은 예약이 잘못되어 있었고, 근처 다른 호텔의 빈방을 겨우 구할 수 있었다. 그렇게 순조롭지 않은 시작이었지만 여행은 즐거운 추억으로 남았다.

　　｜　｜여｜　｜　｜

(3) 그는 젊은 시절 수많은 실패를 겪으며 온갖 고생을 한 끝에 지금과 같은 큰 부자가 될 수 있었다.

　　｜　｜　｜수｜　｜

(4) 한국은 *임진왜란, *병자호란, *일제 강점 등 오랜 세월 많은 시련을 이겨 내며 큰 변화를 지나 왔다.

　　｜　｜　｜　｜장｜

【3~6】 다음 사자성어를 활용해서 질문에 답해 보세요.(단, 문제 3~4는 4개의 사자성어를 1번씩만 사용해야 함.)
Answer the questions using the following four-character idioms. (For Questions 3 and 4, use each idiom only once.)

| 산전수전 | 우여곡절 | 점입가경 | 파란만장 |

3 다음 빈칸에 가장 알맞은 사자성어를 넣어 문장을 완성해 보세요.
Fill in the blank with the most appropriate four-character idiom to complete the sentence.

(1) 할아버지는 일제 강점기에 태어나 어린 시절 한국 전쟁을 겪으며 *피란살이를 하셨고, 청년 기에는 베트남 전쟁에 *참전했다가 부상을 입어 돌아가실 때까지 *시름시름 앓으셨다. 할아 버지의 삶은 그야말로 ☐☐☐☐ 했다.

(2) 그는 집안의 빚을 갚느라 온갖 *궂은일도 *마다하지 않고 ☐☐☐☐ 을/를 겪었지만, 꿈을 놓지 않아 마침내 원하던 일을 하게 되었다.

(3) 아침에 알람 시계가 울리지 않아 늦게 일어난 데다가 학교 버스를 놓쳐 자전거를 탔다. 그런 데 학교로 가는 지름길을 공사한다며 막은 바람에 멀리 돌아서 학교에 갈 수밖에 없었다. 그렇게 ☐☐☐☐ 끝에 학교에 도착했지만 결국 지각하고 말았다.

(4) 40년 역사를 가진 이 거리는 골목으로 들어갈수록 점점 ☐☐☐☐ (이)다.

4 다음 대화문을 읽고 빈칸에 가장 알맞은 사자성어를 써 보세요.
Read the following dialogues and fill in the blanks with the most appropriate four-character idioms.

(1) 가: 제가 좋아하는 아이돌 그룹 알죠? 올해 *데뷔 10년 만에 큰 상을 받게 되었대요!

나: 정말요? *해체된다 아니다 말도 많고 멤버가 바뀌면서 *잡음이 많아도 열심히 활동한다 싶었는데, ☐☐☐☐ 을/를 거쳐 결국 *빛을 보네요.

(2) 가: 그 사람은 나이는 어리지만 생각이 깊어서 이야기를 나누다 보면 놀랄 때가 있어요.

나: 어릴 때 부모님을 잃고 혼자 동생을 돌보며 세상 온갖 ☐☐☐☐ 을/를 겪어서 그런가 봐요.

(3) 가: 올해 한국 프로야구 *리그 순위는 시즌이 끝날 때까지 예측할 수 없을 것 같아요.

　　나: 네. *상위권 순위 경쟁이 심해져서 팬들의 갈등도 점점 ☐☐☐☐ 이/가

　　되어 가고 있어요. 경기장에 경찰이 오기도 하잖아요.

(4) 가: 시간 있을 때 주로 어떤 텔레비전 프로그램을 보세요?

　　나: 저는 사람들의 삶을 담아낸 *다큐멘터리 프로그램을 좋아해요. 한 사람의 *굴곡진

　　☐☐☐☐ 한 인생 이야기를 듣다 보면 배울 게 많거든요.

5 다음 글을 읽고 빈칸에 가장 알맞은 사자성어를 써 보세요.

Read the following passage and fill in the blank with the most appropriate four-character idiom.

전 세계 약 190개 나라에 소개되어 많은 이들의 사랑을 받은 〈사랑의 *불시착〉은 분단이라는 세계 유일의 특수한 상황을 담은 한국 드라마이다. 이는 한국의 *재벌 *상속녀와 북한군 *대위의 사랑 이야기로, 패러글라이딩 중 사고로 북한에 불시착한 여주인공을 남주인공이 숨기고 지켜 내는 수많은 ☐☐☐☐ 끝에 한국으로 돌려보내는 전개로 많은 흥미를 불러일으켰다. 이는 다소 *황당한 상상이지만 이야기의 *완성도가 뛰어나고 북한 주민들의 삶을 구체적으로 *영상화해서 세계적인 인기를 끌었다.

6 다음 기사문을 읽고 알맞은 사자성어를 사용해서 제목을 완성해 보세요.
Read the following article and complete its title using the appropriate four-character idiom.

□□□□ (으)로 *치닫고 있는 동물 *유기 문제

입력 2000.00.00.

　지난 주말, B 시에 위치한 한 *사설 동물 보호소에 *상당수의 유기된 동물들이 들어왔다. 반려동물을 물건으로 여겨 함부로 때리고 버리기까지 하는 사람들이 점점 늘어나고 있기 때문이다. 하지만 이곳은 주변에 있는 사설 동물 보호소들 중 가장 큰 규모임에도 불구하고 유기된 동물들을 돌볼 자리가 항상 부족하다. *지방 자치 단체가 운영하는 동물 보호소는 부족하고, 사설 동물 보호소들도 이미 동물들로 가득 찬 상태이기 때문이다. 이러한 현실로 인해 보호소의 보호를 받지 못하는 유기된 동물들이 길을 떠돌며 사람들을 공격까지 하는 문제가 자주 생기고 있다. 이에 동물 보호 단체는 지방 자치 단체에서 유기 동물 보호소를 직접 짓거나 사설 보호소를 지원하는 등 *제도적 장치를 시행해야 한다고 주장하고 있다.

18

기절초풍　내우외환
대성통곡　청천벽력

◎ 다음 글을 읽고 떠오르는 여러분의 생각이나 느낌을 이야기해 보세요.
Read each sentence below and tell how you think or feel.

- 내 동생은 10년을 사귄 애인과 헤어졌다.
- 할아버지가 사고로 돌아가셨다는 소식을 들었다.
- 봉사자로 일하던 사람들이 갑자기 모두 함께 그만두겠다고 말했다.

➡ 큰일이 나다,

다음 사자성어들을 읽어 보세요.
Read the following four-character idioms.

기절초풍
氣絶초風

뜻, 음	기운 **기** spirit [gi]	끊을 **절** to cut [jeol]	'초'는 한자어 '촉[燭: 촛불(candlelight)]' 에서 발음이 변한 말. **초** [cho]	바람 **풍** wind [pung]
한자	氣	絶	–	風
풀이	(바람에 꺼지는 초처럼) 기운이 끊어짐. Losing one's spirit like a candle in the wind.			
활용	정신을 잃고 쓰러질 만큼 심하게 놀람을 표현한다. '기절초풍하다'의 형태로써 동사로 사용할 수 있다. It means someone is so severely surprised that they lose their minds and fall.			

내우외환
內憂外患

뜻, 음	안 **내** inside [nae]	근심 **우** worry [u]	바깥 **외** outside [oe]	근심 **환** worry [hwan]
한자	內	憂	外	患
풀이	안의 근심거리와 바깥의 걱정거리. Worries inside and worries outside; troubles both inside and outside.			
활용	나라나 조직 안팎의 여러 가지 어려움을 가리킬 때 사용한다. It is used when a country or an organization has various difficulties inside and outside at the same time.			

대성통곡
大聲痛哭

뜻, 음	큰 **대** to be big [dae]	소리 **성** sound [seong]	아플 **통** to be painful [tong]	울 **곡** to cry [gok]
한자	大	聲	痛	哭
풀이	큰 소리로 슬프게 욺. Crying painfully in a big sound; wailing loudly.			
활용	큰 소리를 내며 매우 슬프게 우는 것을 가리킬 때 사용한다. It refers to crying out loud very sadly.			

청천벽력
晴天霹靂

뜻, 음	푸를 **청** to be blue [cheong]	하늘 **천** sky [cheon]	벼락 **벽** lightening [byeok]	벼락 **력** lightning [ryeok]
한자	晴	天	霹	靂
풀이	맑고 푸른 하늘에서 내리치는 벼락. A lightening in the clear blue sky; a bolt from the blue.			
활용	맑은 하늘에서 갑자기 치는 벼락처럼 뜻밖에 일어난 큰 재앙이나 사고를 말할 때 사용한다. It is used when a major disaster or accident occurs unexpectedly, like a sudden thunderbolt in the clear sky.			

앞에서 학습한 내용을 바탕으로 다음 질문에 답해 보세요.
Answer the following questions based on what you learned on the previous page.

1 다음 사자성어에 대한 설명 중 옳은 것은 ○, 옳지 <u>않은</u> 것은 ✕ 표시해 보세요.
Read each description about four-character idioms and write ○ if correct and ✕ if incorrect.

(1) 기절초풍: 정신을 잃고 쓰러질 만큼 놀람.　　　　　　　　（　　　）

(2) 내우외환: •안팎으로 여러 걱정거리가 한꺼번에 겹침.　　（　　　）

(3) 대성통곡: 큰 소리를 내며 아주 슬프게 욺.　　　　　　　（　　　）

(4) 청천벽력: 세상의 온갖 고생과 어려움.　　　　　　　　　（　　　）

잠깐 위의 사자성어에 대한 설명으로 옳지 <u>않은</u> 것이 있으면 올바르게 고쳐 써 보세요.
Read the above descriptions again and rewrite the incorrect descriptions if there are any.

2 다음 밑줄 친 상황에 가장 잘 어울리는 사자성어를 써 보세요.
Write the most appropriate four-character idiom that describes the situation underlined below.

(1) 아침까지 멀쩡했던 강아지가 의식이 없다니, <u>전혀 예상하지 못한 사건이어서 너무 놀라 정신을 차릴 수가 없었다.</u>

　　청 □ □ □

(2) 갑작스러운 사고로 사랑하는 가족을 잃은 사람들이 장례식장에서 <u>큰 소리로 울며 괴로워해서</u> 보는 사람들의 마음을 안타깝게 했다.

　　□ 성 □ □

(3) 집에서 혼자 공포 영화를 보고 있을 때 <u>갑자기 문이 열려서 •까무러치게 놀랐다.</u>

　　□ □ 초 □

(4) 조선 후기에 <u>밖으로는 일본군이 침략하고 안으로는 농민들이 •봉기해서 나라가 안팎으로 어지러운</u> 시절이 있었다.

　　□ □ □ 환

Vocabulary

• 안팎으로 inside and outside　　• 까무러치게 out of one's senses; utterly　　• 봉기하다 to uprise

【3~6】다음 사자성어를 활용해서 질문에 답해 보세요.(단, 문제 3~4는 4개의 사자성어를 1번씩만 사용해야 함.)
Answer the questions using the following four-character idioms. (For Questions 3 and 4, use each idiom only once.)

| 기절초풍 | 내우외환 | 대성통곡 | 청천벽력 |

3 다음 빈칸에 가장 알맞은 사자성어를 넣어 문장을 완성해 보세요.
Fill in the blank with the most appropriate four-character idiom to complete the sentence.

(1) 해외여행 중인 *민간인들이 *납치되었다는 ☐☐☐☐ 같은 소식에 *외교부는 비상 상황임을 선포했다.

(2) 오늘 아침 앞마당에서 엄청나게 큰 뱀을 보고 ☐☐☐☐ 할 만큼 놀랐다.

(3) 놀이공원에서 한 어린아이가 ☐☐☐☐ 하며 잃어버린 부모님을 찾고 있다.

(4) 현재 우리 회사는 안으로는 *노사 갈등을 겪고 밖으로는 소비자 불만이 크게 증가하는 바람에 ☐☐☐☐ 을/를 겪고 있다.

4 다음 대화문을 읽고 빈칸에 가장 알맞은 사자성어를 써 보세요.
Read the following dialogues and fill in the blanks with the most appropriate four-character idioms.

(1) 가: *수출입 *실적이 좋지 않은 상황에서 *엎친 데 덮친 격으로 국내 경기도 나빠져 기업들이 안팎으로 어려움을 겪고 있어요.
　　나: 그러게요. 우리나라 경제가 ☐☐☐☐ 에 시달리고 있어서 큰일이에요.

(2) 가: 소중히 키우던 고양이를 잃어버리셨다니 마음이 아프시겠어요.
　　나: 저도 그렇지만 제 동생이 며칠째 *울고불고 ☐☐☐☐ 하며 밥도 잘 먹지 않아서 걱정이에요.

(3) 가: 자식을 키우다 보면 별일을 다 겪지요?
　　나: 그럼요. 아이가 고등학생 때 학교를 그만두겠다는 ☐☐☐☐ 같은 말을 해서 *가슴이 철렁했던 적도 있어요.

(4) 가: 어제 백화점에 갔는데 엘리베이터가 갑자기 멈춰서 깜짝 놀랐어요.

나: 정말요? 다치지는 않았어요? 그런 일이 있었다니, ⬜⬜⬜⬜ *할 노릇

이네요.

5

다음 글을 읽고 빈칸에 가장 알맞은 사자성어를 써 보세요.
Read the following passage and fill in the blank with the most appropriate four-character idiom.

미국의 제32대 대통령 프랭클린 루스벨트(Franklin Roosevelt)는 *대공황으로 *피폐해진 미국 사회를 회복시키기 위해 1933년에 '뉴딜(New Deal)' 정책을 추진했다. 이 정책을 통해 경제 제도를 개혁함으로써 경제를 *부흥시키고 수많은 *실업자들을 *구제하고자 계획한 그는 우선 라디오 연설로 국민들에게 *친근하게 다가가 *지지를 얻은 후 정책을 시행했다. 이후 제2차 세계 대전이 일어나자 전쟁 초기에 *중립을 지켰던 루스벨트 대통령은 *연합군에 *합류해서, 세계 *패권을 차지하려는 히틀러(Adolf Hitler)를 막는 데 *힘을 보탰다. 이처럼 루스벨트 대통령은 미국 사회의 안팎에서 일어나는 위기에 적극적으로 대처해 오늘날 많은 이들에게 ⬜⬜⬜⬜ 을/를 잘 극복한 대통령으로 기억되고 있다.

- 민간인 civilian
- 노사 갈등 conflict between employers and workers
- 실적 performance
- 가슴이 철렁하다 one's heart skips a beat; to have one's heart pounding
- 대공황 Great Depression
- 실업자 the unemployed
- 지지를 얻다 to get support
- 합류하다 to join
- 납치되다 to be kidnapped
- 엎친 데 덮친 격으로 to make matters worse
- 피폐해지다 to be devastated
- 구제하다 to rescue
- 중립 neutrality
- 패권 supremacy; hegemony
- 외교부 Foreign Ministry
- 수출입 import and export
- 울고불고 weepingly
- 할 노릇이다 to be a situation to
- 부흥시키다 to revive
- 친근하게 in a friendly way
- 연합군 the Allied Forces
- 힘을 보태다 to provide support

6 **다음 글을 읽고 밑줄 친 단어를 문맥에 가장 알맞은 사자성어로 고쳐 써 보세요.**
Read the following passage and rewrite the underlined word using the most contextually appropriate
four-character idiom.

(1)

> 안전하다고 소문난 *여객선이 *침몰했다는 소식에, 여객선 승객의 가족들은 <u>안성맞춤</u>
> 이라며 놀란 가슴으로 그들의 *생사를 확인하고 있다.

→ ☐☐☐☐ (이)라며

(2)

> 아버지가 교통사고를 크게 당해 병원에 의식을 잃은 상태로 입원하셨다는 연락을
> 받은 어머니는 그 자리에서 <u>소탐대실하다가</u> 쓰러지셨다.

→ ☐☐☐☐ 하다가

19

사면초가 설상가상
속수무책 풍전등화

◎ 다음 글을 읽고 떠오르는 여러분의 생각이나 느낌을 이야기해 보세요.
Read each sentence below and tell how you think or feel.

- 며칠째 내린 폭우로 *산비탈은 곧 무너져 내릴 것만 같았다.
- 장마로 인한 피해를 *복구하기도 전에 또 다른 태풍이 온다는 소식이 들려왔다.
- 사업 실패로 가진 돈을 모두 잃었기 때문에 은행 *대출금을 갚지 못하는 상황이 되었다.

➡ 위태하다,

다음 사자성어들을 읽어 보세요.
Read the following four-character idioms.

사면초가
四面楚歌

뜻, 음	넉(넷) 사 four [sa]	방면 면 direction [myeon]	초나라 초 Chu [cho]	노래 가 song [ga]
한자	四	面	楚	歌
풀이	곳곳에서 들리는 초나라의 노래. Chu(a Chinese state)'s song from all directions; enemies on all sides; being beleaguered.			
활용	누구에게도 도움을 받지 못하는 곤란한 상황이나 형편을 가리킬 때 사용한다. It refers to a tough situation where one surrounded by difficulties cannot get help.			

설상가상
雪上加霜

뜻, 음	눈 설 snow [seol]	위 상 on [sang]	더할 가 to add [ga]	서리 상 frost [sang]
한자	雪	上	加	霜
풀이	눈 위에 서리가 더해짐. Adding frost on top of snow; a series of misfortunes.			
활용	곤란하거나 불행한 일이 계속해서 일어남을 의미한다. It means that difficult or unfortunate things continue to happen.			

속수무책
束手無策

뜻, 음	묶을 속 to tie [sok]	손 수 hand [su]	없을 무 to not be [mu]	꾀 책 idea [chaek]
한자	束	手	無	策
풀이	손이 묶여 어찌할 방법(꾀)이 없음. There is no idea because one's hands are tied.			
활용	곤란한 상황을 어찌할 방법이 없어 꼼짝하지 못함을 표현한다. It refers to the condition of not being able to do something in a difficult situation.			

풍전등화
風前燈火

뜻, 음	바람 풍 wind [pung]	앞 전 front [jeon]	등잔 등 lamp [deung]	불 화 light [hwa]
한자	風	前	燈	火
풀이	바람 앞의 등불. A lamp light in front of wind; a flame before the wind.			
활용	(사람이나 사물이) 매우 위태로운 처지에 놓여 있음을 비유적으로 표현한다. It is a metaphorical expression that means something or someone is in a difficult, unpredictable situation.			

1 다음 사자성어와 가장 알맞은 설명을 연결해 보세요.
Match the following four-character idioms with the most appropriate descriptions.

(1) 사면초가 •   • ㉠ 바람 앞의 *등불처럼 *위태로운 처지.

(2) 설상가상 •   • ㉡ 불행한 일이 계속해서 일어남.

(3) 속수무책 •   • ㉢ 누구에게도 도움을 받을 수 없어 곤란한 상황.

(4) 풍전등화 •   • ㉣ 곤란한 상황을 어찌할 방법이 없음.

2 다음 밑줄 친 상황에 가장 잘 어울리는 사자성어를 써 보세요.
Write the most appropriate four-character idiom that describes the situation underlined below.

(1) 적의 *포로가 된 그들은 언제 목숨을 잃을지 알 수 없는 위태로운 상황에서 하루하루를 보냈다.

｜풍｜　｜　｜　｜

(2) 집에서 늦게 출발하는 바람에 약속 시간에 *늦은 데다가 길까지 막혀 곤란하게 되었다.

｜　｜상｜　｜　｜

(3) 영화 속 *악당들에게 쫓기던 주인공은 *벼랑 끝에 섰다. 이제 주인공은 앞으로 나아갈 수도 없고 뒤로 물러설 수도 없는 위기에 처했다.

｜　｜　｜초｜　｜

(4) *자연재해가 발생하면 어찌할 방법이 없어 *망연자실하게 바라볼 수밖에 없다.

｜　｜　｜　｜책｜

【3~6】 다음 사자성어를 활용해서 질문에 답해 보세요.(단, 문제 3~4는 4개의 사자성어를 1번씩만 사용해야 함.)
Answer the questions using the following four-character idioms. (For Questions 3 and 4, use each idiom only once.)

사면초가	설상가상	속수무책	풍전등화

3 다음 빈칸에 가장 알맞은 사자성어를 넣어 문장을 완성해 보세요.
Fill in the blank with the most appropriate four-character idiom to complete the sentence.

(1) 산 정상에서 내려올 때 다리를 다친 데다가 〔　　〕〔　　〕〔　　〕〔　　〕(으)로 *눈보라까지

*몰아쳐 큰일이 날 뻔했다.

(2) 휴대폰으로 사무를 처리하는 현대인들은 개인 정보가 지나치게 *노출되어 어찌할 방법 없이

〔　　〕〔　　〕〔　　〕〔　　〕(으)로 디지털 해킹을 당하곤 한다.

(3) 이번에 바뀐 정책으로 *비정규직 *노동자들은 일자리를 잃을 〔　　〕〔　　〕〔　　〕〔　　〕/

〔　　〕〔　　〕〔　　〕〔　　〕의 위태로운 처지에 놓였다.

4 다음 대화문을 읽고 빈칸에 가장 알맞은 사자성어를 써 보세요.
Read the following dialogues and fill in the blanks with the most appropriate four-character idioms.

(1) 가: 사무실에 도둑이 들었다면서요?

나: 네. 워낙 *날쌘 도둑이어서, 물건을 훔쳐 *달아나는 모습을 〔　　〕〔　　〕〔　　〕〔　　〕

(으)로 바라볼 수밖에 없었어요.

(2) 가: 그 영화 봤어요? 제2차 세계 대전이 일어나기 *직전의 유럽 상황을 아주 잘 보여 주는

것 같아요.

나: 네. 봤죠. 그 시절 사람들이 〔　　〕〔　　〕〔　　〕〔　　〕/〔　　〕〔　　〕〔　　〕〔　　〕

같은 상황에서 마음 놓을 수 없을 정도로 위험하고 불안한 삶을 살았을 것 같아 마음이

많이 아팠어요.

(3) 가: 지난 주말에 아팠다고 들었는데 지금은 괜찮아요?

　　　나: 감기 기운이 있었는데 ☐☐☐☐ (으)로 *장염까지 걸려서 엄청 힘들

　　　었어요. 다행히 지금은 많이 좋아졌어요. 걱정해 줘서 고마워요.

5 다음 글을 읽고 빈칸에 가장 알맞은 사자성어를 써 보세요.

Read the following passage and fill in the blank with the most appropriate four-character idiom.

> 한국의 *민담인 〈해와 달이 된 *오누이〉는 옛날 한 어머니가 어린 남매를 두고 떡을 팔러 시장에 갔다가 집으로 돌아오는 길에 호랑이를 만나는 장면으로 시작된다. 호랑이는 어머니의 떡을 다 먹고도 배가 고프다며 어머니까지 잡아먹은 후 남매가 있는 집으로 갔다. 남매는 호랑이를 피해 뒷문으로 빠져나와 나무 꼭대기까지 올라갔지만 더 이상 도망칠 데가 없었고, 나무 아래에서는 호랑이가 쫓아 올라오고 있었다. 어디로도 도망칠 수 없는 ☐☐☐☐ / ☐☐☐☐ 의 상황에서 남매가 하늘에 기도했더니 하늘에서 *동아줄이 내려왔고, 그것을 타고 올라간 남매는 해와 달이 되었다고 한다. 호랑이와 오누이의 쫓고 쫓기는 이 이야기는 과거 *농경 사회였던 까닭에 날씨를 중요하게 여겼던 한국에서 해와 달이 어떻게 생기게 되었는지를 설명하는 *신화로 전해지고 있다.

다음 글을 읽고 빈칸에 가장 알맞은 사자성어를 각각 써 보세요.

Read the following passage and fill in the blanks with the most appropriate four-character idioms.

1997년은 한국이 경제적으로 큰 어려움을 겪은 해이다. 당시 아시아 지역 내에서는 *금융 위기가 진행되고 있었고, 한국에서는 은행들이 *외화 업무를 *부실하게 운영하는 바람에 *외환 보유고가 *바닥을 보이는 등 나쁜 상황이 (1) ☐☐☐☐ (으)로 겹쳤다. 결국 한국 정부는 1997년 11월 국제 통화 기금(IMF)에 *구제 금융을 신청하게 되었고, 이후 한국은 *전 국민적인 고통의 시간을 보내야 했다. 국제 통화 기금은 당시 한국의 경제를 관리·감독했고, 정부는 부실한 금융 기관을 *합병 또는 *폐쇄했다. 이러한 상황에서 수많은 기업들이 *부도를 막을 방법을 찾을 수 없어서 (2) ☐☐☐☐ (으)로 무너졌고, *하루아침에 직장을 잃은 사람들은 *무더기로 길거리에 쏟아져 나왔다. 어려워진 가정 경제로 한국 사회는 *얼어붙는 듯했지만, 위기를 맞은 한국인들은 너 나 할 것 없이 갖고 있던 외화와 금 등을 십시일반 모으는 '금 모으기 운동'을 시작했다. 이렇듯 한마음이 되어 노력한 끝에, 한국은 3년 8개월 만에 *부채를 모두 갚고 국제 통화 기금으로부터 경제 *주권을 되찾았다.

20

고진감래   새옹지마
시행착오   전화위복

◎ 다음 글을 읽고 떠오르는 여러분의 생각이나 느낌을 이야기해 보세요.

Read each sentence below and tell how you think or feel.

○ 연구원들은 여러 번의 실패 끝에 신제품 개발에 성공했다.

○ 한국은 금융 위기를 겪었지만 국민들이 다 함께 노력해서 어려움을 이겨 냈다.

○ 학교생활을 중단하고 우울한 상태로 고향에 내려왔다가 우연히 시작한 일이 적성에 맞아 무척 행복하다.

➡ 상황이 바뀌다,

다음 사자성어들을 읽어 보세요.
Read the following four-character idioms.

고진감래 / 苦盡甘來

뜻, 음	쓸 고 to be bitter [go]	다할 진 to exhaust [jin]	달 감 to be sweet [gam]	올 래 to come [rae]
한자	苦	盡	甘	來
풀이	쓴맛이 다하면 단맛이 옴. Sweetness comes after completing bitterness; no pain, no gain.			
활용	힘든 일이 끝난 후에는 즐거운 일이 생김을 표현한다. It refers to the joy that comes after hard work.			

새옹지마 / 塞翁之馬

뜻, 음	변방 새 periphery [sae]	노인 옹 old man [ong]	어조사(語助辭) 지 's; of [ji]	말 마 horse [ma]
한자	塞	翁	之	馬
풀이	변방에 사는 노인의 말. The horse of an old man living on the periphery.			
활용	좋은 일이 다시 나쁜 일이 될 수도, 나쁜 일이 다시 좋은 일이 될 수도 있어서 인생은 예측하기 어렵다는 의미로 사용한다. It means that a good thing can be a bad thing, and a bad thing can be a trigger for a good thing, which means that life is hard to predict.			

시행착오 / 試行錯誤

뜻, 음	시험할 시 to try [si]	행할 행 action [haeng]	잘못할 착 to go wrong [chak]	그르칠 오 to ruin [o]
한자	試	行	錯	誤
풀이	시험 삼아 행하다가 잘못해서 그르치는 일. Making a trial run and going wrong to ruin; trials and errors.			
활용	어떤 목표에 도달하기 위해 시도와 실패를 되풀이하면서 점점 알맞은 방법을 찾을 때 사용한다. It is used when someone repeats attempts and failures to reach a specific goal.			

전화위복 / 轉禍爲福

뜻, 음	바뀔 전 to be changed [jeon]	재앙 화 disaster [hwa]	될 위 to become [wi]	복 복 good fortune [bok]
한자	轉	禍	爲	福
풀이	재앙이 바뀌어 복이 됨. Disasters are changed into blessings.			
활용	불행하고 나쁜 일이 (바뀌어) 오히려 좋은 일이 됨을 표현한다. It is used when an unfortunate event(incident) happens but results in a good outcome.			

앞에서 학습한 내용을 바탕으로 다음 질문에 답해 보세요.
Answer the following questions based on what you learned on the previous page.

1 다음 사자성어와 가장 알맞은 설명을 연결해 보세요.
Match the following four-character idioms with the most appropriate descriptions.

(1) 고진감래 •　　　　　　• ㉠ 시도와 실패를 반복하면서 점점 알맞은 방법을 찾음.

(2) 새옹지마 •　　　　　　• ㉡ 나쁜 일이 오히려 좋은 일로 바뀜.

(3) 시행착오 •　　　　　　• ㉢ 고생 끝에 즐거움이 옴.

(4) 전화위복 •　　　　　　• ㉣ 인생은 변화가 많아 예측하기 어려움.

2 다음 밑줄 친 상황에 가장 잘 어울리는 사자성어를 써 보세요.
Write the most appropriate four-character idiom that describes the situation underlined below.

(1) •구직 실패를 반복한 그는 취업의 어려움을 SNS에 썼는데, 리뷰 수가 급격히 증가해 책을 •출간하게 되었다. 작가가 되자마자 •경험담을 만들어 냈다는 오해를 받기도 했지만 결국 •베스트셀러 작가가 되었다. 정말 •한 치 앞도 모르는 게 인생이다.

　　　새 ☐ ☐ ☐

(2) 그는 직장에서 •해고된 후 작은 회사로 •이직하게 되었다. 하지만 최선을 다해 노력한 결과, 이전 직장에서보다 더 높은 연봉을 받게 되었다.

　　　☐ 화 ☐ ☐

(3) 어린 요리사는 수많은 실패를 겪으면서도 끊임없이 시도해서 결국 맛있는 요리를 제때 손님들에게 내놓는 방법을 •터득했다.

　　　☐ ☐ 착 ☐

(4) 그 사람은 오랜 세월 힘든 훈련을 견뎌 낸 결과, 마침내 •금메달리스트가 되었다.

　　　☐ ☐ ☐ 래

Vocabulary

- 구직 looking for a job
- 베스트셀러 best seller
- 이직하다 to change jobs
- 출간하다 to publish
- 한 치 앞도 모르다 to be unpredictable
- 터득하다 to master
- 경험담 story of one's experiences
- 해고되다 to be fired
- 금메달리스트 gold medalist

【3~6】 다음 사자성어를 활용해서 질문에 답해 보세요.(단, 문제 3~4는 4개의 사자성어를 1번씩만 사용해야 함.)
Answer the questions using the following four-character idioms. (For Questions 3 and 4, use each idiom only once.)

고진감래   새옹지마   시행착오   전화위복

3 **다음 빈칸에 가장 알맞은 사자성어를 넣어 문장을 완성해 보세요.**
Fill in the blank with the most appropriate four-character idiom to complete the sentence.

(1) 여러 번의 □□□□ 을/를 겪고 나니 마침내 김치를 혼자서 담글 수 있게
되었다.

(2) 이번에 우승한 선수는 성적이 나빠 경기에 나가지 못하는 동안 체력을 기르고 열심히 기초
훈련을 함으로써 슬럼프를 □□□□ 의 계기로 삼았다고 밝혔다.

(3) 그 사람은 수십 년 동안 *단역으로 영화에 출현하다가 마침내 이번 작품으로 영화 시상식
에서 *조연상을 받게 되어 □□□□ 의 달콤한 기쁨을 누렸다.

(4) 인생은 □□□□ (이)라더니, 우리 가게에서 가장 싼 음식만 사 먹던 가
난한 학생이 저렇게 유명한 부자가 될 줄은 *꿈에도 몰랐다.

4 **다음 대화문을 읽고 빈칸에 가장 알맞은 사자성어를 써 보세요.**
Read the following dialogues and fill in the blanks with the most appropriate four-character idioms.

(1) 가: 길이 이렇게 험한데 산 정상까지 올라간다고요?
나: 그럼요. □□□□, 고생 끝에 *낙이 온다고 하잖아요. 정상까지 오
르는 건 힘들겠지만 거기에서 파노라마처럼 펼쳐지는 경치를 바라보는 건 정말 달콤하고
큰 기쁨이에요.

(2) 가: 오늘 장애인 경기에서 1등을 한 선수는 어릴 때 엄청 *허약했다네요.
나: 맞아요. 어릴 때 사고로 *의족을 한 뒤 운동으로 체력을 키워 운동선수가 되었다잖아요.
*인간사는 □□□□ (이)라는 옛말처럼, 사람의 앞날은 정말 예측할
수 없나 봐요.

(3) 가: 수술했다더니 몸은 좀 어때요?

나: 수술하고 오래 쉬었더니 아프기 전보다 몸이 훨씬 더 좋아진 것 같아요. 오히려 병이

□□□□ 이/가 되었어요. 걱정해 줘서 고마워요.

(4) 가: 이 의자를 직접 만드셨어요? 정말 잘 만드셨네요!

나: 고마워요. *목공을 배운 후에 3개월 동안 몇 번의 □□□□ 을/를

거쳐서 완성한 첫 작품이에요.

5 다음 글을 읽고 빈칸에 가장 알맞은 사자성어를 써 보세요.

Read the following passage and fill in the blank with the most appropriate four-character idiom.

> 스티브 잡스(Steve Jobs)는 수많은 실패에도 *굴하지 않고 자신의 꿈을 이루기 위해 끊임없이 노력한 미국의 기업가였다. 잘 알려진 대로, 그는 *차고에서 시작된 '애플(Apple)' 사의 공동 *설립자로서 매킨토시의 개발과 함께 회사를 세계적 규모로 성장시킨 후 *경영직을 빼앗기는 위기를 겪었다. 이후 스티브 잡스는 새로운 컴퓨터 회사인 '넥스트(NeXT)' 사를 *창업해 꿈을 이어 가는 한편, 영화 제작사인 '픽사(PIXAR)'를 *인수하기도 했다. 이후 적자에서 벗어나지 못했던 픽사가 제작한 애니메이션들이 흥행에 성공함으로써 그는 위기를 기회로 바꾼 유능한 사업가의 *면모를 보여 줄 수 있었고, 당시 *경영 부진을 겪던 애플로 되돌아가 애플의 *부활을 이끌기도 했다. 이로써 그의 삶은 위기가 곧 □□□□ 의 계기임을 보여 주는 대표적 *사례가 되었다.

• 단역 minor role; extra	• 조연상 award for the supporting actor/actress	• 꿈에도 모르다 to never dream of
• 낙 joy; pleasure	• 허약하다 to be weak	• 의족 artificial leg
• 인간사 human affairs	• 목공 woodwork	• 굴하지 않다 to be undaunted
• 차고 garage	• 설립자 founder	• 경영직 management position
• 창업하다 to start a company	• 인수하다 to take over	• 면모 aspect
• 경영 부진 business downturn	• 부활 revival	• 사례 example

6

다음 글을 읽고 사자성어를 사용해서 1줄 감상문을 완성해 보세요.
Read the following passage and complete a one-sentence commentary using a four-character idiom.

옛날 어느 시골 마을에 한 노인이 살고 있었다. 이 노인에게는 아끼는 말 한 마리가 있었는데, 어느 날 그 말이 달아나고 말았다. 이 소식을 들은 동네 사람들이 노인을 찾아와 위로했지만 노인은 오히려,

"이 일이 *복이 될지 누가 알겠는가?"

라고 말했다. 몇 달이 지난 후 달아났던 말이 튼튼하고 빠른 다른 말과 함께 집으로 돌아왔다. 마을 사람들이 노인에게 튼튼한 말 한 마리가 더 생긴 것을 축하했지만 노인은 별로 기뻐하지 않고,

"이 일이 *화가 될 수도 있네."

라고 대답했다. 그 뒤 노인의 아들이 새 말을 타다가 떨어져 다리를 다치자 이웃들은 또다시 걱정하며 노인을 위로했다. 하지만 이때에도 노인은,

"괜찮네. 이 일이 복이 될 수도 있어."

라며 큰 걱정을 하지 않았다. 그러던 어느 날 전쟁이 일어나서 많은 청년들이 모두 *전쟁터에 나가서 죽거나 다쳤다. 그러나 노인의 아들은 다리를 다쳤기 때문에 전쟁에 나갈 수 없어 *목숨을 건졌다.

→ 생각지도 못한 화가 복이 될 수도 있고 반대로 복이 화가 될 수도 있음을 보여 주는 이 *일화를 통해 인생은 누구도 앞날을 예측할 수 없는 ☐☐☐☐ 임을 알 수 있다.

Vocabulary

- 복 good fortune
- 목숨을 건지다 to survive
- 화 disaster
- 일화 anecdote
- 전쟁터 battle field

Answer

1. (1) ⓒ (2) ⓔ (3) ⓐ (4) ⓑ   2. (1) 새옹지마 (2) 전화위복 (3) 시행착오 (4) 고진감래
3. (1) 시행착오 (2) 전화위복 (3) 고진감래 (4) 새옹지마   4. (1) 고진감래 (2) 새옹지마 (3) 전화위복 (4) 시행착오   5. 전화위복   6. 새옹지마

21

길흉화복　생로병사
적자생존　흥망성쇠

◎ 다음 글을 읽고 떠오르는 여러분의 생각이나 느낌을 이야기해 보세요.

Read each sentence below and tell how you think or feel.

- 인생에는 좋은 일과 나쁜 일이 *번갈아 오는 법이다.
- 사람은 나이가 들면 누구나 얼굴에 *주름이 생기고 늙는다.
- *공룡들은 변화된 환경에 적응하지 못해 지구에서 사라졌다.

➡ 당연하다,

다음 사자성어들을 읽어 보세요.
Read the following four-character idioms.

길흉화복
吉凶禍福

뜻, 음	길함 **길** good luck [gil]	흉함 **흉** bad luck [hyung]	재앙 **화** disaster [hwa]	복 **복** good fortune [bok]
한자	吉	凶	禍	福
풀이	길함(좋은 일)과 흉함(나쁜 일), 재앙과 행복. Good things and bad things, disaster and fortune; blessings and disasters.			
활용	좋은 일과 나쁜 일, 불행한 일과 행복한 일을 함께 가리킬 때 사용한다. It is used when one mentions bad and good things or disasters and blessings together.			

생로병사
生老病死

뜻, 음	날 **생** to be born [saeng]	늙을 **로** to be old [ro]	병들 **병** to become ill [byeong]	죽을 **사** to die [sa]
한자	生	老	病	死
풀이	태어나서 나이 들어 늙고 병들고 죽는 일. Being born, getting old, getting ill, and dying; four phases of life.			
활용	사람이 태어나고 늙고 병들고 죽는 네 가지 고통을 말한다. It refers to human beings' four sufferings: birth, old age, illness, and death.			

적자생존
適者生存

뜻, 음	알맞을 **적** to fit [jeok]	사람 **자** person [ja]	살 **생** to live [saeng]	있을 **존** to exist [jon]
한자	適	者	生	存
풀이	환경에 알맞은 생물만 살아남음. Only creatures fitted to the environment survive; survival of the fittest.			
활용	환경에 적응하는 생물만 살아남고 그렇지 못한 것은 점점 줄어들어 없어지는 현상을 말한다. It refers to a phenomenon in which only living things that adapt to the environment survive; otherwise, they gradually decrease and disappear.			

흥망성쇠
興亡盛衰

뜻, 음	일어날 **흥** to rise [heung]	망할 **망** to perish [mang]	성할 **성** to thrive [seong]	쇠할 **쇠** to decline [soe]
한자	興	亡	盛	衰
풀이	일어났다가 망하고 성했다가 쇠퇴함. Rise and fall; thrive and decline.			
활용	잘되어 흥하고 반대로 잘못되어 망하는 것과 기운이 왕성하고 반대로 약해지는 것을 함께 말한다. 주로 어떤 사건이나 현상이 생겨나서 소멸하는 전 과정을 가리킬 때 사용한다. It refers to both being prosperous and depressed. It usually describes the entire process of phenomenon or events from the beginning to the extinction.			

앞에서 학습한 내용을 바탕으로 다음 질문에 답해 보세요.
Answer the following questions based on what you learned on the previous page.

1 다음 사자성어와 가장 알맞은 설명을 연결해 보세요.
Match the following four-character idioms with the most appropriate descriptions.

(1) 길흉화복 •

• ㉠ 어떤 사건이나 현상이 잘되어 발전하거나 잘못되어 망함.

(2) 생로병사 •

• ㉡ 환경에 적응하는 *생물만이 살아남음.

(3) 적자생존 •

• ㉢ 태어나고 늙고 병들고 죽는 네 가지 고통.

(4) 흥망성쇠 •

• ㉣ 인생의 좋은 일과 나쁜 일, 불행한 일과 행복한 일.

2 다음 밑줄 친 상황에 가장 잘 어울리는 사자성어를 써 보세요.
Write the most appropriate four-character idiom that describes the situation underlined below.

(1) 세계 *문명은 대부분 큰 강 주변에서 발생해 발전하다가 *쇠퇴한 후 다른 새로운 문명에 *자리를 내줬다.

흥			

(2) 아버지는 자신의 잦은 입원으로 속상해하는 자식들에게 사람이 나이 들면 병도 나고 그러다 죽는 게 당연한 거라고 말씀하셨다.

	로		

(3) 한국에서는 옛날부터 평범한 사람들이 형식에 제한 없이 자유롭게 '민화'를 그렸다. 이런 그림에는 불행과 재앙을 멀리하고 행복과 좋은 일을 바라는 서민들의 *소망이 담긴 작품이 많았다.

		화	

(4) 우리 회사는 변화하는 환경에서 살아남기 위해 *친환경 제품을 개발하기로 했다.

			존

길흉화복	생로병사	적자생존	흥망성쇠

3 다음 빈칸에 가장 알맞은 사자성어를 넣어 문장을 완성해 보세요.
Fill in the blank with the most appropriate four-character idiom to complete the sentence.

(1) 이번 행사에서는 '삶과 죽음, 질병과 노화'를 주제로 한 다큐멘터리를 함께 본 후 인간의

☐☐☐☐ 와/과 이를 위해 이루어지는 *의료 활동에 대한 이야기를 나눴다.

(2) 이번 전쟁의 결과에 따라 그 나라의 ☐☐☐☐ 이/가 *좌우될 것 같다.

(3) 인공 지능이 발달한 미래에는 ☐☐☐☐ 의 법칙에 따라 인공 지능보다

*효율이 떨어지는 직업들이 사라질 것으로 전망된다.

(4) 한국에는 생년월일에 따라 사람의 ☐☐☐☐ 을/를 미리 *점쳐 보는 *명

리학이 발달되어, 좋고 나쁜 일을 미리 알아 예방하고자 하는 사람들이 있다.

4 다음 대화문을 읽고 빈칸에 가장 알맞은 사자성어를 써 보세요.
Read the following dialogues and fill in the blanks with the most appropriate four-character idioms.

(1) 가: 이 학교는 토론 수업을 굉장히 강조하는 것 같아요.

나: 맞아요. 미래에는 논리적으로 *사고하고, 다양한 의견을 듣고 이해하며 *소통하는 인재를

필요로 하니까요. 환경에 적응하지 못하면 사라지는 ☐☐☐☐ 의 사

회에 나가기 전에 토론 수업을 잘 준비해 보세요.

(2) 가: 한국 사람들은 집을 구할 때 그 집의 위치나 방향을 왜 중요하게 생각해요?

나: 한국에서는 옛날부터 집의 위치나 방향이 인간의 ☐☐☐☐ 에 큰

영향을 끼친다고 여겨졌거든요. 집의 위치가 좋으면 그곳에 사는 사람들에게 복이 온다고

믿었어요.

(3) 가: 한국의 *신라 시대 수도였던 경주에 다녀왔다면서요?

　　나: 네. 당시 *불교문화를 살펴볼 수 있어서 좋았어요. 하지만 신라의 보물이었던 '황룡사

　　　　(절)'가 *터만 남아 있어서 한 나라의 ☐☐☐☐ 에 안타까움이 느껴지

　　　　더라고요.

(4) 가: 이 책 보셨어요? ☐☐☐☐ 을/를 주제로 한 소설인데 삶과 죽음에

　　　　대한 많은 생각을 하게 만드는 책이에요.

　　나: 그래요? 한번 읽어 봐야겠네요.

5 다음 기사문을 읽고 알맞은 사자성어를 사용해서 제목을 완성해 보세요.
Read the following article and complete its title using the appropriate four-character idiom.

---

*이민 정책, 한국의 ☐☐☐☐ 이/가 달려 있다

입력 2000.00.00.　　　　　　　　　　　　　　　　　　　　가가　⮍　🖶

　　한국 사회는 현재 *저출산으로 인한 심각한 인구 감소를 겪고 있다. 이러한 인구수의 변화는 국가 경쟁력에 영향을 끼쳐 나라의 앞날을 좌우할 수 있다는 우려가 크다. 이 때문에 인구 감소를 막을 대책을 마련하기 위해 정부 각 *부처가 애쓰고 있다. 현재 이에 대한 가장 실제적인 방안은 *개방적인 이민 정책의 *도입이라고 많은 전문가들이 말한다. 해외 이민자들을 받아들여 인구를 늘림으로써 국가 경제와 산업을 발전시킬 수 있다는 얘기이다. 그러나 이민 정책을 효과적으로 *실행하기 위해서는 기존 사회 제도가 *개선되고 사회적 *통합 정책이 우선되어야 한다는 지적도 함께 제시되었다.

•의료 활동 medical care	•좌우되다 to be determined	•효율 efficiency
•점치다 to make a prediction	•명리학 a Chinese study about people's fate	•사고하다 to think
•소통하다 to communicate	•신라 시대 Shilla Dynasty	•불교문화 Buddhist Culture
•터 site; lot	•이민 정책 immigration policy	•저출산 low birth rate
•부처 government department	•개방적 to be open	•도입 introduction
•실행하다 to carry out	•개선되다 to be improved	•통합 integration

6 다음 글을 읽고 빈칸에 가장 알맞은 사자성어를 써 보세요.

Read the following passage and fill in the blank with the most appropriate four-character idiom.

영국의 *생물학자이자 '*진화론'을 완성한 다윈(Charles Darwin)은 '*자연 선택'이라는 개념을 발표했다. 이는 *자연계에서 그 생활 조건에 적응하는 생물은 자연스레 선택되듯 생존하고, 그러지 못한 생물은 저절로 사라지는 것을 말한다. 이후 영국의 *철학자이며 *사회학자인 스펜서(Herbert Spencer)는 다윈의 진화론을 바탕으로 철학 체계를 세우고 사회의 발전을 진화론적으로 설명했다. 그는 《생물학 원리(Principles of Biology)》에서 다윈이 제시한 자연 선택의 원리를 생물의 영역만이 아니라 인간 사회에도 *적용해 '☐☐☐☐'(이)라고 *명명한 후, 환경에 적응하는 인간이나 사회만이 살아남고 그러지 못하는 인간이나 사회는 *도태되어 멸망한다고 설명했다.

22

사필귀정　안분지족
인생무상　일장춘몽

◎ 다음 글을 읽고 떠오르는 여러분의 생각이나 느낌을 이야기해 보세요.
Read each sentence below and tell how you think or feel.

- 세계의 *전래 동화는 주로 선을 권하고 악을 벌하는 이야기이다.
- 온갖 범죄를 저지르던 그는 결국 *법정에 서게 되었고 *유죄 선고를 받았다.
- 이 영화는 주인공의 성공과 실패를 통해 인생의 *덧없음을 이야기하고 있다.

➡ 인생의 이치,

다음 사자성어들을 읽어 보세요.
Read the following four-character idioms.

사필귀정 事必歸正

뜻, 음	일 **사** thing [sa]	반드시 **필** surely [pil]	돌아올 **귀** to go back [gwi]	바를 **정** to be right [jeong]
한자	事	必	歸	正
풀이	모든 일은 반드시 바른 데로 돌아감. Everything surely goes back right; natural consequence.			
활용	모든 일은 반드시 (세상의) 이치대로 올바르게 돌아가게 됨을 말한다. It means that everything will definitely work out the way it should.			

안분지족 安分知足

뜻, 음	편안할 **안** to be comfortable [an]	몫 **분** share; part [bun]	알 **지** to know [ji]	만족할 **족** to be satisfied [jok]
한자	安	分	知	足
풀이	(자기 몫으로 나누어진) 분수에 편안해하고 만족할 줄 앎. Being comfortable and satisfied with what one has shared.			
활용	자기 신세나 형편에 불만 없이 편안한 마음으로 제 분수를 지키며 만족할 줄 아는 것을 표현한다. It refers to a comfortable and satisfied mind knowing one's place without complaining about one's own situation or circumstances.			

인생무상 人生無常

뜻, 음	사람 **인** person [in]	삶 **생** life [saeng]	없을 **무** to not be [mu]	항상 **상** steadily [sang]
한자	人	生	無	常
풀이	인간의 삶에 오래가는 일이 없음. There is nothing to last long in life; vanity of life.			
활용	인생은 변화가 심해서 항상 좋지도 나쁘지도 않고 덧없음을 나타낸다. It means that life changes so much and is not always good, so it is in vain.			

일장춘몽 一場春夢

뜻, 음	하나 **일** one [il]	마당 **장** yard [jang]	봄 **춘** spring [chun]	꿈 **몽** dream [mong]
한자	一	場	春	夢
풀이	한바탕(크게 일이 벌어진 자리)의 봄꿈. Round of a spring dream; empty dream.			
활용	봄날 나른해져 깜박 잠든 사이에 꾸는 봄꿈처럼 헛된 영화나 덧없는 일을 비유적으로 말할 때 사용한다. It metaphorically refers to a futile thing or thought like a dream on a lazy spring day.			

앞에서 학습한 내용을 바탕으로 다음 질문에 답해 보세요.
Answer the following questions based on what you learned on the previous page.

1 다음 사자성어와 가장 알맞은 설명을 연결해 보세요.
Match the following four-character idioms with the most appropriate descriptions.

(1) 사필귀정 •   • ㉠ °한바탕 꾸는 봄꿈처럼 덧없는 일.

(2) 안분지족 •   • ㉡ 인생이 보람 없고 덧없음.

(3) 인생무상 •   • ㉢ 제 °분수를 지키며 만족할 줄 앎.

(4) 일장춘몽 •   • ㉣ 모든 일은 결국 올바르게 돌아감.

2 다음 밑줄 친 상황에 가장 잘 어울리는 사자성어를 써 보세요.
Write the most appropriate four-character idiom that describes the situation underlined below.

(1) 그는 사업에 실패한 후 <u>성공을 누렸던 과거가 마치 하룻</u>
<u>밤의 짧은 꿈처럼 느껴진다고</u> 말했다.

일 ☐ ☐ ☐

(2) 한국 고전 소설 중 〈흥부전〉은 욕심이 많아 부모님의 재
산을 모두 차지한 놀부가 처음에는 부자로 등장한다. 하
지만 착한 동생 흥부가 부자가 되고 더 큰 욕심을 부린 형
놀부는 벌을 받아 가난해진다는 °반전의 °결말로, <u>세상 모든</u>
<u>일이</u> °정의롭고 <u>올바르게 돌아감</u>을 이야기하고 있다.

☐ 필 ☐ ☐

(3) 그분은 어릴 때부터 꿈꾸던 삶을 이뤘지만 기쁨을 함께
나눌 사람이 없어 <u>인생이</u> °허전하고 <u>쓸쓸하다고</u> 하신다.

☐ ☐ 무 ☐

(4) 요즘에는 높은 지위나 많은 돈을 탐내기보다 <u>편안하게</u>
<u>살며 현재에 만족하는</u> °소확행을 °추구하는 사람들이 많
아지고 있다.

☐ ☐ ☐ 족

【3~6】다음 사자성어를 활용해서 질문에 답해 보세요.(단, 문제 3~4는 4개의 사자성어를 1번씩만 사용해야 함.)
Answer the questions using the following four-character idioms.(For Questions 3 and 4, use each idiom only once.)

사필귀정	안분지족	인생무상	일장춘몽

3 다음 빈칸에 가장 알맞은 사자성어를 넣어 문장을 완성해 보세요.
Fill in the blank with the most appropriate four-character idiom to complete the sentence.

(1) 운동을 열심히 하고 규칙적인 생활을 하며 건강을 무척 챙기던 친구가 갑자기 죽었다니,

정말 ☐☐☐☐(이)라는 말이 떠오른다.

(2) 물건을 원래 가격보다 싸게 사서 비싸게 파는 등 사람들을 속여 돈을 엄청나게 번다던 그

회사는 ☐☐☐☐(이)라고, 1년 만에 사업이 망하며 *빚더미에 앉았다.

(3) 할머니는 ☐☐☐☐(이)라며 90 평생이 언제 이렇게 빨리 지나갔는지 모

르겠다고 하신다.

(4) SNS를 통해 *우쭐대듯 지나치게 부와 명예를 자랑하는 사회 분위기 속에서, 현재 자신의

삶에 만족하며 ☐☐☐☐하는 삶의 태도를 지켜가는 것은 쉽지 않다.

4 다음 대화문을 읽고 빈칸에 가장 알맞은 사자성어를 써 보세요.
Read the following dialogues and fill in the blanks with the most appropriate four-character idioms.

(1) 가: 여기에서 농사를 지으며 사니까 큰 욕심 안 내고 여유롭게 살 수 있어서 마음이 너무

편해요. 이래서 옛날 어른들이 ☐☐☐☐을/를 말하셨나 싶어요.

나: 맞아요. 여기에선 도시에서처럼 남들과 경쟁하지 않고 자기 삶에 만족하며 사니까요.

(2) 가: 세월이 참 빠르네요. 선생님의 *정년퇴직이 일주일밖에 안 남았어요.

나: 그러게요. 40년이라는 세월이 마치 ☐☐☐☐처럼 느껴질 정도로

시간이 빨리 지나갔어요.

(3) 가: 노인들을 상대로 •사기를 치던 사람들이 잡혔다는 뉴스 봤어요?

　　나: 네. 모든 일은 　　　　　　　　　　(이)라고 했어요. 사기꾼들은 나쁜 짓을 했으니

　　벌을 받는 게 당연해요.

(4) 가: 그분 얘기 들었어요? 10년 동안 다닌 회사가 망해서 하루아침에 •실직자가 되셨대요.

　　나: 정말요? 10년을 •한결같이 성실하게 다닌 회사에서 그렇게 되셨다니, 너무 황당하고

　　•허망해서 　　　　　　　　　　을/를 느끼시겠어요.

5　다음 기사문을 읽고 알맞은 사자성어를 사용해서 제목을 완성해 보세요.
Read the following article and complete its title using the appropriate four-character idiom.

　　　　　　　　, 30년 만의 •무죄 판결

입력 2000.00.00.　　　　　　　　　　　　　　　　　　　　　가가　↱　🖶

　•한순간에 사건의 •목격자에서 범인이 되고 만 K 씨. 그는 자신이 범인이 아니라고 주장했지만 받아들여지지 않아 30년 동안 감옥에서 생활해야 했다. 그동안 K 씨는 자신의 무죄를 증명하기 위해 계속 노력했고, 그의 가족들과 변호사만이 그를 믿고 지지해 주었다. 이들은 우여곡절 끝에 진짜 범인을 찾아내 그의 •자백까지 받아 냈다. 세상 모든 일이 바른 데로 나아가듯, 이 사건도 오랜 시간이 걸렸지만 결국 진실에 •도달했다. 그럼에도 K 씨가 겪은 고통은 그 누구도 헤아릴 수 없고 •보상해 줄 수도 없다. K 씨는 범죄 사건을 •규명하는 이들이 더욱 철저히 조사함으로써 앞으로는 자신과 같은 사례가 생기지 않길 바란다고 말한 것으로 전해진다.

---

6 다음 글을 읽고 빈칸에 가장 알맞은 사자성어를 각각 써 보세요.

Read the following passage and fill in the blanks with the most appropriate four-character idioms.

한국의 고전 소설인 《구운몽》은 조선 후기 김만중(金萬重)이 지은 작품이다. 이 소설의 주인공인 *승려 '성진'은 우연히 *팔선녀를 만나 *속세에 대한 *욕망을 품게 되었고, 이 때문에 이들은 다 같이 지옥으로 쫓겨난다. 성진은 이후 '양소유'라는 남자로 *환생해서 함께 환생한 팔선녀와 결혼도 하고 높은 *관직에도 오르는 등 온갖 *부귀영화를 누린다. 오랜 세월이 지나서 나이가 든 양소유는 자신이 지금까지 추구했던 속세에서의 삶에 (1) ☐☐☐☐ 을/를 느끼고 환생한 팔선녀와 함께 *불도를 닦으려고 결심한다. 그때 한 *노승이 찾아와 함께 이야기를 나누게 되는데, 갑자기 그가 *지팡이를 휘두르자 모든 것이 사라지며 양소유가 아닌 성진으로 돌아온다. 이로써 성진은 부귀영화가 하룻밤의 꿈, 즉 (2) ☐☐☐☐ 에 불과하다는 것을 깨닫고 팔선녀와 함께 불도를 닦아 *극락세계로 감으로써 이야기는 끝을 맺는다.

Answer

1. (1) ㉣ (2) ㉢ (3) ㉡ (4) ㉠ 2. (1) 일장춘몽 (2) 사필귀정 (3) 인생무상 (4) 안분지족
3. (1) 인생무상 (2) 사필귀정 (3) 일장춘몽 (4) 안분지족 4. (1) 안분지족 (2) 일장춘몽 (3) 사필귀정 (4) 인생무상
5. 사필귀정 6. (1) 인생무상 (2) 일장춘몽

23

관혼상제　　금지옥엽
애지중지　　유일무이

◎ 다음 글을 읽고 떠오르는 여러분의 생각이나 느낌을 이야기해 보세요.
Read each sentence below and tell how you think or feel.

○ 내가 믿고 의지할 수 있는 단 하나뿐인 존재, 가족!

○ 두 사람은 결혼을 통해 새로운 *가정을 꾸리게 되었다.

○ 부부는 결혼한 지 10년 만에 얻은 아이로 더욱 단단한 사랑을 느끼게 되었다.

➡ 가족,

다음 사자성어들을 읽어 보세요.
Read the following four-character idioms.

관혼상제
冠婚喪祭

뜻, 음	관례 **관** coming-of-age ceremony [gwan]	혼인 **혼** wedding [hon]	초상 **상** funeral [sang]	제사 **제** ancestral rite [je]
한자	冠	婚	喪	祭
풀이	관례, 혼례, 상례, 제례. Coming-of-age ceremony, wedding, funeral, and ancestral rite.			
활용	성년식, 결혼식, 장례식, 제사와 같은 네 가지 전통적인 예식을 말한다. It refers to four traditional ceremonies: coming-of-age, wedding, funeral, and ancestral rite.			

금지옥엽
金枝玉葉

뜻, 음	황금 **금** gold [geum]	가지 **지** branch [ji]	구슬 **옥** bead [ok]	나뭇잎 **엽** leaf [yeop]
한자	金	枝	玉	葉
풀이	금으로 된 가지에 옥으로 된 잎(과 같이 귀함). (Being precious like) golden branches and jade leaves.			
활용	원래 임금의 가족을 높여 이르는 말이었으나, 지금은 매우 소중하고 귀한 자식을 이를 때 사용한다. It used to refer to the king's family, but now it refers to a very precious child.			

애지중지
愛之重之

뜻, 음	사랑할 **애** to love [ae]	그것 **지** that [ji]	소중히 여길 **중** to cherish [jung]	그것 **지** that [ji]
한자	愛	之	重	之
풀이	(어떤 것을) 매우 사랑해서 소중히 아낌. Cherishing and loving something; apple of one's eye.			
활용	어떤 것을 사랑하고 소중하게 다루는 모양을 가리킨다. '애지중지하다'의 형태로써 동사로 사용할 수 있다. It is used when a person is loving and cherishing something or someone.			

유일무이
唯一無二

뜻, 음	오직 **유** only [yu]	하나 **일** one [il]	없을 **무** to not be [mu]	두 **이** two [i]
한자	唯	一	無	二
풀이	오직 하나뿐, 둘이 없음. Only one not two; being the one and only.			
활용	오직 하나만 있고 둘은 없음을 말한다. It means that there is only one and nothing like it.			

1 다음 사자성어에 대한 설명 중 옳은 것은 ○, 옳지 <u>않은</u> 것은 ✕ 표시해 보세요.
Read each description about four-character idioms and write ○ if correct and ✕ if incorrect.

(1) 관혼상제: 힘든 일이 끝난 후에는 즐거운 일이 생김. 　　　　(　　)

(2) 금지옥엽: 아주 소중하고 귀한 자식. 　　　　(　　)

(3) 애지중지: 매우 사랑하고 소중히 여김. 　　　　(　　)

(4) 유일무이: 오직 하나만 있어 다른 것과 대체할 수 없음. 　　　　(　　)

> **잠깐** 위의 사자성어에 대한 설명으로 옳지 <u>않은</u> 것이 있으면 올바르게 고쳐 써 보세요.
> Read the above descriptions again and rewrite the incorrect descriptions if there are any.

---

2 다음 밑줄 친 상황에 가장 잘 어울리는 사자성어를 써 보세요.
Write the most appropriate four-character idiom that describes the situation underlined below.

(1) 그는 *자손이 귀한 집에서 태어나 <u>많은 사랑을 받고</u>
<u>자란 외아들</u>이었다.

금 ☐ ☐ ☐

(2) 유학을 떠나면서 한 가족처럼 <u>매우 사랑하고 귀여워</u>
<u>했던</u> 강아지와 헤어져야 해서 너무 슬펐다.

☐ 지 ☐ ☐

(3) 이 문제를 제대로 처리할 수 있는 <u>사람은 오직 그밖에</u>
<u>없었기</u> 때문에 사장님은 해외 출장 중이던 그에게 급히
귀국하라고 지시하셨다.

☐ ☐ 무 ☐

(4) 한국에서는 전통적으로 남자가 *성년에 이르면 어른이
된다는 의미로 *상투를 틀고 *갓을 쓰게 하던 *<u>관례,</u>
<u>그리고 결혼식과 장례식 및 제사를 중요하게</u> 여겼다.

☐ ☐ ☐ 제

관혼상제	금지옥엽	애지중지	유일무이

3 다음 빈칸에 가장 알맞은 사자성어를 넣어 문장을 완성해 보세요.
Fill in the blank with the most appropriate four-character idiom to complete the sentence.

(1) *한반도의 *비무장 지대는 한국 전쟁 *정전 이후 현재까지 계속되는 *냉전의 현장이자 남과

북을 나누는 *장벽으로, *판문점과 함께 한국을 방문하는 외국인에게 전 세계 어디에서도

볼 수 없는 ☐ ☐ ☐ ☐ 한 관광지가 되었다.

(2) 한국 사회에서 ☐ ☐ ☐ ☐ 이/가 *간소화되면서 마을 잔치 같던 결혼식이

나 장례식 등이 결혼식장과 장례식장 등에서 간단히 이뤄지고 있다.

(3) 조선의 제26대 왕이자 *대한 제국의 제1대 황제였던 고종은 *늦둥이 *외동딸 덕혜 옹주를

매우 사랑해 ☐ ☐ ☐ ☐ 하며 소중하게 키웠다고 한다.

(4) 남자아이를 통해 집안을 이어 간다고 생각했던 한국에서는 2000년대 이전만 해도 딸보다

아들을 귀한 자식으로 여겨 ☐ ☐ ☐ ☐ (으)로 키우곤 했다.

4 다음 대화문을 읽고 빈칸에 가장 알맞은 사자성어를 써 보세요.
Read the following dialogues and fill in the blanks with the most appropriate four-character idioms.

(1) 가: 너희 아버지가 식물 기르시는 걸 봤는데, 엄청 ☐ ☐ ☐ ☐ 하시더라.

나: 하하, 그러게요. 자식인 저보다 더 소중히 여기셔서 질투가 날 정도예요.

(2) 가: 수지 씨는 아들만 많은 집안의 귀한 딸이니까 가족들이 ☐ ☐ ☐ ☐

(으)로 키웠을 것 같아요.

나: 생각해 보니 그런 것 같아요. 가족들이나 친척들이 모두 막내인 저를 너무 예뻐해 안고만

다녀서 남들보다 *걸음마를 늦게 배웠다고 들었어요.

(3) 가: 국립 박물관에서 열리는 전시회에 가 봤어요? 새로 *발굴한 피라미드(pyramid)에서 나온,

　　이전에는 보지 못했던 ☐☐☐☐ 한 *유물들이 한국 최초로 딱 1달만

　　공개된대요.

　나: 정말요? 이번 주말에 꼭 가 봐야겠네요.

(4) 가: 한국의 전통적 *예식인 ☐☐☐☐ 을/를 볼 수 있는 곳이 있을까요?

　나: 네. 경기도 용인시에 있는 *민속촌에 가면 볼 수 있어요. 또 미리 신청하면 전통 결혼식을

　　체험해 볼 수도 있고요.

5 다음 기사문을 읽고 알맞은 사자성어를 사용해서 제목을 완성해 보세요.

Read the following article and complete its title using the appropriate four-character idiom.

지구상 ☐☐☐☐ 한 *민무늬 *기린 탄생

입력 2000.00.00.　　　　　　　　　　　　　　　　　　　　　　　가가 ⤴ 🖶

　최근 한 *외신에 따르면 미국에 있는 동물원에서 고유의 *얼룩무늬가 없는 기린이 태어났다고 한다. 기린의 얼룩무늬는 *어미로부터 *유전되는 것으로 알려져 있으나, 이 기린은 무슨 이유 때문인지 민무늬로 태어났다. 기린들은 사람의 *지문처럼 각자 고유한 얼룩무늬를 갖고 있는데, 이는 *야생에서 위장의 한 형태로 사용되기 때문에 기린이 얼룩무늬 없이 태어나는 경우는 매우 드물다. 민무늬 기린이 태어났다는 마지막 기록은 1972년 일본의 한 동물원에서였으므로, 현재 이 기린만이 전 세계에 하나뿐인 민무늬 기린이라고 할 수 있다.

Vocabulary

• 한반도 Korean peninsula	• 비무장 지대 Demilitarized Zone	• 정전 ceasefire
• 냉전 cold war	• 장벽 wall	• 판문점 Joint Security Area
• 간소화되다 to be simplified	• 대한 제국 Korean Empire	• 늦둥이 late-born child
• 외동딸 only daughter	• 걸음마 baby step	• 발굴하다 to excavate
• 유물 artifact; remains	• 예식 ceremony	• 민속촌 Folk Village
• 민무늬 plain pattern	• 기린 giraffe	• 외신 foreign press
• 얼룩무늬 spotted pattern	• 어미 mother	• 유전되다 to be inherited
• 지문 fingerprint	• 야생 wild	

다음 글을 읽고 빈칸에 가장 알맞은 사자성어를 써 보세요.
Read the following passage and fill in the blank with the most appropriate four-character idiom.

한국의 *서양화가 이중섭(李仲燮)은 주로 가족·어린이·*게·소 등을 *소재로 한국적 *정취가 짙은 개성 있는 작품을 많이 남겼다. 그는 300여 점의 작품을 통해 자신이 겪었던 시대는 물론, 개인의 삶을 따뜻하게 그려 낸 것으로 유명하다.

이중섭은 일제 강점기 때 일본으로 유학을 갔다가 만난 일본인 부인과의 사이에 두 아들을 두었다. 한국에서 지내던 그의 가족은 한국 전쟁이 일어나면서 제주도로 *피란해 어려운 가운데에도 행복한 한때를 보냈다. 그러나 극심한 *생활고에 시달리던 부인은 두 아들과 함께 일본 친정집으로 떠났고, 이후 이중섭도 일본으로 건너가 가족들을 만났으나 며칠 만에 귀국해서 혼자 한국에 머물며 작품 활동에 *몰두했다. 그는 가족들에게 그림을 그려 넣은 편지를 보내며 아이들을 □□□□ 하는 마음과 가족에 대한 그리움 등을 대신했다. 그러나 1956년, *궁핍한 생활을 이기지 못하고 건강이 *악화된 그는 안타깝게도 *생을 마감하고 말았다.

현재 한국의 제주도 서귀포시에는 이중섭 미술관이 마련되어 있고, 그의 가족이 머물렀던 *초가를 중심으로 이중섭 거리가 만들어져 있다. *비록 이루어지지 않은 꿈으로 그치고 말았지만, 이곳에서 그가 마지막까지 꿈꾸었던 가족과 함께하는 삶에 대한 희망을 작품으로 감상할 수 있다.

Vocabulary

- 서양화가 a Western-style painter
- 정취 vibe
- 몰두하다 to be absorbed
- 생을 마감하다 to end one's life
- 게 crab
- 피란하다 to escape; to seek refuge
- 궁핍하다 to be poor
- 초가 thatched house
- 소재 subject; topic
- 생활고 financial difficulties
- 악화되다 to be worsen
- 비록 even though

Answer

1. (1)× (2)○ (3)○ (4)○ 참깐 (1) 관혼상제: 성년식, 결혼식, 장례식, 제사와 같은 네 가지 전통적인 예식.
2. (1) 금지옥엽 (2) 애지중지 (3) 유일무이 (4) 관혼상제 3. (1) 유일무이 (2) 관혼상제 (3) 애지중지 (4) 금지옥엽
4. (1) 애지중지 (2) 금지옥엽 (3) 유일무이 (4) 관혼상제 5. 유일무이 6. 애지중지

24

백년가약 　백년해로
일편단심 　천생연분

◎ 다음 글을 읽고 떠오르는 여러분의 생각이나 느낌을 이야기해 보세요.
Read each sentence below and tell how you think or feel.

- 그 *노부부는 다른 사람들이 부러워할 정도로 평생 서로를 아끼며 살았다.
- 우리 부부는 처음 만났을 때부터 지금까지 크게 다투지 않고 서로를 존중하며 살아왔다.
- 내 친구는 초등학교 *동창생과 오랜 세월 좋은 관계를 유지하다가 결혼하기로 마음먹었다.

➡ 변함없는 사랑,

다음 사자성어들을 읽어 보세요.
Read the following four-character idioms.

백년가약 百年佳約

뜻, 음	일백 **백** one hundred [baek]	해 **년** year [nyeon]	아름다울 **가** to be beautiful [ga]	약속 **약** promise [yak]
한자	百	年	佳	約
풀이	백 년 동안 함께하자고 맺는 아름다운 약속. A beautiful promise of being together for a hundred years; pledging one's eternal love.			
활용	부부가 되어 평생을 같이 지낼 것을 맹세하는 약속을 말한다. It refers to a marriage that promises to become a couple and live together for the rest of their lives.			

백년해로 百年偕老

뜻, 음	일백 **백** one hundred [baek]	해 **년** year [nyeon]	함께 **해** together [hae]	늙을 **로** to be old [ro]
한자	百	年	偕	老
풀이	백 년 동안 함께 늙음(살아감). Aging(Living) together for a hundred years.			
활용	부부가 되어 평생을 사이좋게 지내고 행복하게 함께 늙어 감을 말한다. '백년해로하다'의 형태로써 동사로 사용할 수 있다. It refers to becoming a couple and getting old for the rest of one's life happily together.			

일편단심 一片丹心

뜻, 음	하나 **일** one [il]	조각 **편** piece [pyeon]	붉을 **단** to be red [dan]	마음 **심** mind [sim]
한자	一	片	丹	心
풀이	한 조각의 붉은 마음. A piece of red heart; single-mindedness for someone.			
활용	변하지 않는 진실하고 굳은 마음을 말한다. It refers to a true and firm mind that doesn't change no matter what happens.			

천생연분 天生緣分

뜻, 음	하늘 **천** heaven [cheon]	날 **생** to be born [saeng]	인연 **연** connection [yeon]	연분 **분** relationship [bun]
한자	天	生	緣	分
풀이	하늘에서 나온(하늘이 정한) 인연. A relationship made by heaven from birth; soulmate.			
활용	하늘에서 미리 정해 준 것처럼 꼭 맞는 인연을 이르는 말이다. It refers to a couple whose relationship is always perfect, as if they were inborn with it.			

앞에서 학습한 내용을 바탕으로 다음 질문에 답해 보세요.
Answer the following questions based on what you learned on the previous page.

1 다음 사자성어와 가장 알맞은 설명을 연결해 보세요.
Match the following four-character idioms with the most appropriate descriptions.

(1) 백년가약 •　　　　　　　　• ㉠ 서로 꼭 맞는 *인연.

(2) 백년해로 •　　　　　　　　• ㉡ 부부가 되어 함께 늙어 감.

(3) 일편단심 •　　　　　　　　• ㉢ 변하지 않는 *진실한 마음.

(4) 천생연분 •　　　　　　　　• ㉣ 부부가 되어 평생을 같이 살 것을 *다짐하는 약속.

2 다음 밑줄 친 상황에 가장 잘 어울리는 사자성어를 써 보세요.
Write the most appropriate four-character idiom that describes the situation underlined below.

(1) 드라마의 남녀 주인공들은 몇 차례 어려움을 극복한 후 평생 변하지 않고 서로를 사랑하겠다는 마음을 확인하곤 한다.

　　일 ☐ ☐ ☐

(2) 선생님은 결혼식 전에 애인에게 청혼을 받고 평생을 함께하자는 약속을 했다고 말씀하셨다.

　　☐ 년 ☐ ☐

(3) 우리 할아버지와 할머니는 20살에 결혼하신 후부터 지금까지 오랜 세월 사이좋은 부부로 지내면서 행복하게 늙어 가신다.

　　☐ ☐ 해 ☐

(4) 그들은 부부가 된 이후 더욱더 행복해 보인다. *아무래도 하늘에서 정해 준 꼭 맞는 인연임이 틀림없다.

　　☐ ☐ ☐ 분

Vocabulary

- 노부부 old couple
- 진실하다 to be sincere
- 동창생 classmate
- 다짐하다 to resolve
- 인연 connection; relationship
- 아무래도 anyhow

【3~6】 다음 사자성어를 활용해서 질문에 답해 보세요.(단, 문제 3~4는 4개의 사자성어를 1번씩만 사용해야 함.)
Answer the questions using the following four-character idioms. (For Questions 3 and 4, use each idiom only once.)

백년가약	백년해로	일편단심	천생연분

3 다음 빈칸에 가장 알맞은 사자성어를 넣어 문장을 완성해 보세요.
Fill in the blank with the most appropriate four-character idiom to complete the sentence.

(1) 남자 친구의 오래도록 변하지 않는 ☐☐☐☐ 사랑에 감동한 우리 언니는

그와 올해 결혼식을 올리기로 마음먹었다.

(2) 한국에서 *물새인 '*원앙'은 사이좋은 부부를 *비유적으로 이르는 말로도 사용된다. 이 때

문에 한국 사람들은 신혼부부에게 원앙 인형이나 원앙이 새겨진 물건 등을 선물하며, 부부가

오래도록 즐겁게 ☐☐☐☐ 하기를 *기원한다.

(3) 동생 부부는 얼굴이 비슷하게 생긴 데다가 성격까지 정말 잘 맞는 걸 보니, 아무리 봐도

☐☐☐☐ (이)다.

(4) 두 사람은 가족들 앞에서 평생 함께 잘 살겠다고 약속하며 ☐☐☐☐

을/를 맺었다.

4 다음 대화문을 읽고 빈칸에 가장 알맞은 사자성어를 써 보세요.
Read the following dialogues and fill in the blanks with the most appropriate four-character idioms.

(1) 가: 과장님은 김 대리님하고 프로젝트를 같이하면 꼭 좋은 성과를 내시는 것 같아요.

　　나: 맞아요. 그래서 사람들이 저희를 ☐☐☐☐ (이)라고까지 말한다니

　　까요. 하하.

(2) 가: 해외로 *파견 근무를 나갔던 남자 친구가 2년 만에 돌아와서 너무 기뻐요!

　　나: 와, 2년 동안 서로 ☐☐☐☐ (으)로 지낸 거예요? 처음 사랑했던 마

　　음이 변하지 않았다니. 두 분 정말 멋지네요!

(3) 가: 저 두 사람은 영화에 같이 *출연했다가 결혼하게 되었다면서요?

　　나: 그러게요. 영화 속에서는 서로 적으로 싸웠는데, 현실에서는

　　　　☐☐☐☐ 을/를 맺은 부부가 되어서 한동안 화제였어요.

(4) 가: 요즘 결혼율은 점점 낮아지고 이혼율은 갈수록 높아지고 있대요.

　　나: 네. 예전처럼 부부가 함께 오래 ☐☐☐☐ 하던 시대는 지난 거 같아요.

5 다음 글을 읽고 빈칸에 가장 알맞은 사자성어를 써 보세요.
Read the following passage and fill in the blank with the most appropriate four-character idiom.

　　조선 시대 고전 소설인 《춘향전》은 '성춘향'과 '이몽룡'의 *신분을 뛰어넘은 사랑 이야기이다. 여주인공 춘향은 전라북도 남원에 사는 *기생의 딸이고, 남주인공 몽룡은 남원 *사또로 오게 된 아버지를 따라 한양(서울의 옛 이름)에서 내려온 *양반 가문의 아들이다. 이처럼 두 사람은 신분 차이가 남에도 불구하고 서로에게 첫눈에 반하고 만다. 이후 몽룡은 신분의 차이로 불안을 느끼는 춘향을 위해 춘향의 엄마인 '월매'를 찾아가 춘향과 평생 함께하겠다며 ☐☐☐☐ 을/를 맺도록 허락을 구한다. 월매는 두 사람의 결혼을 허락하지만, 몽룡이 한양으로 떠나게 되면서 두 사람은 헤어지고 만다. 이야기는 자신을 괴롭히던 변 사또(변씨 성의 사또)에게 *대항해 몽룡에 대한 사랑으로 *정절을 지키려는 춘향이 우여곡절 끝에 몽룡을 다시 만나 행복한 삶을 살아가는 것으로 끝남으로써, 당시 사회 *특권 계급의 잘못을 드러내며 신분 상승에 대한 *평민의 *욕구를 반영했다는 평가를 받고 있다.

- 물새 waterfowl
- 기원하다 to pray
- 신분 status
- 양반 가문 nobility family
- 특권 계급 privileged class
- 원앙 mandarin duck; lovebird
- 파견 근무 secondment
- 기생 Korean female entertainer
- 대항하다 to fight back
- 평민 the common people
- 비유적으로 metaphorically
- 출연하다 to perform; to appear on the stage
- 사또 local governor in the Joseon Dynasty
- 정절 fidelity; chastity
- 욕구 desire

다음 글을 읽고 밑줄 친 부분과 관계있는 사자성어를 써 보세요.
Read the following passage and write the most appropriate four-character idiom related to the phrase underlined.

한국 고려 말의 *유학자이자 고려의 *충신으로 꼽히는 정몽주(鄭夢周)는 당시 장군으로서 적들을 물리치는 데 공을 세운 이성계(李成桂)와 함께 고려를 개혁하고자 했다. 하지만 서로 의견이 잘 맞지 않자, 이성계를 돕던 그의 아들 이방원(李芳遠)이 정몽주의 *마음을 돌리고자 시조 〈하여가〉를 지어, 새로운 나라(조선)에서 *칡덩굴처럼 *얽어져 함께하자는 뜻을 드러냈다. 이에 정몽주는 고려에 대한 *충절을 담은 시조 〈단심가〉를 지어, 일백 번을 다시 죽더라도 (고려를 향한) 자기의 마음은 변하지 않는다고 답했다. 이렇듯 정몽주가 *비타협적인 모습을 보이자, 이방원은 그가 고려를 *멸망시키려는 자신들을 방해할 것임을 확신하고 사람을 시켜 정몽주를 죽이고 말았다.

<table>
<tr><td> </td><td> </td><td> </td><td> </td></tr>
</table>

25

교우이신 　막역지우
죽마고우 　희로애락

◎ 다음 글을 읽고 떠오르는 여러분의 생각이나 느낌을 이야기해 보세요.
Read each sentence below and tell how you think or feel.

- 우리는 서로에게 비밀이 없다.
- 그와 나는 서로의 단점과 장점을 모두 알고 지내는 사이이다.
- 두 사람은 *학창 시절부터 많은 일을 함께 겪고 *속사정을 나누며 살아왔다.

➡ 허물없는 친구이다,

다음 사자성어들을 읽어 보세요.
Read the following four-character idioms.

교우이신
交友以信

뜻, 음	사귈 교 to get along [gyo]	벗 우 friend [u]	써 이 with [i]	믿을(믿음) 신 trust [sin]
한자	交	友	以	信
풀이	벗(친구)을 사귈 때는 믿음으로써 사귐. Making friends with trust.			
활용	친구를 사귈 때는 서로 믿음을 가져야 함을 말한다. It means that you have to trust each other when you make friends.			

막역지우
莫逆之友

뜻, 음	없을 막 to not be [mak]	거스를 역 to go against [yeok]	어조사(語助辭) 지 's; of [ji]	벗 우 friend [u]
한자	莫	逆	之	友
풀이	서로 거스름이 없는 벗(친구). A friend without going against; friends who are not at odds with each other.			
활용	허물없이(조심할 필요 없이) 아주 친한 친구로, 자기를 숨기거나 꾸미지 않고 그대로 보여 줄 수 있는 친구를 말한다. It refers to a close, comfortable friend who shares everything without hiding or showing off.			

죽마고우
竹馬故友

뜻, 음	대나무 죽 bamboo [juk]	말 마 horse [ma]	옛 고 old [go]	벗 우 friend [u]
한자	竹	馬	故	友
풀이	대나무로 만든 말을 타며 놀던 옛날 벗(친구). An old friend used to ride bamboo horses together; best friend since one's childhood.			
활용	어릴 때부터 같이 놀며 자란 가까운 친구로, 흔히 오래된 친구를 이르는 말이다. It refers to a close or an old friend who grew up playing together since childhood.			

희로애락
喜怒哀樂

뜻, 음	기쁨 희 joy [hui]	성냄 로 anger [ro]	슬픔 애 sorrow [ae]	즐거움 락 pleasure [rak]
한자	喜	怒	哀	樂
풀이	기쁨과 성냄과 슬픔과 즐거움. Joy, anger, sorrow and pleasure.			
활용	기쁨과 성냄(노여움)과 슬픔과 즐거움을 아울러 이르는 말로, 사람이 살아가면서 느끼는 여러 감정을 가리킨다. It refers to various emotions such as joy and anger, sadness and pleasure that a human being feels.			

1 다음 사자성어에 대한 설명 중 옳은 것은 ○, 옳지 <u>않은</u> 것은 ✕ 표시해 보세요.
Read each description about four-character idioms and write ○ if correct and ✕ if incorrect.

(1) 교우이신 : 믿음으로써 친구를 사귐. ( )

(2) 막역지우 : *허물없이 매우 친한 친구. ( )

(3) 죽마고우 : 어릴 때부터 같이 놀며 자란 친구. ( )

(4) 희로애락 : 변하지 않는 진실하고 굳은 마음. ( )

> **잠깐** 위의 사자성어에 대한 설명으로 옳지 <u>않은</u> 것이 있으면 올바르게 고쳐 써 보세요.
> Read the above descriptions again and rewrite the incorrect descriptions if there are any.

2 다음 밑줄 친 상황에 가장 잘 어울리는 사자성어를 써 보세요.
Write the most appropriate four-character idiom that describes the situation underlined below.

(1) 수지는 나와 <u>유치원 때부터 *소꿉놀이를 하며 함께 자란 친구</u>이다.

죽 ☐ ☐ ☐

(2) 이 영화는 <u>사랑의 기쁨과 슬픔 등 인간이 느끼는 다양한 감정들</u>을 *섬세하게 그려 낸 작품이다.

☐ 로 ☐ ☐

(3) 그는 나와 종종 싸우며 의견 충돌을 일으키지만, <u>누구보다도 믿을 수 있는 속이 깊은 친구</u>이다.

☐ ☐ 이 ☐

(4) 오늘은 오랜만에 <u>아무 *눈치 보지 않고 허물없는 대화를 나눌 수 있는 친구들</u>과 모임이 있어서 너무 기대가 된다.

☐ ☐ ☐ 우

【3~6】 다음 사자성어를 활용해서 질문에 답해 보세요.(단, 문제 3~4는 4개의 사자성어를 1번씩만 사용해야 함.)
Answer the questions using the following four-character idioms. (For Questions 3 and 4, use each idiom only once.)

교우이신	막역지우	죽마고우	희로애락

3 다음 빈칸에 가장 알맞은 사자성어를 넣어 문장을 완성해 보세요.
Fill in the blank with the most appropriate four-character idiom to complete the sentence.

(1) 어려움에 처한 친구를 외면하지 않고 무조건적으로 그 친구를 지지하고 믿는 것이야말로

    □ □ □ □ 의 *참된 의미를 실천하는 행위이다.

(2) 도시에서 생활하다 보니 고향에 살고 있는 어릴 때 □ □ □ □ 들과의 연

    락이 끊기고 말았다.

(3) 그 작가의 이야기 속 주인공들은 처음에는 *데면데면하다가도 *고난을 함께 겪고 이겨 내

    면서 허물없는 □ □ □ □ 이/가 되곤 한다.

(4) 그는 얼굴에 □ □ □ □ 을/를 잘 드러내지 않는 *무덤덤한 표정을 지니고

    있다.

4 다음 대화문을 읽고 빈칸에 가장 알맞은 사자성어를 써 보세요.
Read the following dialogues and fill in the blanks with the most appropriate four-character idioms.

(1) 가: 이번에 극본상을 받은 작품이 그렇게 감동적이라면서요?

    나: 네. *소시민들의 삶의 □ □ □ □ 을/를 잘 담아내서 영화를 보는 내내

    함께 웃고 울고 화났다가 즐거웠다가 얼마나 감동적이었는지 몰라요.

(2) 가: 요즘처럼 경쟁이 심한 사회에서 친구들이나 동료들끼리 서로를 믿고 의지할 수 있으면

    좀 덜 외로울 거 같아요.

    나: 그럼요. 그래서 옛날부터 □ □ □ □ (이)라는 말이 전해 내려오는 거

    아니겠어요?

(3) 가: 이번 여행은 □□□□ 들이랑 함께한다면서요?

나: 네. 초등학교 때부터 20년 넘게 알고 지낸 친구들이랑 가게 되어 엄청 기대하고 있어요.

(4) 가: 친구가 집에 없는데도 그 집에 놀러 가다니, 정말 가까운 사이인가 봐요.

나: 맞아요. 그 친구와는 *거리낄 것 없는 □□□□ (이)라서 서로가 집에

있든 없든 편하게 드나들며 가족들과도 친하게 지내거든요.

5 다음 글을 읽고 빈칸에 가장 알맞은 사자성어를 써 보세요.
Read the following passage and fill in the blank with the most appropriate four-character idiom.

> 한국 신라 시대 때 교육적·군사적·사교적 기능을 담당하던 청소년 *수련 단체로 '화랑도'가 있었다. 이때 '화랑'은 '*학식이 있고 외모가 단정한 남성'을 말하며, 화랑도에 속하는 이들은 대부분 건강하고 *인품이 뛰어난 젊은이들이었다. 이들은 화랑으로서 다섯 가지 *계율, 즉 '사군이충(*충성으로써 임금을 *섬긴다.), 사친이효(*어버이 섬기기를 효도로써 한다.), □□□□ (친구를 사귐에 믿음으로써 한다.), 임전무퇴(전쟁에 나가서는 물러서지 않는다.), 살생유택(산 것을 죽일 때는 함부로 하지 말고 가려서 해야 한다.)'을 지켜야 했다. 이 다섯 가지 계율, 즉 세속오계는 공동체 의식은 물론 의리와 희생정신 그리고 인간의 *선량함 등을 나타내고 있어, 오늘날 한국 특유의 *민족성을 이어 나가는 중요한 바탕이 되었다고 평가받는다.

다음 글을 읽고 밑줄 친 부분과 관계있는 사자성어를 써 보세요.

Read the following passage and write the most appropriate four-character idiom related to the phrase underlined.

일제 강점기 시절을 보낸 두 청년, 시인 윤동주(尹東柱)와 송몽규(宋夢奎). 두 사람은 1917년 같은 해에 태어난 사촌 관계로, <u>어려서부터 한 집안에서 자라 함께 어울리며 공부한 아주 친한 친구</u> 같은 사이였다. 동주와 몽규는 서로 의지하며 문학을 공부하면서 서로에게 좋은 영향을 미치곤 했다. 청년 시절 몽규가 •콩트로 문단(문학계)에 데뷔한 후 동주 역시 시 쓰기에 열중했고, 연희 전문학교(대학)에도 나란히 입학했으며, 이곳에서 문학 동아리의 잡지 •편집을 함께하기도 했다. 당시 일제는 •조선어 사용 금지 및 일본어 •상용 정책을 펼쳤지만, 동주와 몽규는 이에 굴하지 않고 한글로 자신들의 시를 써서 잡지에 실었다. 대학 졸업 후인 1942년에 동주와 몽규는 함께 일본 유학을 떠나, 동주는 절망적인 시대를 살아가는 지식인의 심정을 담은 시를 쓰는 한편 몽규는 •독립운동을 이어 나갔다. 두 사람은 교토 시내에서 자주 모여 민족의 독립과 •민족정신을 다시 일으킬 수 있는 •학문적 연구 활동도 함께했다. 1943년 두 사람은 •항일 운동 •혐의로 붙잡혀 나란히 2년 •형을 선고받아, 일본 후쿠오카 •형무소에서 •광복을 앞두고 아까운 젊은 생을 마감했다.

<table><tr><td>　</td><td>　</td><td>　</td><td>　</td></tr></table>

26

무병장수 불로장생
자자손손 장유유서

◎ 다음 글을 읽고 떠오르는 여러분의 생각이나 느낌을 이야기해 보세요.
Read each sentence below and tell how you think or feel.

- 요즘 사람들은 몸에 좋은 슈퍼 푸드에 관심이 많다.
- 유학 생활로 자주 찾아뵐 수 없지만, 부모님이 건강하게 *무탈하시길 항상 기원하고 있다.
- 한국에서는 아기가 태어난 지 100일이 되면, 아기가 병에 걸리지 않고 오래 살기를 바라는 마음으로 백일잔치를 벌인다.

➡ 건강하기를 바라다,

다음 사자성어들을 읽어 보세요.
Read the following four-character idioms.

무병장수 無病長壽

뜻, 음	없을 **무** to not be [mu]	병 **병** disease [byeong]	길 **장** to be long [jang]	목숨 **수** life [su]
한자	無	病	長	壽
풀이	병이 없이 오래 삶(살기). Long life without diseases; good health and long life.			
활용	병이 없이 건강하게 오래도록 사는 삶을 말한다. It refers to a long and healthy life without illness.			

불로장생 不老長生

뜻, 음	아닐 **불** not [bul]	늙을 **로** to be old [ro]	길 **장** to be long [jang]	살 **생** to live [saeng]
한자	不	老	長	生
풀이	늙지 않고 오래 사는 삶. Living long without getting old; eternal youth.			
활용	늙지 않고 오래 사는 것을 말한다. It refers to living a long life without getting old.			

자자손손 子子孫孫

뜻, 음	아들 **자** son [ja]	아들 **자** son [ja]	손자 **손** grandson [son]	손자 **손** grandson [son]
한자	子	子	孫	孫
풀이	아들의 아들, 그리고 손자의 손자. A son of a son, and a grandson of a grandson; descendants; from generation to generation.			
활용	여러 대(代)의 자손을 이르는 말이다. It refers to descendants of several generations.			

장유유서 長幼有序

뜻, 음	어른 **장** senior [jang]	어린아이 **유** junior [yu]	있을 **유** to be [yu]	차례 **서** order [seo]
한자	長	幼	有	序
풀이	어른과 어린이 사이에는 지켜야 할 차례가 있음. There is an order between the old and the young; order of seniority.			
활용	어른과 어린이 또는 윗사람과 아랫사람 사이에는 지켜야 할 차례와 질서가 있음을 말한다. It refers to a respectful etiquette for older people; elders first.			

앞에서 학습한 내용을 바탕으로 다음 질문에 답해 보세요.
Answer the following questions based on what you learned on the previous page.

1 다음 사자성어에 대한 설명 중 옳은 것은 ○, 옳지 <u>않은</u> 것은 ✕ 표시해 보세요.
Read each description about four-character idioms and write ○ if correct and ✕ if incorrect.

(1) 무병장수: 병 없이 건강하게 오래 삶.　　　　　　　　(　　)

(2) 불로장생: 늙지 않고 오래 사는 삶.　　　　　　　　(　　)

(3) 자자손손: •대대로 이어지는 여러 •대(代)의 •자손.　　　(　　)

(4) 장유유서: 어떤 지역의 변화가 심해서 전혀 다른 장소로 느껴짐.　(　　)

잠깐 위의 사자성어에 대한 설명으로 옳지 <u>않은</u> 것이 있으면 올바르게 고쳐 써 보세요.
Read the above descriptions again and rewrite the incorrect descriptions if there are any.

2 다음 밑줄 친 상황에 가장 잘 어울리는 사자성어를 써 보세요.
Write the most appropriate four-character idiom that describes the situation underlined below.

(1) 훌륭한 전통은 <u>여러 대에 걸쳐 자손에게 •길이길이 •물려줘서 계속 이어지도록</u> 해야 한다.

자			

(2) 한국에서는 새해가 되면 어른들께 세배를 드리며 앞으로도 <u>병이나 사고 없이 건강하게 오래오래 사시길</u> 바란다고 말씀드린다.

	병		

(3) 부모님은 나에게 대중교통을 이용할 때 <u>연세가 많은 어른이 보이면 자리를 양보해야</u> 한다고 가르쳐 주셨다.

		유	

(4) 요즘 •의학계에서는 <u>늙지 않고 오래오래 살 수 있는</u> •의약품을 연구하고 있다.

			생

【3~6】 다음 사자성어를 활용해서 질문에 답해 보세요.(단, 문제 3~4는 4개의 사자성어를 1번씩만 사용해야 함.)
Answer the questions using the following four-character idioms. (For Questions 3 and 4, use each idiom only once.)

무병장수	불로장생	자자손손	장유유서

3 다음 빈칸에 가장 알맞은 사자성어를 넣어 문장을 완성해 보세요.
Fill in the blank with the most appropriate four-character idiom to complete the sentence.

(1) 영화 속 주인공은 ☐☐☐☐ 하는 인물로, 늘 사랑하는 사람을 먼저 떠나

보내는 고통을 겪어야 했다.

(2) 한국 사람들은 설날에 하얗고 가느다란 *가래떡으로 떡국을 해 먹는다. 긴 가래떡처럼 병

없이 오래 살라는 ☐☐☐☐ 을/를 기원하는 의미가 있기 때문이다.

(3) 과거 동양에서는 자손이 많아 대대로 집안이 끊이지 않고 ☐☐☐☐ 이어

지는 것을 큰 복으로 여겼다.

(4) 한국에서는 ☐☐☐☐ 을/를 *예의범절로 여긴다. 예를 들어 웃어른이

먼저 수저를 드신 후에 식사를 시작하는 것을 예의라고 생각한다.

4 다음 대화문을 읽고 빈칸에 가장 알맞은 사자성어를 써 보세요.
Read the following dialogues and fill in the blanks with the most appropriate four-character idioms.

(1) 가: 요즘 사람들은 잘 먹고 잘 사는 법에 대해 엄청 관심이 많은 것 같아요.

나: 그러게요. 100세 시대를 맞아 건강하게 ☐☐☐☐ 하기 위해 노력하는

것 같더라고요.

(2) 가: 한국에서 유학 생활을 하면서 당황한 적이 있어요?

나: 네. ☐☐☐☐ 의 전통이 있는 것을 몰라서 집주인 할아버지께 반말을

하고, 같이 식사할 때도 먼저 먹고, 여러 가지로 예의가 없는 행동을 했지 뭐예요. 나중에

알고 당황해서 죄송하다고 사과드렸어요.

(3) 가: 환경 문제가 갈수록 심각해져요. 잘 보전된 자연환경을 ☐☐☐☐

　　 물려줘야 할 텐데, 큰일이에요.

　 나: 맞아요. 우리 자식과 손자, 그 다음다음 세대들이 환경 •재앙 없이 살아가면 좋겠어요.

(4) 가: 이 책은 중국을 최초로 통일하고 진나라를 세운 진시황이 늙지도 않고 죽지도 않게 하는

　　 •약초인 •불로초를 구해 오라고 명령하는 이야기로 시작하고 있어요.

　 나: •흥미진진하겠네요. 사실 진시황은 늙지도 죽지도 않겠다던 ☐☐☐☐의

　　 꿈을 이루지 못하고 세상을 떠났는데, 그 책의 결말이 궁금하네요.

5 다음 글을 읽고 빈칸에 가장 알맞은 사자성어를 써 보세요.

Read the following passage and fill in the blank with the most appropriate four-character idiom.

> 　밤하늘에서 가장 밝은 별인 '시리우스' 다음으로 빛나는 별은 '카노푸스'로, 동양에서는 이 별을 사람의 •수명을 담당하는 별로 여겨 '노인성'이라고 불렀다. 이 별은 •남반구의 •별자리여서 •북반구에 위치한 한국에서는 평소 보기 어려운데, 가을부터 다음 해 봄까지 남쪽 •해안과 제주도에서 •관측할 수 있다. 노인성이 나타나는 것은 좋은 •징조로 여겨졌고, 이 별을 본 사람은 건강하게 오래오래 ☐☐☐☐ 한다는 이야기가 전해진다. 이 때문에 한국의 고려와 조선 시대에는 매년 가을 밤과 낮의 길이가 같아지는 날인 •추분에 국가와 왕의 •안위 및 백성들의 무탈과 장수를 기원하며 국가에서 '노인성제'라는 제사를 지내기도 했다.

- 가래떡 bar-shaped rice cake
- 약초 medicinal herb
- 수명 lifespan
- 북반구 northern hemisphere
- 징조 sign
- 예의범절 etiquette
- 불로초 elixir plant
- 남반구 southern hemisphere
- 해안 coast
- 추분 Autumnal Equinox
- 재앙 disaster
- 흥미진진하다 to be exciting
- 별자리 constellation
- 관측하다 to observe
- 안위 comfort

다음 글을 읽고 밑줄 친 부분과 관계있는 사자성어를 써 보세요.

Read the following passage and write the most appropriate four-character idiom related to the phrase underlined.

한국의 조상들은 <u>늙지 않고 오래오래 사는 삶을</u> 기원하는 마음으로, 이를 *상징하는 열 가지 *자연물인 '십장생(十長生)'을 소재로 한 많은 *예술품들을 제작했다. 이들 십장생으로는 '해·산·물·돌·구름·*소나무·불로초·*거북·*학·*사슴'을 꼽는데, 이 밖에도 *대나무와 복숭아가 소재로 쓰이기도 했다. *연초에 임금이 *신하들에게 십장생 그림을 새해 선물로 내렸다는 기록으로 보아, 이 그림들은 늙지 않고 오래 살기를 바라며 주로 *상류층 간에 오갔던 것으로 추측된다. 오늘날 십장생 그림은 *회화뿐만 아니라 도자기와 *목공예품 및 서울 경복궁 안의 한 *후원 *굴뚝 장식으로도 전해지고 있다.

27

거두절미　단도직입
언중유골　유구무언

◎ 다음 글을 읽고 떠오르는 여러분의 생각이나 느낌을 이야기해 보세요.
Read each sentence below and tell how you think or feel.

- *팀장은 *조직 내 잘못된 행동을 *대놓고 얘기하는 편이다.
- 입이 있어도 *할 말이 없다는 듯, 그는 전혀 *변명을 하지 않았다.
- *재치 넘치고 유머가 있는 대화가 오가는 동안 *진심이 전해졌다.

➡ 말하는 태도,

다음 사자성어들을 읽어 보세요.
Read the following four-character idioms.

거두절미 去頭截尾

뜻, 음	버릴 **거** to throw [geo]	머리 **두** head [du]	끊을 **절** to cut [jeol]	꼬리 **미** tail [mi]
한자	去	頭	截	尾
풀이	머리를 버리고 꼬리를 잘라 냄. Throwing the head and cutting the tail.			
활용	어떤 일에 대해서 앞과 뒤의 이야기를 빼고 중심 내용만 간단히 말하는 것을 의미한다. 주로 '거두절미하고'의 형태로 사용한다. It means one speaks straight to the point without the story's beginning and end.			

단도직입 單刀直入

뜻, 음	홑 **단** single [dan]	칼 **도** sword [do]	곧을 **직** to be straight [jik]	들 **입** to enter [ip]
한자	單	刀	直	入
풀이	칼 하나(한 자루)만 들고 곧장 쳐들어감. Entering or invading only with a sword.			
활용	쓸데없는 말은 하지 않고 곧장 중요한 말을 하는 것을 나타낸다. 주로 '단도직입적으로, 단도직입적인'의 형태로 사용한다. It means one speaks only the essential parts of the story without saying useless words.			

언중유골 言中有骨

뜻, 음	말씀 **언** word [eon]	가운데 **중** middle [jung]	있을 **유** to be [yu]	뼈 **골** bone [gol]
한자	言	中	有	骨
풀이	말 속에 뼈가 있음. There is a bone in someone's speech.			
활용	겉으로는 부드러운 말이지만 날카롭고 비판적인 속뜻이 들어 있음을 의미한다. It means the words sound nice but have a sharp or sarcastic meaning.			

유구무언 有口無言

뜻, 음	있을 **유** to be [yu]	입 **구** mouth [gu]	없을 **무** to not be [mu]	말씀 **언** word [eon]
한자	有	口	無	言
풀이	입이 있어도 할 말이 없음. There is a mouth, but there are no words.			
활용	잘못이 분명해서 변명할 말이 없거나 변명하지 못하는 상황을 나타낸다. It is used when someone does not talk because either they made a mistake or there is no excuse.			

앞에서 학습한 내용을 바탕으로 다음 질문에 답해 보세요.
Answer the following questions based on what you learned on the previous page.

1 다음 사자성어와 가장 알맞은 설명을 연결해 보세요.
Match the following four-character idioms with the most appropriate descriptions.

(1) 거두절미 •　　　　　　　• ㉠ *쓸데없는 말을 하지 않고 곧장 중요한 점을 말함.

(2) 단도직입 •　　　　　　　• ㉡ 앞뒤 이야기를 빼고 중심 내용만 간단히 말함.

(3) 언중유골 •　　　　　　　• ㉢ 말 속에 *날카롭고 비판적인 *속뜻이 있음.

(4) 유구무언 •　　　　　　　• ㉣ 잘못이 분명해서 변명할 말이 없음.

2 다음 밑줄 친 상황에 가장 잘 어울리는 사자성어를 써 보세요.
Write the most appropriate four-character idiom that describes the situation underlined below.

(1) 그는 발표 시간이 부족해서 <u>앞뒤 내용을 *생략한 채 짧고 간단하게 말했다.</u>

거 □ □ □

(2) <u>내 실수로 우리 팀이 축구 경기에서 졌기 때문에 아무 말도 할 수 없었다.</u>

□ 구 □ □

(3) 선생님은 공부는 하지 않고 동아리 활동에만 열심인 나에게 "요즘 학교생활이 재미있나 보구나." 하고 <u>*의미 심장한 말씀을 하셨다.</u>

□ □ 유 □

(4) 여러분, *비상 상황이므로 <u>바로 *본론만 말씀드리겠습니다.</u> 앞줄부터 질서 있게 *대피해 주시기 바랍니다!

□ □ □ 입

Vocabulary

- 팀장 team leader
- 할 말이 없다는 듯 as if someone has nothing to say
- 진심 true heart; sincerity
- 속뜻 real meaning
- 비상 상황 emergency situation

- 조직 organization
- 변명 excuse
- 쓸데없다 to be useless
- 생략한 채 whilst omitting
- 본론 main point

- 대놓고 explicitly
- 재치 quick wit
- 날카롭다 to be sharp
- 의미심장하다 to be meaningful
- 대피하다 to evacuate

【3~6】 다음 사자성어를 활용해서 질문에 답해 보세요.(단, 문제 3~4는 4개의 사자성어를 1번씩만 사용해야 함.)
Answer the questions using the following four-character idioms. (For Questions 3 and 4, use each idiom only once.)

거두절미　　　　단도직입　　　　언중유골　　　　유구무언

3 다음 빈칸에 가장 알맞은 사자성어를 넣어 문장을 완성해 보세요.
Fill in the blank with the most appropriate four-character idiom to complete the sentence.

(1) *풍자 문학은 현실의 *모순이나 *불합리를 *비꼬아 *폭로하기 때문에, *언뜻 보기에는 모르지만 다시 생각해 보면 □□□□ 인 표현을 많이 찾아볼 수 있다.

(2) 그 사람은 성격이 급해서 항상 □□□□ 하고 말하기 때문에, 자세한 앞뒤 상황을 이해하기 어렵다.

(3) 자꾸만 돌려서 말하는 친구에게 할 말이 있으면 □□□□ 적으로 말해도 괜찮다고 얘기했다.

(4) 어머니는 동생의 잘못을 심하게 야단치셨지만 동생은 □□□□ 인 듯이 땅만 바라보고 있었다.

4 다음 대화문을 읽고 빈칸에 가장 알맞은 사자성어를 써 보세요.
Read the following dialogues and fill in the blanks with the most appropriate four-character idioms.

(1) 가: 떠날 날만 *손꼽아 기다리는 아이에게 이번 여행이 취소되었다는 말을 어떻게 전할지….

　　나: *저런, 말을 꺼내기가 조심스럽겠네요. 하지만 나쁜 소식을 전할 때는 여러 말 할 것 없이 □□□□ 적으로 이야기하는 게 나을 수 있어요.

(2) 가: 매니저님, 제가 이 호텔에 처음 왔는데 직원분이 아무 설명도 없이 *객실 호수만 알려 주시니 너무 당황스럽네요.

　　나: 죄송합니다, 손님. □□□□ 하고 저희가 직원 교육이 부족했습니다. 호텔 시설과 이용 방법 등은 제가 자세히 안내해 드리겠습니다.

(3) 가: 거래처 미팅에서 무슨 일이 있었나요? 왜 우리 회사와 거래를 안 하겠다고 할까요?

　　나: 죄송합니다, 대표님. ☐☐☐☐(이)라고, 드릴 말씀이 없습니다.

(4) 가: *법학과 김 교수님 아세요? 오늘 첫 수업을 들었는데 강의도 재미있게 하시고 친절하게

　　　대해 주셔서 정말 좋았어요.

　　나: 네. 그 교수님은 정말 좋은 분이시죠. 그런데 ☐☐☐☐인 농담도 자주

　　　하시니까 교수님 말씀의 속뜻을 잘 생각해 봐야 해요.

5 다음 글을 읽고 빈칸에 가장 알맞은 사자성어를 써 보세요.

Read the following passage and fill in the blank with the most appropriate four-character idiom.

바다를 *다스리는 *용왕의 병을 고치기 위해서는 육지 동물인 토끼의 *간이 필요했다. 토끼의 간을 구하기 위해 육지로 올라간 용왕의 신하인 거북이는 마침내 토끼를 찾아내, 바닷속 *용궁을 구경시켜 주겠다는 말로 그를 속여 용궁으로 토끼를 데리고 왔다. 그런데 토끼가 용궁에 도착하자마자 용왕은 토끼를 죽여 간을 가지려고 했고, 즐거운 마음으로 용궁에 온 토끼는 간을 잃을 *위기에 처하고 말았다. 이때 토끼는 *꾀를 내어, "제 간을 *욕심내는 자들이 많아서 육지에 숨겨 놓았습니다. 간이 필요하다고 했으면 갖고 왔을 텐데, 거북이가 ☐☐☐☐적으로 말하지 않고 용궁을 구경시켜 준다는 등 쓸데없는 말만 하는 바람에 제 간을 챙겨 오지 못했습니다." 라고 말했다. 용왕의 명령으로 토끼는 거북이와 간을 찾으러 다시 육지로 돌아가 자신의 말을 믿은 거북이와 용왕을 *비웃고 간을 줄 수 없다며 냉큼 도망가 버렸다.

- 풍자 문학 satire literature
- 비꼬다 to give a sarcastic remark
- 손꼽아 기다리다 to await eagerly
- 법학과 department of law
- 간 liver
- 꾀 wit; idea
- 모순 contradiction
- 폭로하다 to reveal
- 저런 oh, no
- 다스리다 to govern; to rule
- 용궁 underwater palace
- 욕심내다 to be greedy
- 불합리 absurdity; ridiculousness
- 언뜻 in an instant
- 객실 호수 room number
- 용왕 the Dragon King (of the Sea)
- 위기에 처하다 to be in a crisis
- 비웃다 to laugh; to ridicule

6 다음 글을 읽고 밑줄 친 부분과 관계있는 사자성어를 써 보세요.
Read the following passage and write the most appropriate four-character idiom related to the phrase underlined.

"•호의가 계속되면 그게 권리인 줄 알아."

이는 한국 영화에 나오는 유명한 대사로, 말 속에 담긴 뜻이 결코 가볍지 않다. 여기서 '호의'란 친절한 •마음씨 혹은 어떤 •대상을 좋게 생각하는 마음을 뜻한다. 우리는 종종 다른 이들과 행동이나 말을 통해 마음을 주고받는데, 친절을 •베풀면 보통 상대방은 고마움을 느껴 친절에 •화답하곤 한다. 하지만 가끔은 계속되는 호의에 •고마워하기는 커녕 오히려 당연하다고 생각하는 사람들도 있다. •인간관계에서 당연한 것은 없는데도 말이다. 영화 속 이 대사는 평범한 말이지만 그러한 사람들에게 •따끔한 일침을 가하며 지금도 널리 사용되고 있다.

<table>
<tr><td> </td><td> </td><td> </td><td> </td></tr>
</table>

감언이설 반신반의
유언비어 침소봉대

◎ 다음 글을 읽고 떠오르는 여러분의 생각이나 느낌을 이야기해 보세요.

Read each sentence below and tell how you think or feel.

- 이번 *전염병의 *백신 부작용에 대한 근거 없는 소문이 많다.
- 하와이에 가면 *금덩이를 가져올 수 있다는 소문이 널리 퍼졌다.
- 그 약만 먹으면 30일 안에 20kg을 뺄 수 있다는 *달콤한 유혹에 넘어갔다.

➡ 터무니없다,

감언이설 甘言利說

뜻, 음	달 **감** to be sweet [gam]	말씀 **언** word [eon]	이로울 **이** (리) to be beneficial [i]	이야기 **설** story [seol]
한자	甘	言	利	說
풀이	달콤한 말이나 이로운 것처럼 꾸민 이야기. Sweet words or stories disguised as beneficial.			
활용	듣기 좋은 그럴듯한 말이나, 이로운 조건을 내세워 남을 속이는 말을 나타낸다. It means a plausible word that sounds good to hear or deceives others for profit.			

반신반의 半信半疑

뜻, 음	반 **반** half [ban]	믿을 **신** to believe [sin]	반 **반** half [ban]	의심할 **의** to doubt [ui]
한자	半	信	半	疑
풀이	반만 믿고 반은 믿지 못함. Believing half and not believing the other half.			
활용	어떤 말이나 상황을 어느 정도 믿기는 하지만, 확실히 믿지 못하고 의심하는 상태를 표현한다. It expresses a state of believing something to some extent but certainly not believing and doubting it.			

유언비어 流言蜚語

뜻, 음	흘러갈 **유** (류) to flow [yu]	말씀 **언** word [eon]	날아다닐 **비** to fly [bi]	말씀 **어** word [eo]
한자	流	言	蜚	語
풀이	흘러가는 말과 날아다니는 말. Flowing words and flying words.			
활용	아무 근거 없이 여기저기 퍼진 소문으로, 주로 안 좋은 목적으로 일부러 낸 소문을 의미한다. It refers to a rumor that has been spread, mainly for an evil purpose without any basis.			

침소봉대 針小棒大

뜻, 음	바늘 **침** needle [chim]	작을 **소** to be small [so]	몽둥이 **봉** stick [bong]	큰 **대** to be big [dae]
한자	針	小	棒	大
풀이	바늘처럼 작은 것을 몽둥이처럼 크다고 함. Saying that a needle is a bat; exaggeration; overstatement.			
활용	작은 일을 크게 과장해서 말하는 모습을 비유적으로 표현한다. It metaphorically expresses that one says small things with great exaggeration.			

앞에서 학습한 내용을 바탕으로 다음 질문에 답해 보세요.
Answer the following questions based on what you learned on the previous page.

1 다음 사자성어에 대한 설명 중 옳은 것은 ○, 옳지 <u>않은</u> 것은 ✕ 표시해 보세요.
Read each description about four-character idioms and write ○ if correct and ✕ if incorrect.

(1) 감언이설: 듣기 좋은 *그럴듯한 말.   (   )

(2) 반신반의: 어느 정도 믿기는 하지만 완전히 믿지는 못함.   (   )

(3) 유언비어: 아무 근거 없이 여기저기 퍼진 소문.   (   )

(4) 침소봉대: 잘못이 분명해서 변명할 말이 없음.   (   )

잠깐 위의 사자성어에 대한 설명으로 옳지 <u>않은</u> 것이 있으면 올바르게 고쳐 써 보세요.
Read the above descriptions again and rewrite the incorrect descriptions if there are any.

2 다음 밑줄 친 상황에 가장 잘 어울리는 사자성어를 써 보세요.
Write the most appropriate four-character idiom that describes the situation underlined below.

(1) 투자한 돈의 3배를 돌려주겠다는 그의 <u>달콤한 말</u>에 모두가 속았다.

감 □ □ □

(2) 내가 결혼한다는 소문이 사실이 아닌데도 <u>사실인 것처럼 여기저기 퍼지고 있었다.</u>

□ 언 □ □

(3) 삼촌이 하신 말씀이 정말 같기도 하고 거짓말 같기도 해서 <u>믿어야 할지 말아야 할지 진짜 모르겠다.</u>

□ □ 반 □

(4) 어제 동생이 호랑이만큼 큰 개한테 물렸다고 *<u>난리를 피웠는데, 알고 보니 작은 강아지한테 살짝 긁힌 거였다.</u>

□ □ □ 대

【3~6】 다음 사자성어를 활용해서 질문에 답해 보세요.(단, 문제 3~4는 4개의 사자성어를 1번씩만 사용해야 함.)
Answer the questions using the following four-character idioms.(For Questions 3 and 4, use each idiom only once.)

감언이설	반신반의	유언비어	침소봉대

3 다음 빈칸에 가장 알맞은 사자성어를 넣어 문장을 완성해 보세요.
Fill in the blank with the most appropriate four-character idiom to complete the sentence.

(1) 경찰은 온라인에 퍼지는 연예인에 대한 *악의적인 [ ][ ][ ][ ]의 *단속을

*강화하고 있다.

(2) 자신의 *업적을 지나치게 [ ][ ][ ][ ]해서 말하는 사람은 다른 사람들의

존경을 받기 어렵다.

(3) 나는 축구 선수가 되면 큰돈을 벌 수 있다는 감독님의 [ ][ ][ ][ ]에 속

아서 축구를 시작하게 되었다.

(4) 선생님은 이번 시험이 쉬울 거라고 하셨지만, 지금까지 시험이 매번 어려웠기 때문에 학생

들은 선생님의 말씀을 [ ][ ][ ][ ]했다.

4 다음 대화문을 읽고 빈칸에 가장 알맞은 사자성어를 써 보세요.
Read the following dialogues and fill in the blanks with the most appropriate four-character idioms.

(1) 가: 최근에 한국 젊은이들이 *주식 투자에 관심이 많던데 네 생각은 어떠니?

나: 글쎄요. 저는 주식 투자에 대해서는 아직도 [ ][ ][ ][ ]하고 있어요.

*주가가 오르면 좋겠지만 그렇지 않을 때도 있으니까 *투자처로 완전히 믿기는 어려워서요.

(2) 가: 피아노 배우기 싫다고 하던 아이가 어떻게 그렇게 피아노를 잘 치게 되었어요? 얼마 전

까지만 해도 그만두고 싶다고 했다면서요?

나: 그랬죠. 그래서 제가 아이에게 피아노를 계속 배우면 새로운 게임기를 사주겠다고

[ ][ ][ ][ ](으)로 *설득했더니 열심히 하더라고요.

(3) 가: 김 대리가 새로 오신 팀장님이 호랑이처럼 무섭다고 하지 않았어? 난 아무리 봐도 좋으신

　　 분 같던데….

　 나: 그 말을 믿었어? 김 대리가 원래 ☐☐☐☐ 이/가 심한 편이잖아. 보

　　 고서 준비가 부족해서 한마디 들은 거 갖고 그러는 거야.

(4) 가: 개 •구충제가 •암 환자들한테 효과적이라는 소문이 있어요.

　 나: 에이, 그 소문은 과학적으로 증명되지 않은 •터무니없는 ☐☐☐☐

　　 같아요.

5 다음 글을 읽고 빈칸에 가장 알맞은 사자성어를 써 보세요.

Read the following passage and fill in the blank with the most appropriate four-character idiom.

〈서동요〉는 한국의 •고려 시대 때 일연(一然)이 지은 《삼국유사》에 수록된 '서동 설화'
와 함께 전해지는 작품이다. 이는 고려 이전 삼국 시대의 나라들 중 하나인 백제의 '서
동(무왕의 어릴 때 이름)'이 삼국의 또 다른 나라인 신라 '진평왕'의 셋째 딸 '선화' 공주
를 아내로 맞기 위해 만든 노래라고 한다. 서동 설화에 따르면, 서동은 선화 공주가 예쁘
고 똑똑하다는 소문을 듣고 공주에게 관심을 갖게 되어 신라로 가서 아이들에게 "선화
공주님은 밤마다 서동을 안고 간다."는 내용의 '서동요'를 부르게 했다. 마침내 선화 공주
가 밤마다 서동이라는 •사내와 사랑을 나눈다는 ☐☐☐☐ 이/가 신
라 곳곳에 퍼졌고, 진평왕은 •정숙하지 못하다는 이유로 공주를 •쫓아냈다. 이후 서동은
선화 공주를 백제로 데려와 아내로 맞이했다고 한다.

6 다음 기사문을 읽고 알맞은 사자성어를 사용해서 제목을 완성해 보세요.
Read the following article and complete its title using the appropriate four-character idiom.

선거 때마다 •남발하는 ☐ ☐ ☐ ☐ 에 속지 말자!

입력 2000.00.00.

　지난 선거 이후 •당선자들의 활동에 크게 실망했다는 •여론이 거셌다. •후보자들의 듣기 좋은 •공약만 믿고 투표했다가 크게 •낙담했다는 시민들의 의견이 많았던 까닭이다. 이 때문에 시민들이 정말 믿을 수 있고 모범이 되는 후보자를 뽑으려면 어떻게 해야 하는지에 대한 논의가 확산되고 있다. 그리하여 이번 선거에서는 후보자들의 능력을 제대로 평가하고 •허튼 약속을 남발하지 않도록 그들의 공약을 •검증하는 국민 참여 •토론회를 개최하는 등 다양한 시도가 이어지고 있다.

Vocabulary

- 남발하다 to overissue
- 후보자 candidate
- 허튼 약속 hollow promise
- 당선자 elected person
- 공약 pledge
- 검증하다 to validate; to verify
- 여론이 거세다 public opinion is fervent
- 낙담하다 to be disappointed
- 토론회 debate; forum

Answer

1. (1) ○ (2) ○ (3) ○ (4) × 정답 (4) 침소봉대: 작은 일을 크게 과장해서 말함.　2. (1) 감언이설 (2) 유언비어 (3) 반신반의 (4) 침소봉대
3. (1) 유언비어 (2) 침소봉대 (3) 감언이설 (4) 반신반의　4. (1) 반신반의 (2) 감언이설 (3) 침소봉대 (4) 유언비어　5. 유언비어　6. 감언이설

29

야단법석　중구난방
중언부언　횡설수설

◎ 다음 글을 읽고 떠오르는 여러분의 생각이나 느낌을 이야기해 보세요.
Read each sentence below and tell how you think or feel.

○ 여러 사람이 함께 *말하는 통에 무슨 말인지 하나도 못 알아들었다.

○ 이 글은 앞에서 주장하는 내용과 뒤에서 주장하는 내용이 상당히 다르다.

○ 그는 너무 긴장해서 발표하는 동안 이 말을 했다가 저 말을 했다가 *오락가락했다.

➡ 정신이 없다,

다음 사자성어들을 읽어 보세요.
Read the following four-character idioms.

야단법석 / 惹端법석

뜻, 음	이끌 **야** to lead [ya]	실마리 **단** clue [dan]	'소란스럽게 떠드는 모양'을 나타내는 고유어.	**법석** [beop seok]
한자	惹	端		–
풀이	서로 시비의 실마리를 이끌어 내려고(서로 옳고 그름을 가리려고) 시끌벅적함. Clamoring in an attempt to extract clues of each other's right and wrong.			
활용	(서로 옳고 그름을 가리며) 시끌벅적하게 떠드는 장면, 혹은 많은 사람들이 모여들어 시끄럽고 정신없는 상태를 가리킨다. It refers to a situation where people argue about right and wrong or gather, creating a noisy and chaotic atmosphere.			

중구난방 / 衆口難防

뜻, 음	무리 **중** group [jung]	입 **구** mouth [gu]	어려울 **난** to be difficult [nan]	막을 **방** to block [bang]
한자	衆	口	難	防
풀이	무리(여러 사람)의 입을 막기가 어려움. It is hard to stop everyone talking.			
활용	여러 사람이 시끄럽게 마구 떠드는 상황, 혹은 여러 사람의 의견을 하나로 모으기 어려운 상황에서 사용한다. It is used when many people are talking loudly or when it is difficult to unite opinions.			

중언부언 / 重言復言

뜻, 음	거듭 **중** repeatedly [jung]	말씀 **언** word [eon]	다시 **부** again [bu]	말씀 **언** word [eon]
한자	重	言	復	言
풀이	(같은) 말을 거듭하고 자꾸 되풀이함. Repeating the same words over and over again.			
활용	이미 한 말을 쓸데없이 자꾸 반복해서 이야기의 핵심이 무엇인지 모를 때 사용한다. It is used when one uselessly says the same thing repeatedly without knowing the point.			

횡설수설 / 橫說竪說

뜻, 음	가로 **횡** horizontal [hoeng]	말씀 **설** word [seol]	세로 **수** vertical [su]	말씀 **설** word [seol]
한자	橫	說	竪	說
풀이	(말의 핵심과 관련 없는) 주변적인 이야기를 하다가 (말의 흐름과 상관없는) 앞뒤의 이야기를 가져다 말하는 것. Speaking horizontally and vertically without coherence.			
활용	조리가 없이(앞뒤 내용이 맞지 않게) 정신없이 떠드는 말을 표현한다. It refers to distracting words that one speaks illogically or incoherently.			

앞에서 학습한 내용을 바탕으로 다음 질문에 답해 보세요.
Answer the following questions based on what you learned on the previous page.

1 다음 사자성어와 가장 알맞은 설명을 연결해 보세요.
Match the following four-character idioms with the most appropriate descriptions.

(1) 야단법석 •　　　　　　　　• ㉠ 앞뒤가 맞지 않아 내용을 알 수 없게 말함.

(2) 중구난방 •　　　　　　　　• ㉡ 이미 한 말을 *쓸데없이 자꾸 반복함.

(3) 중언부언 •　　　　　　　　• ㉢ 여러 사람이 시끄럽게 *마구 떠들어서 의견을 모으기
　　　　　　　　　　　　　　　　어려움.

(4) 횡설수설 •　　　　　　　　• ㉣ 시끄럽고 정신없는 상태.

2 다음 밑줄 친 상황에 가장 잘 어울리는 사자성어를 써 보세요.
Write the most appropriate four-character idiom that describes the situation underlined below.

(1) 모임 장소를 정할 때 여러 사람들이 각자 원하는 장소만
말해서 의견을 모으기 어려웠다.

　　　　　　中 ☐ ☐ ☐

(2) 긴장한 나머지 *면접관들 앞에서 *조리 없고 정신없이
대답하는 바람에 면접시험에서 떨어졌다.

　　　　　　☐ 설 ☐ ☐

(3) 백화점 세일 첫날 원하는 물건을 먼저 사기 위해 많은
사람들이 여기저기 뛰어다니는 통에 매장이 *떠들썩
했다.

　　　　　　☐ ☐ 법 ☐

(4) 상대방을 설득해야 함에도, 그 사람은 다른 논리나
*증거를 제시하지 못하고 계속 같은 말만 반복했다.

　　　　　　☐ ☐ ☐ 언

> 야단법석　　　　중구난방　　　　중언부언　　　　횡설수설

3 다음 빈칸에 가장 알맞은 사자성어를 넣어 문장을 완성해 보세요.
Fill in the blank with the most appropriate four-character idiom to complete the sentence.

(1) 지난번 경기가 끝난 후 지도자를 잃은 그 축구팀은 다음 경기를 위한 *전략 회의에서 여러

　　명의 선수가 한꺼번에 □□□□ (으)로 대책을 내놓는 통에 의견을 하나로

　　모으지 못했다.

(2) 우리 가족은 다른 나라로 이민을 떠난 오빠가 오랜만에 귀국한다는 소식에 이것저것 준비

　　하느라 □□□□ 이었/였다.

(3) 교통사고가 나서 너무 놀라는 바람에 경찰에게 사고의 앞뒤 상황을 제대로 설명하지 못한

　　채 □□□□ 했다.

(4) *연설자가 똑같은 말을 자꾸만 □□□□ 하는 통에 *청중이 너무 지루

　　해했다.

4 다음 대화문을 읽고 빈칸에 가장 알맞은 사자성어를 써 보세요.
Read the following dialogues and fill in the blanks with the most appropriate four-character idioms.

(1) 가: 이번 *여우 주연상 수상을 축하드립니다! *수상 소감이 무척 감동적이었어요.

　　나: 감사합니다. 사실 수상 소감을 말할 때 너무 떨려서 하고 싶은 말을 제대로 전달하지 못

　　하고 한참 동안 □□□□ 한 것 같아 걱정했어요.

(2) 가: 오늘 회의는 어땠어요?

　　나: 말도 마세요. 이 사람 저 사람이 □□□□ (으)로 떠들어서 *시끌벅적

　　하기만 하고 결론은 내지도 못한 채 끝났지 뭐예요.

(3) 가: 지금 공항이 왜 이렇게 [ ][ ][ ][ ] 인지 아세요?

　　나: 방금 유명한 배우가 해외 촬영을 마치고 입국했거든요. 그 배우를 보려고 팬들이 몰려

　　　　와서 *소란스러운가 봐요.

(4) 가: 김 선생님, 아까 수업 시간이 끝나고 학생하고 오래 이야기하던데 무슨 일이 있었어요?

　　나: 아, 그 학생이 말도 없이 수업 중에 자꾸 *들락거려서 왜 그랬는지 물어봤는데, 했던 말을

　　　　계속해서 [ ][ ][ ][ ] 하더라고요. 그러다 보니 좀 오래 이야기했네요.

5 다음 글을 읽고 빈칸에 가장 알맞은 사자성어를 써 보세요.

Read the following passage and fill in the blank with the most appropriate four-character idiom.

> 한국에서 '*설날'은 *음력 1월 1일로, 한 해가 시작되는 첫 달의 첫날이어서 중요한 명
> 절 중 하나이다. 한국인들은 설날에 새해를 맞아 1년 내내 가족들이 아무 문제없기를 빌
> 고 조상들에게 인사를 드린다. 또 설날을 *즈음해서 고향집으로 이동하거나 가까운 *친
> 지의 집에 모여 함께 식사를 나누기 때문에 손님을 맞을 집에서는 음식을 준비하고 집을
> 청소하는 등 [ ][ ][ ][ ] 인 *장면이 연출된다. 그런데 최근에는 *교통
> 체증을 피해 고향에 계시는 부모님이 자식이 사는 곳으로 찾아가시거나 가족끼리 여행
> 을 즐기는 등 설날 문화가 조금씩 변화하고 있다.

다음 글을 읽고 밑줄 친 단어를 문맥에 가장 알맞은 사자성어로 고쳐 써 보세요.

Read the following passage and rewrite the underlined word using the most contextually appropriate four-character idiom.

미국의 제16대 대통령인 에이브러햄 링컨(Abraham Lincoln)은 인류애를 실천한 *정치가이자 *명연설가로 알려져 있다. 그는 정치가로 활동하며 *노예 제도를 '*악의 제도'로 비판하고, 이를 둘러싸고 대립하던 미국인들에게 *단결을 호소했다. 링컨이 대통령이 된 후 미국 내에서 남북 전쟁이 터졌으나, 그는 1863년 1월 1일 *노예 해방 선언문을 *공표하며 노예 해방의 의지를 꺾지 않았다. 그해 7월 치열했던 펜실베이니아주의 게티즈버그 전투에서 남·북군 할 것 없이 많은 *사상자가 생겨났다. 그리고 같은 해 11월 게티즈버그 *국립묘지 *건립 기념식을 방문한 링컨은 국민들을 위로하며 "국민의, 국민에 의한, 국민을 위한 정부가 이 땅에서 *소멸하지 않게 할 것"이라는 명연설을 남겼다. 당시에는 *수사법을 구사하는 *장황한 연설을 많이 선호했다. 그러나 링컨은 쓸데없는 말을 여러 번 반복하며 대성통곡하지 않고 *짤막한 문구로 민주주의 정신을 *간결하고 명확하게 전달함으로써 오늘날까지 명연설가로 꼽히고 있다.

→ ☐☐☐☐ 하지

30

노발대발　독불장군
막무가내　좌지우지

- 그는 내 의견은 묻지 않고 항상 자기가 하고 싶은 대로 한다.
- 우리 반 반장은 청소 구역 *당번을 자기 마음대로 정해서 알려 준다.
- 그 감독은 누구와도 의논하지 않고 자신의 방법대로 선수들을 훈련시킨다.

➡ 제멋대로이다,

다음 샤자성어들을 읽어 보세요.
Read the following four-character idioms.

노발대발 怒發大發

뜻, 음	성낼 **노** (로) to get angry [no]	드러낼 **발** to reveal [bal]	큰 **대** to be big [dae]	드러낼 **발** to reveal [bal]
한자	怒	發	大	發
풀이	몹시 심하게 화를 냄. Revealing one's big rage; getting angry severely.			
활용	화를 내고 또 화를 낸다는 뜻으로, 화가 매우 심하게 난 사람의 모습을 표현한다. It is used to describe someone who is very angry.			

독불장군 獨不將軍

뜻, 음	홀로 **독** alone [dok]	아닐 **불** not [bul]	장수 **장** general [jang]	군사 **군** army [gun]
한자	獨	不	將	軍
풀이	자신 외에는 장군이 될 수 없음. A person who thinks nobody can be a general except oneself; lone wolf.			
활용	모든 일에서 남의 의견을 무시하고 자기 마음대로 결정하고 행동하는 사람을 나타낸다. It refers to a person who ignores other people's opinions and decides and acts at one's own will.			

막무가내 莫無可奈

뜻, 음	없을 **막** to not be [mak]	없을 **무** to not be [mu]	가히 **가** truly [ga]	대처할 **내** to deal with [nae]
한자	莫	無	可	奈
풀이	도저히(가히) 어떻게 (대처)할 수 없음. There is nothing that we can do about it.			
활용	고집이 너무 세서 남의 말을 듣지 않고 한번 어찌 정한 대로만 하려는 태도를 나타낸다. It refers to a stubborn attitude that one never listens to others and behaves only according to already-made decisions.			

좌지우지 左之右之

뜻, 음	왼쪽 **좌** left [jwa]	어조사(語助辭) **지** to [ji]	오른쪽 **우** right [u]	어조사(語助辭) **지** to [ji]
한자	左	之	右	之
풀이	왼쪽으로 했다가 오른쪽으로 함. Going to the left or to the right.			
활용	이리저리 제 마음대로 함을 가리키는 말이다. It is used when someone decides or handles a situation as one pleases.			

1 다음 사자성어에 대한 설명 중 옳은 것은 ○, 옳지 <u>않은</u> 것은 ✕ 표시해 보세요.
Read each description about four-character idioms and write ○ if correct and ✕ if incorrect.

(1) 노발대발: 크게 화를 냄. ( )

(2) 독불장군: 남의 의견을 무시하고 자기 마음대로 행동하는 사람. ( )

(3) 막무가내: °고집이 세서 남의 말을 듣지 않아 어쩔 수 없음. ( )

(4) 좌지우지: 곤란하거나 불행한 일이 계속해서 일어남. ( )

> **잠깐** 위의 사자성어에 대한 설명으로 옳지 <u>않은</u> 것이 있으면 올바르게 고쳐 써 보세요.
> Read the above descriptions again and rewrite the incorrect descriptions if there are any.

2 다음 밑줄 친 상황에 가장 잘 어울리는 사자성어를 써 보세요.
Write the most appropriate four-character idiom that describes the situation underlined below.

(1) 그 팀장은 <u>팀원들의 말을 듣지 않고 자신의 의견대로만 일을 진행하는 사람</u>이어서 팀원들 사이에서 별로 인기가 없다.

| 독 | | | |

(2) 내 동생은 원하는 것을 하지 못하면 °울고불고 난리를 피우는, °어찌할 수 없는 °고집불통이다.

| | 무 | | |

(3) 친구들과 놀다가 자정이 넘어서야 집에 들어갔더니 아버지가 아주 <u>심하게 화를 내면서</u> 야단을 치셨다.

| | | 대 | |

(4) 그 드라마는 아들의 삶을 자신들의 인생처럼 <u>마음대로 하려는</u> 부모와 자식 간의 °갈등을 그렸다.

| | | | 지 |

【3~6】 다음 사자성어를 활용해서 질문에 답해 보세요.(단, 문제 3~4는 4개의 사자성어를 1번씩만 사용해야 함.)
Answer the questions using the following four-character idioms. (For Questions 3 and 4, use each idiom only once.)

| 노발대발 | 독불장군 | 막무가내 | 좌지우지 |

3 다음 빈칸에 가장 알맞은 사자성어를 넣어 문장을 완성해 보세요.
Fill in the blank with the most appropriate four-character idiom to complete the sentence.

(1) 아이가 케이크를 사 달라며 ☐☐☐☐(으)로 *떼쓰고 있다.

(2) 큰 부자가 되어 고향으로 돌아온 그는 집안의 큰일들을 마음대로 ☐☐☐☐

해서 친지들의 *원성을 샀다.

(3) 신입 사원의 실수로 중요한 자료가 컴퓨터에서 지워지는 바람에 팀원들은 모두 *공황 상태에

빠졌고 팀장님은 ☐☐☐☐ 하셨다.

(4) 학생회장이라고 해서 다른 학생들의 의견을 무시하고 ☐☐☐☐ 처럼 행

동하면 안 된다.

4 다음 대화문을 읽고 빈칸에 가장 알맞은 사자성어를 써 보세요.
Read the following dialogues and fill in the blanks with the most appropriate four-character idioms.

(1) 가: 의사 말을 듣지 않고 당장 퇴원하겠다며 ☐☐☐☐(으)로 고집을 부

리는 환자 때문에 어떻게 해야 할지 모르겠어요.

　나: 교통사고로 큰 수술을 했다는 환자 말이죠? 한동안 병원에서 상태를 지켜보면 좋을 텐데

　*난감하겠네요.

(2) 가: 요즘 준호 씨가 혼자 다니네요. 친구들과 무슨 일이 있었나요?

　나: 아, 그게…. 준호 씨가 친구들 의견을 잘 듣지 않고 무슨 일이든 자기 마음대로만 하는

☐☐☐☐ 같은 성격이었대요. 그런데 이제 준호 씨가 달라지려고 노

력하고 있으니 괜찮아질 거예요.

(3) 가: 이번 화장품 모델이 아주 유명한 *인플루언서라면서요?

　　나: 맞아요. *SNS에서 활동하면서 화장품 시장을 [　][　][　][　] 하는 사람이

　　　래요.

(4) 가: 할아버지가 [　][　][　][　] 하셔서 많이 놀랐지?

　　나: 네. 하지만 제가 잘못했으니까 생각해 보면 할아버지가 화내신 것도 당연해요.

5 다음 글을 읽고 빈칸에 가장 알맞은 사자성어를 써 보세요.

Read the following passage and fill in the blank with the most appropriate four-character idiom.

　　옛날에 '흥부'와 '놀부'라는 형제가 살았다. 동생 흥부는 아주 착했지만, 형 놀부는 자기밖에 모르는 욕심쟁이였다. 아버지가 돌아가시자마자 놀부는 함께 지내게 해 달라는 흥부의 말은 *들은 척도 하지 않고 동생 가족을 [　][　][　][　](으)로 쫓아냈다. 어느 날 가난하게 살던 흥부는 다리가 부러진 *제비를 발견하고 *정성스럽게 치료해 줬다. 가을이 되자 건강을 되찾은 제비는 따뜻한 곳으로 날아갔고, 다음 해 봄에 *박씨를 *물고 와서 흥부의 집에 떨어뜨렸다. 흥부는 그 박씨를 땅에 심고 키웠는데, 엄청난 보물을 품은 *박이 열렸다. 이 소식을 들은 놀부는 보물을 얻기 위해 멀쩡한 제비를 잡아 일부러 다리를 *부러뜨린 후 치료해 줬다. 그 제비도 남쪽으로 떠났다가 다음 해 박씨를 물고 왔다. 그러나 그 박씨에서 열린 박에서는 아주 *사나운 *도깨비가 나타나 놀부의 모든 재산을 빼앗아 갔다.

Vocabulary

- 떼쓰다 to badger; to insist
- 난감하다 to be at a loss
- 들은 척하다 to pretend to listen
- 박씨 gourd seed
- 부러뜨리다 to break
- 원성을 사다 to cause an outrage
- 인플루언서 influencer
- 제비 swallow
- 물고 오다 to bring in one's mouth
- 사납다 to be violent; to be fierce
- 공황 panic
- SNS Social Network Service
- 정성스럽게 attentively
- 박 gourd
- 도깨비 goblin

다음 글을 읽고 밑줄 친 단어를 문맥에 가장 알맞은 사자성어로 고쳐 써 보세요.
Read the following passage and rewrite the underlined word using the most contextually appropriate four-character idiom.

혼자서는 하기 힘든 일도 함께하면 극복할 수 있다. 특히 *지진이나 *화산 폭발 등 *천재지변을 겪은 사회에서는 이와 같은 협력이 큰 힘을 *발휘하곤 한다. 이럴 때 사람들의 마음을 합해 한 방향으로 이끌고 좀 더 효율적인 방법으로 문제를 해결해 나가는 지도자의 *역량이 무엇보다 중요하다. 그런데 어려운 시기를 극복하며 대단한 *리더십을 보여 줬던 지도자들이 평화로운 시기가 되었을 때에도 그 사회를 자기 마음대로 (1) <u>횡설수설</u>하려는 (2) <u>유언비어</u> 같은 사람이 되는 경우도 있어서 안타깝다.

→ (1) ☐☐☐☐ 하려는 (2) ☐☐☐☐

Answer

1. (1) ○ (2) ○ (3) ○ (4) × 알맞 (4) 좌지우지 : 이리저리 제 마음대로 함.
2. (1) 독불장군 (2) 막무가내 (3) 노발대발 (4) 좌지우지   3. (1) 막무가내 (2) 좌지우지 (3) 노발대발 (4) 독불장군
4. (1) 막무가내 (2) 독불장군 (3) 좌지우지 (4) 노발대발   5. 막무가내   6. (1) 좌지우지 (2) 독불장군

31

사상누각 용두사미
유명무실 탁상공론

◎ 다음 글을 읽고 떠오르는 여러분의 생각이나 느낌을 이야기해 보세요.
Read each sentence below and tell how you think or feel.

○ 그 프로그램은 홍보만큼 실제 내용이 *알차지 않았다.

○ 이 식당은 온라인 리뷰에 써 있는 것처럼 그렇게 음식이 맛있지는 않다.

○ 방송 전부터 *유명세를 떨치던 그 드라마는 재미가 없어서 *시청률이 점점 떨어졌다.

➡ 실속이 없다,

다음 사자성어들을 읽어 보세요.
Read the following four-character idioms.

사상누각 沙上樓閣

뜻, 음	모래 **사** sand [sa]	위 **상** on [sang]	다락 **누** (루) loft [nu]	집 **각** house [gak]
한자	沙	上	樓	閣
풀이	모래 위에 여러 층으로 높이 지은 집. A pavilion built on sand; house of cards; castle in the air.			
활용	기초가 튼튼하지 않아서 오래 견디지 못하고 금방 무너질 것 같은 일이나 사물을 표현한다. It means things or work that will collapse because the foundation is not firm.			

용두사미 龍頭蛇尾

뜻, 음	용 **용** dragon [yong]	머리 **두** head [du]	뱀 **사** snake [sa]	꼬리 **미** tail [mi]
한자	龍	頭	蛇	尾
풀이	머리는 용인데 꼬리는 뱀과 같이 되는 일. Dragon's head with a snake's tail.			
활용	시작은 좋았지만 끝으로 갈수록 좋지 않은 상황을 비유적으로 이르는 말이다. It metaphorically refers to a situation or work that started well but ended poorly.			

유명무실 有名無實

뜻, 음	있을 **유** to be [yu]	이름 **명** name [myeong]	없을 **무** to not be [mu]	실제 **실** reality [sil]
한자	有	名	無	實
풀이	이름만 있고 실체가 없음. There is only a name without reality; to be in name only.			
활용	겉보기에는 훌륭하지만 속은 그렇지 않은 상황이나 사람을 표현한다. It is used for a situation or a person that looks great but not inside.			

탁상공론 卓上空論

뜻, 음	탁자 **탁** table [tak]	위 **상** on [sang]	빌 **공** to be vain [gong]	논의할 **론** to discuss [ron]
한자	卓	上	空	論
풀이	탁자(책상) 위에서만 하는 텅 빈(헛된) 논의. An empty discussion only on the desk; unpractical discussion; armchair theory.			
활용	실제로 이루어질 가능성이 적은 허황된 이론이나 논의를 나타낸다. It refers to a plausible theory or discussion that is not practical.			

앞에서 학습한 내용을 바탕으로 다음 질문에 답해 보세요.
Answer the following questions based on what you learned on the previous page.

1 다음 사자성어와 가장 알맞은 설명을 연결해 보세요.
Match the following four-character idioms with the most appropriate descriptions.

(1) 사상누각 •

(2) 용두사미 •

(3) 유명무실 •

(4) 탁상공론 •

• ㉠ •현실화될 가능성이 적은 •이론이나 논의.

• ㉡ 기초가 튼튼하지 않아서 금방 무너질 것 같은 일.

• ㉢ 시작은 좋았지만 끝으로 갈수록 좋지 않음.

• ㉣ 겉보기에는 훌륭하지만 •실속이 없음.

2 다음 밑줄 친 상황에 가장 잘 어울리는 사자성어를 써 보세요.
Write the most appropriate four-character idiom that describes the situation underlined below.

(1) •소문난 잔치에 먹을 것 없다더니, 그 관광지는 이름이 알려진 것에 비해 볼거리나 즐길거리가 많이 부족했다.

    | 유 | | | |

(2) 이해하지 못하고 단순히 외우기만 하면 •학문의 기초가 튼튼하지 못해서 더 어려운 과정을 배울 수 없게 된다.

    | | 상 | | |

(3) 낮아지는 •출산율을 해결하기 위해 여러 의견이 오갔지만, 현실과 맞지 않는 헛된 •논의에 불과했다.

    | | | 공 | |

(4) 그 영화는 처음에는 많은 기대를 모았지만, 시간이 흐를수록 사람들의 관심이 •눈에 띄게 •사그라들었다.

    | | | | 미 |

【3~6】 다음 사자성어를 활용해서 질문에 답해 보세요.(단, 문제 3~4는 4개의 사자성어를 1번씩만 사용해야 함.)
Answer the questions using the following four-character idioms. (For Questions 3 and 4, use each idiom only once.)

사상누각	용두사미	유명무실	탁상공론

3 다음 빈칸에 가장 알맞은 사자성어를 넣어 문장을 완성해 보세요.
Fill in the blank with the most appropriate four-character idiom to complete the sentence.

(1) 연초에 세운 계획이 연말에 ☐☐☐☐ (으)로 끝나지 않도록 잘 점검하고 실천해야 한다.

(2) 여러 가지 정책에도 불구하고 물가가 갑자기 계속 오르자, 정부가 발표한 정책이 현실과 *동떨어진 ☐☐☐☐ 이었/였다고 비판하는 사람들이 늘어났다.

(3) 운동선수가 기초 체력을 쌓지 않은 채 기술만 익히려는 것은 ☐☐☐☐ 이/가 될 수 있다.

(4) 홍보는 *그럴싸하게 해 놓고 실제 내용은 실속 없는 ☐☐☐☐ 한 지역 축제들이 있곤 한다.

4 다음 대화문을 읽고 빈칸에 가장 알맞은 사자성어를 써 보세요.
Read the following dialogues and fill in the blanks with the most appropriate four-character idioms.

(1) 가: 경기가 나쁜 상황에 주가가 계속 오르다니, 정말 이해가 안 되네요.

　　나: 그러게요. 저도 주식 시장을 지켜보면서 불안해하고 있었어요. 경제 성장 없이 오르는 지금의 주가는 언제든지 *폭락할 수 있으니 ☐☐☐☐ 같아요.

(2) 가: 우리 회사는 *워킹맘 직원들을 위한 *복지가 많기로 유명해요.

　　나: 저도 들었어요. 하지만 널리 알려진 데 비해 실제로 사용할 수 있는 복지 제도는 드물어서 ☐☐☐☐ 하다는 얘기도 많아요.

(3) 가: 예전에는 드라마나 영화를 보면서 한국어 공부를 열심히 했는데, 요즘은 수업도 종종

　　　빠지곤 해요.

　　나: *자칫하면 ☐☐☐☐ 이/가 될 수 있어요. 끝까지 잘하는 것이 중요해요.

(4) 가: 어제 회의에 참석하지 못해서 미안해요. 회의는 잘 마무리되었어요?

　　나: 글쎄요. 많은 의견이 오가긴 했지만, 실현 가능성이 없는 ☐☐☐☐ (으)로

　　　끝나고 말았어요.

5 다음 기사문을 읽고 알맞은 사자성어를 사용해서 제목을 완성해 보세요.
Read the following article and complete its title using the appropriate four-character idiom.

---

*신재생 에너지 사업, ☐☐☐☐ 우려된다!

입력 2000.00.00.　　　　　　　　　　　　　　　　　　가 ⏍ 🖶

　　*지구 온난화, *온실가스 등 환경 문제들로 인해 신재생 에너지가 주목받고 있다. 신재생 에너지는 기존 *화석 연료를 대신하는 에너지로 *수소나 *연료 전지 등과 같은 신에너지와, *태양열·*풍력·*수력 등을 활용한 재생 에너지를 말한다. 이들 신재생 에너지는 *발전 과정에서 *탄소 배출량을 줄이면서도 안정적으로 *전력을 공급한다는 장점이 있다. 그런데 지구 환경 보호와 에너지 *안정성을 위해 중요하게 역할할 것이라고 기대되는 신재생 에너지 사업은 장기적 투자가 필요해서 정부 *주도로 이뤄지는 경우가 많다. 이 때문에 신재생 에너지 사업은 기초 연구부터 *탄탄한 정책이 세워져야 함에도 불구하고, 정치적 상황에 따라 급하게 만들어져 금방 사라지는 정책이 많아 우려를 낳고 있다.

다음 글을 읽고 밑줄 친 단어를 문맥에 가장 알맞은 사자성어로 고쳐 써 보세요.
Read the following passage and rewrite the underlined word using the most contextually appropriate four-character idiom.

(1)

> 기업들은 신제품을 개발할 때 *현실성이 떨어지는 <u>거두절미</u>로 시간과 *자원을 *낭비하지 않으려고 노력한다. 그러기 위해 시장 상황을 *면밀하게 조사하고 소비자의 *니즈를 파악한 후에 현실적인 논의를 거쳐 최종 계획을 세우고 실행한다.

→ ☐☐☐☐ (으)로

(2)

> 그 선수는 어린 시절 *타고난 수영 실력을 선보이며 많은 사람들로부터 앞으로 크게 성공할 것이라는 기대를 받았다. 하지만 자신의 재능만 믿고 연습을 *게을리하다가 선수 시절 내내 대단한 *성과를 거두지 못한 채 결국 <u>일편단심</u> 격으로 선수 인생의 *막을 내리고 말았다.

→ ☐☐☐☐

32

갑론을박 시시비비
왈가왈부 좌충우돌

◎ 다음 글을 읽고 떠오르는 여러분의 생각이나 느낌을 이야기해 보세요.
Read each sentence below and tell how you think or feel.

○ 새로운 정책에 대해 기업들과 *환경 운동가들의 입장이 달라 *논란이 생겼다.

○ 두 사람은 주변 사람들을 신경 쓰지 않고 서로 자신이 옳다고 주장하며 얼굴을 붉히고 있다.

○ TV 프로그램의 *패널들은 일정 나이 이하 어린이들의 출입을 제한하는 구역, 즉 '노 키즈 존'에 대한 다양한 의견을 나눴다.

➡ 말로 다투다,

다음 사자성어들을 읽어 보세요.
Read the following four-character idioms.

갑론을박 甲論乙駁

뜻, 음	첫째 **갑** the one, A [gap]	논의할 **론** to discuss [ron]	둘째 **을** the other, B [eul]	논박할 **박** to argue [bak]
한자	甲	論	乙	駁
풀이	갑이 주장하면 을이 반박함, 혹은 갑이라고 주장하면 을이라고 반박함. One asserts one's opinion, and the other keeps arguing against it.			
활용	여러 사람이 자기 의견을 내세워 상대의 의견에 반박함을 나타낸다. It means people insist on their own opinions and oppose other people's views.			

시시비비 是是非非

뜻, 음	옳을 **시** to be right [si]	옳을 **시** to be right [si]	아닐 **비** not [bi]	아닐 **비** not [bi]
한자	是	是	非	非
풀이	옳은 것은 옳은 것이고 아닌 것은 아닌 것. What is right is right, and what is wrong is wrong.			
활용	주로 누가 옳고 그른지 또는 무엇이 잘되고 잘못된 것인지 따질 때 사용한다. It is used to distinguish what is right or wrong and make a decision.			

왈가왈부 曰可曰否

뜻, 음	말할 **왈** to say [wal]	옳을 **가** to be right [ga]	말할 **왈** to say [wal]	아닐 **부** not [bu]
한자	曰	可	曰	否
풀이	옳다고 말하기도 하고 옳지 않다고 말하기도 함. Some say it is right, and others say it is wrong.			
활용	어떤 일에 대해 옳다거나 옳지 않다거나 하며 말다툼하는 상황을 나타낸다. 또는 이게 옳다 저게 옳다 하며 서로 말다툼함을 이른다. It refers to arguing back and forth, saying it is right or wrong.			

좌충우돌 左衝右突

뜻, 음	왼쪽 **좌** left [jwa]	들이받을 **충** to ram [chung]	오른쪽 **우** right [u]	부딪칠 **돌** to bump [dol]
한자	左	衝	右	突
풀이	(왼쪽 오른쪽 가릴 것 없이) 이리저리 마구 들이받고 부딪침. Ramming to the left and bumping into the right.			
활용	주로 아무에게나 혹은 아무 일에나 분별없이 부딪치는 모습을 나타낸다. It means someone recklessly confronts anyone or anything, causing trouble.			

앞에서 학습한 내용을 바탕으로 다음 질문에 답해 보세요.
Answer the following questions based on what you learned on the previous page.

1 다음 사자성어에 대한 설명 중 옳은 것은 ○, 옳지 않은 것은 ✕ 표시해 보세요.
Read each description about four-character idioms and write ○ if correct and ✕ if incorrect.

(1) 갑론을박 : 서로 자신의 의견을 내세워 상대의 의견에 •반박함.　　　(　　)

(2) 시시비비 : 옳은 것은 옳다 하고 틀린 것은 틀리다고 하며 따짐.　　　(　　)

(3) 왈가왈부 : 뜻밖에 일어난 큰 재앙이나 사고.　　　(　　)

(4) 좌충우돌 : 아무에게나 또는 아무 일에나 •분별없이 부딪침.　　　(　　)

> **잠깐** 위의 사자성어에 대한 설명으로 옳지 <u>않은</u> 것이 있으면 올바르게 고쳐 써 보세요.
> Read the above descriptions again and rewrite the incorrect descriptions if there are any.

2 다음 밑줄 친 상황에 가장 잘 어울리는 사자성어를 써 보세요.
Write the most appropriate four-character idiom that describes the situation underlined below.

(1) 그 투표 방식에 대해 <u>찬성하는 의견과 반대하는 의견이 계속 오가며 말다툼하느라</u> 회의가 길어졌다.

｜왈｜　｜　｜　｜

(2) 공장이 들어서는 대신 집집마다 •보상금을 받게 해 주겠다는 시장의 계획에 <u>옳다고 말하는 사람과 옳지 않다고 따지는 사람들로</u> 회의장이 무척 시끄러웠다.

｜　｜시｜　｜

(3) 나는 미래에 대한 계획 없이 <u>주어진 상황에 이리저리 부딪치며</u> 되는 대로 살아가는 동생이 걱정된다.

｜　｜　｜우｜　｜

(4) •심사 위원들은 각자 <u>자신의 주장을 내세우며 다른 사람의 의견에 반박할 뿐,</u> 어떤 것을 •최우수 작품으로 뽑을지 쉽게 결론을 내지 못했다.

｜　｜　｜　｜박｜

Vocabulary

- 환경 운동가 environmental activist
- 반박하다 to refute; to contradict; to rebut
- 심사 위원 judge
- 논란 controversy
- 분별없이 indiscreetly
- 최우수 the best
- 패널 panelist
- 보상금 compensation

【3~6】 다음 사자성어를 활용해서 질문에 답해 보세요.(단, 문제 3~4는 4개의 사자성어를 1번씩만 사용해야 함.)
Answer the questions using the following four-character idioms. (For Questions 3 and 4, use each idiom only once.)

갑론을박	시시비비	왈가왈부	좌충우돌

3 다음 빈칸에 가장 알맞은 사자성어를 넣어 문장을 완성해 보세요.
Fill in the blank with the most appropriate four-character idiom to complete the sentence.

(1) 요즘 아무것도 모르는 두 신입 형사가 계획 없이 □□□□ 하며 사건을

해결해 나가는 영화가 인기를 끌고 있다.

(2) 리더는 팀원들이 잘못했을 때 □□□□ 을/를 따지기보다는 문제를 해결

하는 데 주의를 기울여야 한다.

(3) *사정도 모르면서 남의 일에 대해 □□□□ / □□□□

하는 것은 *무례한 짓이다.

4 다음 대화문을 읽고 빈칸에 가장 알맞은 사자성어를 써 보세요.
Read the following dialogues and fill in the blanks with the most appropriate four-character idioms.

(1) 가: 이번 오디션 심사 결과에 대해 옳으니 *그르니 말이 많던데요.

나: 그러게요. 오디션에서 *탈락한 사람이 *최종 우승자보다 실력이 낮다느니 그렇지 않다

느니, 오디션 심사 결과를 두고 □□□□ / □□□□

하는 사람들이 많네요.

(2) 가: 여름 방학에 한국으로 여행을 떠난다면서요? 계획은 세웠어요?

나: 아니요. 저는 계획 없이 되는 대로 □□□□ 하는 여행을 즐겨요. 그게

더 재미있고 나중에 추억이 되더라고요.

(3) 가: 이미 지난 일인데 누구 잘못인지 따져도 *소용없잖아요. 이제 그만 서로 화해하세요.

나: 그게 무슨 말이에요? 지금 □□□□ 을/를 *가리지 않으면 다음에도

똑같은 일로 또 싸우게 될 거예요.

다음 글을 읽고 빈칸에 가장 알맞은 사자성어를 써 보세요.
Read the following passage and fill in the blank with the most appropriate four-character idiom.

한국에는 '선비 정신'이라는 말이 있다. '선비'는 사회의 지도자 계층으로, *학문을 닦으며 관직에 올라 자신의 *뜻을 펼치는 지식인들을 가리키는 말이었다. 이들은 잘못이 있으면 바로잡아 모든 일의 ☐☐☐☐을/를 가리고, 세상일에 대해서 누구보다 먼저 걱정하고 해결하려는 사회적 *책임감을 지녔을 뿐 아니라, 나라가 위기에 처했을 경우 자신의 목숨을 바쳐서라도 나라를 구하고자 했다. 따라서 '선비 정신'은 일종의 지도자 정신으로, 학문과 *덕을 끊임없이 쌓고 바르게 행동하며 개인적 욕심을 비워야 갖출 수 있는 것이었다. 이렇듯 *이상적인 사회를 만들기 위한 의지와 삶에 대한 올바른 자세를 *포괄하는 과거의 선비 정신은 오늘날 현대를 살아가는 많은 이들이 배워야 할 훌륭한 *정신적 유산으로 다시 언급되고 있다.

다음 글을 읽고 밑줄 친 부분과 관계있는 사자성어를 써 보세요.
Read the following passage and write the most appropriate four-character idiom related to the phrase underlined.

한국은 예로부터 예절을 *중시해 왔다. 그중에서도 웃어른에 대한 예절은 많은 외국인들이 *이색적이고 *매력적이라고 손꼽는 한국 문화이다. 어른을 *공경하는 문화는 일상생활 곳곳에서 찾아볼 수 있는데, 나이나 사회적 관계에 따라 *존댓말을 쓰거나 아랫사람이 웃어른에게 먼저 인사하는 것을 예로 들 수 있다. 그런데 최근 한 온라인 커뮤니티에는 '추석에 낮잠을 자느라 웃어른에게 인사를 하지 않은 조카에 대한 불만'이라는 제목의 글이 올라왔고, 이를 본 *누리꾼들이 예절에 대한 <u>자신의 의견을 내세우며 상대의 의견에 반박한</u> 일이 있었다. 어떤 이들은 명절에 방문한 친척 어른들에게 인사를 시키지 않고 아이를 자게 내버려 두는 그 집안이 문제라고 지적하기도 하고, 다른 이들은 잠깐의 인사를 위해 굳이 자는 조카를 깨워야 하냐고 주장하기도 했다. 이와 같이 시대와 함께 변화하는 예절의 기준에 대한 활발한 토론은 사회적 합의를 위해 겪어야 할 절차로, 많은 이들이 현대 예절에 대해 다시 생각해 보는 계기가 되었다.

<table>
<tr><td>　</td><td>　</td><td>　</td><td>　</td></tr>
</table>

33

동문서답　동상이몽
마이동풍　주객전도

◎ 다음 글을 읽고 떠오르는 여러분의 생각이나 느낌을 이야기해 보세요.
Read each sentence below and tell how you think or feel.

- 뭘 먹고 싶은지를 물어본 나에게 그는 길을 못 찾겠다며 *투덜거렸다.
- 어디에서 오는 길이냐고 질문했는데, 배가 고프다는 대답이 돌아왔다.
- 할머니께 어디가 아프신지 여쭤 봤더니, 입고 나갈 옷이 없다고 말씀하셨다.

➡ 엉뚱하다,

다음 사자성어들을 읽어 보세요.
Read the following four-character idioms.

동문서답
東問西答

뜻, 음	동녘 동 east [dong]	물을 문 to ask [mun]	서녘 서 west [seo]	대답할 답 to answer [dap]
한자	東	問	西	答
풀이	동쪽을 묻는데 서쪽이라고 대답함. Asking about 'east' but getting an answer about 'west.'			
활용	질문과는 전혀 맞지 않는 엉뚱한 대답을 하는 것을 의미한다. It means giving a wrong answer that doesn't fit the question at all.			

동상이몽
同牀異夢

뜻, 음	같을 동 to be the same [dong]	평상 상 wooden bench [sang]	다를 이 to be different [i]	꿈 몽 dream [mong]
한자	同	牀	異	夢
풀이	같은 평상(나무로 만든 침상)에 자면서 다른 꿈을 꿈. Same bed, different dreams.			
활용	겉으로는 같은 행동을 하고 있지만, 속으로는 서로 다른 생각을 하고 있는 상태임을 가리킨다. It means people are in the same situation but have different thoughts.			

마이동풍
馬耳東風

뜻, 음	말 마 horse [ma]	귀 이 ear [i]	동녘 동 east [dong]	바람 풍 wind [pung]
한자	馬	耳	東	風
풀이	말 귀에 동쪽 바람(봄바람). East(Spring) wind in the horse's ears.			
활용	말의 귀에 스쳐 가는 부드러운 봄바람이 아무런 의미가 있을 수 없듯이, 어떤 사람이 다른 사람의 충고나 의견을 귀담아듣지 않고 흘려버릴 때 사용한다. It is used when a person does not listen to other advice or opinions, just as a gentle spring breeze sweeping by a horse's ears is meaningless.			

주객전도
主客顚倒

뜻, 음	주인 주 host [ju]	손님 객 guest [gaek]	뒤집힐 전 to overturn [jeon]	넘어질 도 to fall [do]
한자	主	客	顚	倒
풀이	주인과 손님이 뒤바뀜. Reversing the roles of host and guest; putting the cart before the horse.			
활용	외부에서 들어온 사람이나 일이 내부의 일을 주관하는 경우, 혹은 일의 주체와 대상이 뒤바뀌게 된 상황을 가리킨다. It refers to a situation where an outsider or external factor dictates internal affairs or when the order of tasks or priorities is reversed.			

앞에서 학습한 내용을 바탕으로 다음 질문에 답해 보세요.
Answer the following questions based on what you learned on the previous page.

1 다음 사자성어와 가장 알맞은 설명을 연결해 보세요.
Match the following four-character idioms with the most appropriate descriptions.

(1) 동문서답 •

(2) 동상이몽 •

(3) 마이동풍 •

(4) 주객전도 •

• ㉠ 질문과는 전혀 맞지 않는 *엉뚱한 대답.

• ㉡ 겉으로는 같은 행동을 하고 있지만 속으로는 서로 다른 생각을 함.

• ㉢ 일의 앞뒤 혹은 일의 *주체와 대상이 *뒤바뀜.

• ㉣ 남의 말을 *귀담아듣지 않고 *흘려들음.

2 다음 밑줄 친 상황에 가장 잘 어울리는 사자성어를 써 보세요.
Write the most appropriate four-character idiom that describes the situation underlined below.

(1) 그들은 <u>함께 어려운 사람을 도와주고 있지만, 마음 속으로는 각자 다른 생각을 하고 있음</u>에 틀림없다.

| 동 | | | |

(2) 열 번도 넘게 그 사람을 조심하라고 이야기했는데도 동생은 <u>내 말을 귀담아듣지 않았다.</u>

| | | 이 | |

(3) 세상에는 <u>어려움을 겪어 위로를 받아야 할 사람들이 거꾸로 다른 이들을 위로하는 경우</u>가 있다.

| | | 전 | |

(4) 호텔 직원이 나에게 "어떻게 오셨어요?"라며 호텔에 온 이유를 물었는데, <u>질문을 잘못 이해해서 "버스 타고 왔어요." 하고 대답했다.</u>

| | | | 답 |

【3~6】 다음 사자성어를 활용해서 질문에 답해 보세요.(단, 문제 3~4는 4개의 사자성어를 1번씩만 사용해야 함.)
Answer the questions using the following four-character idioms. (For Questions 3 and 4, use each idiom only once.)

> 동문서답   동상이몽   마이동풍   주객전도

3 다음 빈칸에 가장 알맞은 사자성어를 넣어 문장을 완성해 보세요.
Fill in the blank with the most appropriate four-character idiom to complete the sentence.

(1) 소개팅에서 긴장하는 바람에 상대방의 질문에 엉뚱하게 ☐☐☐☐ 한 것 같다.

(2) 주인공인 신부보다 *하객으로 온 연예인에게 사람들의 관심이 집중되어서 그 결혼식은 ☐☐☐☐ 이/가 된 느낌이었다.

(3) 하루 종일 게임만 하는 아들에게 학생 때는 책을 많이 읽어 둬야 한다고 아무리 말해도 들은 척 만 척하니 그야말로 ☐☐☐☐ (이)다.

(4) 부부는 함께 고생하며 큰돈을 모았지만 그 돈을 어디에 어떻게 사용할지에 대해서는 서로 ☐☐☐☐ 을/를 하고 있다.

4 다음 대화문을 읽고 빈칸에 가장 알맞은 사자성어를 써 보세요.
Read the following dialogues and fill in the blanks with the most appropriate four-character idioms.

(1) 가: 요즘 휴대폰을 보면서 걷다가 교통사고를 당하는 사람들이 *부쩍 늘었대요.

　　나: 저희 아이들도 걱정이에요. 제가 아무리 아이들한테 휴대폰을 보면서 걷다가는 큰일 난다고 *주의를 줘도 제 말을 ☐☐☐☐ (으)로 흘려듣거든요.

(2) 가: 어제 야구 경기에서 진 팀의 감독이 인터뷰하는 거 들었어요? 기분이 많이 상한 느낌이 들던데요?

　　나: 그러게요. 이번 경기와 관련한 질문에 ☐☐☐☐ 하면서 진 이유에 대한 직접적인 대답을 피하더라고요.

(3) 가: 주말 드라마 봤어요? 부모님 두 분이 모두 돌아가신 후에 자식들이 [•]유산 분배를 앞두고

각자 [ ][ ][ ][ ] 에 빠져 있던데요.

나: 네. 봤어요. 가족들이 한자리에서 다른 생각을 하고 있다는 게 정말 안타까웠어요.

(4) 가: 집들이에 초대해 주셔서 감사해요. 차려 주신 음식도 맛있게 잘 먹었습니다.

나: 아니에요. 설거지까지 도와주셔서 제가 더 감사하죠. 손님으로 오셨는데 일을 이렇게

많이 하고 가시다니 [ ][ ][ ][ ] 이/가 되어 버렸네요.

5 다음 글을 읽고 빈칸에 가장 알맞은 사자성어를 써 보세요.

Read the following passage and fill in the blank with the most appropriate four-character idiom.

〈돈키호테(Don Quixote)〉는 스페인 작가 미겔 데 세르반테스(Miguel de Cervantes Saavedra)가 지은 소설로, [•]과대망상에 빠진 주인공 '돈키호테'가 [•]시종 '산초 판사'와 함께 모험을 떠나는 이야기이다. 주인공 돈키호테는 스페인 라만차 지역의 어느 마을에 사는 [•]하급 귀족 노인으로, [•]기사 소설에 너무 빠지는 바람에 정신이 이상해져 자신도 소설 속 기사들처럼 위험에 빠진 세상과 사람들을 구해 내겠다고 한다. 현실과 [•]환상을 구분하지 못하며 기사로서 책임을 다하겠다는 [•]이상주의자인 돈키호테와 [•]현실주의자인 산초 판사. 이들이 함께 여행하면서도 속으로는 [•]딴생각을 하는 [ ][ ][ ][ ] 의 다양한 상황으로 소설은 흥미진진하게 전개된다.

6 다음 글을 읽고 밑줄 친 부분과 관계있는 사자성어를 써 보세요.

Read the following passage and write the most appropriate four-character idiom related to the phrase underlined.

1988년 유엔(UN) •산하에 기후 변화와 관련한 공동 연구를 진행하는 '기후 변화에 관한 정부 간 •협의체'인 IPCC (Intergovernmental Panel on Climate Change)가 설립되었다. 이들이 발표한 보고서에 따르면, 지구 온난화의 주요 원인 중 하나는 •산업화로 인한 온실가스의 증가이다. 또 이들은 지구의 평균 기온 상승이 •가속화되면 •해수면이 상승해서 해안 지방이 물에 잠기고 •생태계가 파괴되는 등 •전 인류적 재앙을 맞을 수 있다고 경고했다. 결국 협의체는 온실가스 •감축을 위한 세계적 •협의안을 마련했고, 많은 나라들이 산업화 이전과 대비해서 지구 평균 기온 상승을 1.5℃ 이하로 제한하는 노력을 함께하기로 •협약했다.

한편, 미국의 환경 운동가이자 예술가인 간 골란(Gan Golan)은 전 세계 과학자와 예술가들과 함께 지구 평균 기온이 1.5℃ 높아지는 시점까지 남은 시간을 보여 주는 디지털시계인 '기후 위기 시계'를 선보였다. 이 시계는 2019년 독일 베를린에 처음 •설치된 이래, 기후 위기 문제를 <u>귀담아듣지 않고 흘려버리는</u> 사람들에게 인류 생존의 위기감을 시각적으로 보여 줌으로써 환경 문제에 대한 전 지구인의 •경각심을 일깨우고 있다.

34

부화뇌동　우유부단
작심삼일　차일피일

◎ 다음 글을 읽고 떠오르는 여러분의 생각이나 느낌을 이야기해 보세요.
Read each sentence below and tell how you think or feel.

- 그 사람은 친구들의 부탁을 거절하지 못하고 다 들어주곤 했다.
- 그는 친구들의 유혹에 술을 마시지 않겠다는 굳은 *결심을 깨고 말았다.
- 나는 오늘 짜장면을 먹으려고 했는데 친구가 짬뽕을 먹는다고 해서 함께 짬뽕을 주문했다.

➡ 마음이 약하다,

다음 사자성어들을 읽어 보세요.
Read the following four-character idioms.

부화뇌동
附和雷同

뜻, 음	붙을 **부** to adhere [bu]	합칠 **화** to combine [hwa]	천둥 **뇌** (뢰) thunder [noe]	함께(같이) **동** together [dong]
한자	附	和	雷	同
풀이	천둥소리에 맞추듯 따라 함. Behaving just as following the sound of the thunder.			
활용	자기 생각이나 주장 없이 남의 의견이나 행동대로 따라 움직임을 나타낸다. It is used when someone behaves or follows others' opinions without their own opinion or idea.			

우유부단
優柔不斷

뜻, 음	부드러울 **우** to be soft [u]	부드러울 **유** to be soft [yu]	아닐 **부** not [bu]	끊을 **단** to break [dan]
한자	優	柔	不	斷
풀이	너무 부드러워 끊지 못함. It is too soft to break, to be indecisive.			
활용	어떤 일에 결정을 내리지 못하고 계속해서 망설이는 모습을 표현한다. It describes a person who cannot always make up one's mind about something and continues to hesitate.			

작심삼일
作心三日

뜻, 음	지을 **작** to make [jak]	마음 **심** mind [sim]	석(셋) **삼** three [sam]	날 **일** day [il]
한자	作	心	三	日
풀이	마음을 먹은 지 3일. Three days since making up one's mind.			
활용	단단히 먹은 마음이 3일을 가지 못할 정도로, 결심이 굳지 못함을 나타낸다. It means the determination is not firm enough to last more than three days.			

차일피일
此日彼日

뜻, 음	이 **차** this [cha]	날 **일** day [il]	저 **피** that [pi]	날 **일** day [il]
한자	此	日	彼	日
풀이	이날 또는 저 날. This day or that day.			
활용	이날 저 날 하고 날짜를 계속 미루면서 미리 정한 때를 지키지 않는 상황을 표현한다. It refers to when someone keeps delaying the dates and does not meet the deadline.			

1 다음 사자성어에 대한 설명 중 옳은 것은 ○, 옳지 <u>않은</u> 것은 ✕ 표시해 보세요.
Read each description about four-character idioms and write ○ if correct and ✕ if incorrect.

(1) 부화뇌동: 남이 하는 대로 따라 움직임.　　　　　　　　　　(　　)

(2) 우유부단: 결정을 내리지 못하고 계속해서 •망설임.　　　　(　　)

(3) 작심삼일: 결심이 오래가지 못함.　　　　　　　　　　　(　　)

(4) 차일피일: 동시에 두 가지 또는 그 이상의 이익을 얻음.　　(　　)

잠깐 위의 사자성어에 대한 설명으로 옳지 <u>않은</u> 것이 있으면 올바르게 고쳐 써 보세요.
Read the above descriptions again and rewrite the incorrect descriptions if there are any.

2 다음 밑줄 친 상황에 가장 잘 어울리는 사자성어를 써 보세요.
Write the most appropriate four-character idiom that describes the situation underlined below.

(1) <u>보고서 작성을 오늘내일 계속 미루다가 •마감일이 •닥쳐서야 급하게 써서 제출했다.</u>

차			

(2) <u>다이어트를 결심한 지 3일째, 치킨을 먹자는 친구의 유혹에 넘어가 맥주까지 마셨다.</u>

	심		

(3) <u>출근길 버스가 늦게 도착하자, 한 줄로 서 있던 사람들이 서로 먼저 타겠다고 •아우성쳐서 나도 모르게 •덩달아 그렇게 했다.</u>

		뇌	

(4) <u>아르바이트를 하러 가야 할지 스터디 그룹 모임에 가야 할지 이러지도 저러지도 못하는</u> 사이에 아르바이트 합격은 취소되었고 스터디 그룹 모임도 끝나 버렸다.

			단

Vocabulary

- 결심을 깨다 to break a resolution
- 닥치다 to approach; to come
- 망설이다 to hesitate
- 아우성치다 to make a big fuss
- 마감일 deadline
- 덩달아 following blindly

부화뇌동	우유부단	작심삼일	차일피일

3 다음 빈칸에 가장 알맞은 사자성어를 넣어 문장을 완성해 보세요.
Fill in the blank with the most appropriate four-character idiom to complete the sentence.

(1) 간단한 일도 스스로 결정하지 못하는 애인의 ☐☐☐☐ 한 성격 때문에

헤어지고 말았다.

(2) 방학을 *보람 있게 보내기 위해서는 ☐☐☐☐ (으)로 금방 포기하더라도

일단 계획을 세워 봐야 한다.

(3) 은행은 돈이 필요한 사람들에게 돈을 빌려줘서 편리하기는 하지만, 빌려 간 돈을 *기한 내

갚지 않고 ☐☐☐☐ 미루는 사람들에게는 *인정사정없다.

(4) *전쟁이 터질 것 같다는 유언비어에 많은 사람들이 *사재기를 했다. 사실을 확인하지 않고

다른 사람들의 의견과 행동에 따라 ☐☐☐☐ 하는 사람들이 생각보다 많

은가 보다.

4 다음 대화문을 읽고 빈칸에 가장 알맞은 사자성어를 써 보세요.
Read the following dialogues and fill in the blanks with the most appropriate four-character idioms.

(1) 가: 올해는 금연하겠다는 약속을 꼭 지켜 주세요.

나: 걱정하지 마세요. 올해는 금연하겠다는 결심이 절대 ☐☐☐☐ (으)로

끝나지 않을 거예요.

(2) 가: 내가 좋아하는 가수에 대한 나쁜 소문이 있어서 너무 속상해.

나: 저런, 소문이 사실인지 아닌지 확인해 봤어? 다른 사람들의 생각에 *휩쓸려서 괜히

☐☐☐☐ 하며 속상해하지 마.

(3) 가: 이번 여름 방학에 뭘 하세요? 저는 유럽으로 배낭여행을 가려고요.

　　나: 작년에 간다고 하지 않았어요?

　　가: 계획은 *진작에 세워 놨는데 ☐ ☐ ☐ ☐ 미루다가 이번에 가려고요.

(4) 가: 이번에도 같은 팀이랑 계약을 해야 할지 다른 팀으로 옮겨야 할지 모르겠어.

　　나: 형이 잘 생각해서 결정해. 매번 ☐ ☐ ☐ ☐ 하게 망설이다가 *때를 놓

쳐서 후회했잖아.

---

5 다음 기사문을 읽고 알맞은 사자성어를 사용해서 제목을 완성해 보세요.

Read the following article and complete its title using the appropriate four-character idiom.

☐ ☐ ☐ ☐ 미뤄지는 공원 *조성 사업

입력 2000.00.00.　　　　　　　　　　　　　　　　　　　　가가 ⤴ 🖨

　3년 전 A 시는 '숲속 가족 공원 조성 계획'을 추진하겠다고 밝혔다. 많은 시민들은 도심 속에서 온 가족이 휴식할 수 있는 공간을 만들겠다는 A 시의 *취지에 크게 *환호했다. 하지만 A 시는 발표 이후 3년째가 되는 오늘날에 이르기까지 관련 업무의 실행을 미루고 있다. 시청 관계자는 다른 사업들로 인해 예산이 부족해져서 관련 계획을 실행하는 데 어려움이 있다고 설명했다. 이에 많은 시민들은 세금을 내는 시민들의 편리와 복지를 위한 사업이 제일 먼저 시행되어야 한다고 주장하며, 오늘내일 미루지 말고 *하루빨리 '숲속 가족 공원 조성 계획'이 실행되길 바란다고 말했다.

다음 글을 읽고 밑줄 친 단어를 문맥에 가장 알맞은 사자성어로 고쳐 써 보세요.
Read the following passage and rewrite the underlined word using the most contextually appropriate four-character idiom.

(1)

새해가 되면 많은 사람들이 계획을 세우지만, 실제로 이 계획을 지키고 실천하는 사람은 드물다. 그러므로 <u>야단법석</u>으로 끝나는 지키지 못할 어려운 계획보다 작고 쉬운 계획이라도 꾸준히 지켜 습관으로 만드는 게 중요하다.

→ ☐ ☐ ☐ ☐ (으)로

(2)

새로운 법들의 시행 순서를 정하려는데 *신하들마다 의견이 달랐다. 의견이 하나로 모이지 않자 신하들은 왕에게 결정을 내려 달라고 했다. 하지만 왕은 일의 우선순위를 정하는 것은 물론 *냉정한 판단도 하지 못하는 <u>막무가내</u>한 모습을 보였다.

→ ☐ ☐ ☐ ☐ 한

Vocabulary

- 신하 subject; retainer
- 냉정하다 to be cool; to be calm

Answer

1. (1) ○ (2) ○ (3) ○ (4) × 잠깐 (4) 차일피일: 날짜를 계속 미루면서 미리 정한 때를 지키지 않음.
2. (1) 차일피일 (2) 작심삼일 (3) 부화뇌동 (4) 우유부단   3. (1) 우유부단 (2) 작심삼일 (3) 차일피일 (4) 부화뇌동
4. (1) 작심삼일 (2) 부화뇌동 (3) 차일피일 (4) 우유부단   5. 차일피일   6. (1) 작심삼일 (2) 우유부단

35

노심초사　심사숙고
전전긍긍　좌불안석

◎ 다음 글을 읽고 떠오르는 여러분의 생각이나 느낌을 이야기해 보세요.
Read each sentence below and tell how you think or feel.

- 이번 학기 성적이 너무 나빠서 부모님께 성적표를 보여 드려야 하나 망설였다.
- 그 배우는 영화 출연을 *요청받으면 오래도록 생각하고 결정하기로 유명하다.
- 내 친구는 *충동구매를 하기보다 먼저 무엇을 살지 계획을 세우고 여러 번 생각한 후에 물건을 사는 편이다.

➡ 생각이 많다,

다음 사자성어들을 읽어 보세요.
Read the following four-character idioms.

노심초사 勞心焦思

뜻, 음	애쓸 노 (로) to exert [no]	마음 심 mind [sim]	태울 초 to burn [cho]	생각 사 thought [sa]
한자	勞	心	焦	思
풀이	몹시 마음을 쓰며 애를 태움. Caring with one's heart and thinking anxiously.			
활용	(어떤 일에 대해) 몹시 마음을 쓰며 걱정하고 애를 태울 때 사용한다. It is used when someone worries anxiously about something.			

심사숙고 深思熟考

뜻, 음	깊을 심 to be deep [sim]	생각할 사 to think [sa]	깊을 숙 to be deep [suk]	생각할 고 to consider [go]
한자	深	思	熟	考
풀이	깊이 생각하고 오래도록 곰곰이 생각함. Thinking and considering deeply.			
활용	(어떤 일에 대해) 깊이 오래 생각할 때 사용한다. It is used when someone thinks about something very deeply and thoroughly for an extended period.			

전전긍긍 戰戰兢兢

뜻, 음	두려워서 떨 전 to tremble with fear [jeon]	두려워서 떨 전 to tremble with fear [jeon]	몸 움츠릴 긍 to hunch one's body [geung]	몸 움츠릴 긍 to hunch one's body [geung]
한자	戰	戰	兢	兢
풀이	몹시 두려워 떨면서 몸을 바싹 움츠림. Trembling with fear and hunching the body tightly; to be nervous.			
활용	몹시 두려워 벌벌 떨면서 몸을 바싹 움츠릴 만큼 조심하는 태도를 가리킬 때 사용한다. It is used when someone is so nervous and cautious as to tremble and hunch with fear.			

좌불안석 坐不安席

뜻, 음	앉을 좌 to sit [jwa]	아닐 불 not [bul]	편안할 안 to be comfortable [an]	자리 석 seat [seok]
한자	坐	不	安	席
풀이	앉아도 자리가 편하지 않음. Being unable to comfortably sit.			
활용	불안하거나 걱정스러워서 한군데에 가만히 앉아 있지 못하는 모습을 가리킬 때 사용한다. It is used when one seems so uneasy and concerned that one cannot sit still.			

앞에서 학습한 내용을 바탕으로 다음 질문에 답해 보세요.
Answer the following questions based on what you learned on the previous page.

1 다음 사자성어와 가장 알맞은 설명을 연결해 보세요.
Match the following four-character idioms with the most appropriate descriptions.

(1) 노심초사 •　　　　　　　• ㉠ 몹시 •마음을 쓰고 걱정하며 •애를 태움.

(2) 심사숙고 •　　　　　　　• ㉡ 몹시 두려워 •벌벌 떨면서 조심함.

(3) 전전긍긍 •　　　　　　　• ㉢ 어떤 일에 대해 깊이 오래 생각함.

(4) 좌불안석 •　　　　　　　• ㉣ 걱정스러워서 한군데에 가만히 앉아 있지 못하고 •안절부절못함.

2 다음 밑줄 친 상황에 가장 잘 어울리는 사자성어를 써 보세요.
Write the most appropriate four-character idiom that describes the situation underlined below.

(1) 내 친구는 응급실에 실려 가신 어머니가 잘못되실까 너무 걱정이 되어서 벌벌 떨면서 •뜬눈으로 밤을 새웠다고 한다.

전			

(2) 학생들은 전공을 결정하면서 여러 가지 가능성에 대해 깊이 생각하곤 한다. 앞으로의 미래가 걸린 일이기 때문이다.

	사		

(3) •강력한 태풍이 온다는 소식에 바닷가 마을 사람들은 •방제 작업을 하면서 몹시 걱정하고 속을 태웠다.

		초	

(4) 어머니의 옷을 •망가뜨린 사실을 들킬까 봐 불안해서 가만히 있지 못하고 방 안을 •서성거렸다.

			석

【3~6】 다음 사자성어를 활용해서 질문에 답해 보세요.(단, 문제 3~4는 4개의 사자성어를 1번씩만 사용해야 함.)
Answer the questions using the following four-character idioms. (For Questions 3 and 4, use each idiom only once.)

노심초사	심사숙고	전전긍긍	좌불안석

3 다음 빈칸에 가장 알맞은 사자성어를 넣어 문장을 완성해 보세요.
Fill in the blank with the most appropriate four-character idiom to complete the sentence.

(1) 프랑스로의 유학은 내가 지난 1년 동안 충분히 ☐☐☐☐ 한 끝에 결정한 일이다.

(2) 그는 선생님께 거짓말한 사실을 들킬까 봐 *어쩔 줄 몰라 하며 ☐☐☐☐ 이었/였다.

(3) 며칠 전에 큰 지진을 겪고 나니 *여진에 대한 두려움이 너무 큰 나머지 마을 사람들 모두가 ☐☐☐☐ / ☐☐☐☐ 하며 지내고 있다.

4 다음 대화문을 읽고 빈칸에 가장 알맞은 사자성어를 써 보세요.
Read the following dialogues and fill in the blanks with the most appropriate four-character idioms.

(1) 가: 학교를 그만두기로 했다면서요?

나: 네. 꼭 하고 싶은 일이 있어서요. 오랫동안 ☐☐☐☐ 해서 내린 결정이니까 응원해 주세요.

(2) 가: 드디어 전쟁이 끝났다고 해요!

나: 정말 다행이에요. 전쟁이 더 커질까 봐 다들 걱정하며 ☐☐☐☐ / ☐☐☐☐ 했는데 말이에요.

(3) 가: 왜 이렇게 한자리에 가만히 있지 못하고 ☐☐☐☐ 이에/예요?

나: 오늘 오후에 대학 입학시험 결과가 발표되거든요. 너무 긴장했나 봐요.

한국은 1950년 6월 25일에 시작되어 1953년 7월 27일에 •휴전을 •협정한 한국 전쟁 이후 남과 북으로 나뉜 •분단국가이다. 이로 인해 전쟁 때 •흩어졌던 가족들은 안타깝게도 지금까지 서로 소식을 모르고 헤어져 지내고 있다. 그동안 이들 •이산가족을 만나게 하려는 여러 가지 노력들이 있었으나, 1971년 8월에 한국과 북한의 적십자사(Red Cross)가 '이산가족 찾기 운동'을 시도한 이래 정치적 문제로 중단과 반복을 •거듭해 왔다. 1983년에는 한국의 한 방송사가 〈이산가족을 찾습니다〉라는 프로그램을 •생방송으로 진행해 많은 이산가족이 다시 만날 수 있었다[관련 •기록물이 2015년 유네스코(UNESCO) •세계 기록 유산에 •등재되었다.]. 그러나 분단의 시간이 길어지면서 사망한 이산가족이 늘어나 •영영 만날 기회를 갖지 못하는 경우가 많아져 •안타까움을 사고 있다. 이에 많은 사람들이 정치적 문제를 뛰어넘어 이산가족들의 만남을 위해 ☐☐☐☐ 해서 •실질적이고 현실적인 해결책이 나오기를 기대하고 있다.

Vocabulary

- 어쩔 줄 모르다 to be at a loss
- 협정하다 to make an agreement
- 이산가족 separated families
- 기록물 record; documentary
- 영영 forever

- 여진 aftershock
- 분단국가 divided country
- 거듭하다 to repeat
- 세계 기록 유산 Memory of the World
- 안타까움을 사다 to be pitiful; to be regrettable

- 휴전 ceasefire
- 흩어지다 to be scasttered
- 생방송 live broadcast
- 등재되다 to be registered
- 실질적 practical

다음 글을 읽고 밑줄 친 부분과 관계있는 사자성어를 써 보세요.

Read the following passage and write the most appropriate four-character idiom related to the phrase underlined.

끝없는 경쟁으로 스트레스가 심한 현대 사회에서 많은 사람들이 •불안 장애를 겪고 있다. 일반적인 수준의 •불안감은 위험에 대해 뇌에서 경고를 보내는 정상적인 •정서 반응 중 하나이지만, 불안 장애는 •병적인 불안과 공포로 인해 일상생활을 하기 어려운 •정신 질환으로 구별된다. 불안 장애를 가진 사람들은 크게 위험하지 않은 아주 사소하고 일상적인 변화나 자극조차 •극도로 <u>두려워하고 벌벌 떨며</u> 조심하게 되어 직장이나 학교에서의 생활을 이어 나가는 데 큰 어려움을 겪는다. 이에 따라 전문가들은 불안 장애를 예방하기 위해 평소에 충분한 휴식을 취하고 스트레스를 잘 관리하는 것이 중요하다고 말하고 있다.

36

기하급수   다다익선
우후죽순   인산인해

◎ 다음 글을 읽고 떠오르는 여러분의 생각이나 느낌을 이야기해 보세요.
Read each sentence below and tell how you think or feel.

- 지방에서 도시로 올라오는 사람들이 많이 늘어나고 있다.
- 관광객들의 *방문이 잦아진 바닷가에 카페와 음식점들이 늘어났다.
- 우리 *군의 *전력이 보충되어 *적군의 수보다 두 배 이상 많아지면서 전쟁에 승리할 수 있었다.

➡ 많아지다,

다음 사자성어들을 읽어 보세요.
Read the following four-character idioms.

기하급수 幾何級數

뜻, 음	몇 **기** how many [gi]	얼마 **하** how much [ha]	등급 **급** grade [geup]	숫자 **수** number [su]
한자	幾	何	級	數
풀이	얼마만큼 늘어나는지 알 수 없을 정도로 수나 양이 아주 많이 증가함. A huge increase of grade or number where one cannot tell the amount. (기하 ⓝ geometry, 급수 ⓝ progression)			
활용	수나 양이 매우 빠른 속도로 많아짐을 말한다. It means the number or amount increasing at a very high rate.			

다다익선 多多益善

뜻, 음	많을 **다** to be a lot [da]	많을 **다** to be a lot [da]	더할 **익** to add [ik]	좋을 **선** to be good [seon]
한자	多	多	益	善
풀이	많으면 많을수록 더 좋음. The more, the better.			
활용	많으면 많을수록 더욱더 좋음을 표현한다. It refers to the situation where it is better to have more.			

우후죽순 雨後竹筍

뜻, 음	비 **우** rain [u]	뒤 **후** after [hu]	대나무 **죽** bamboo [juk]	죽순 **순** bamboo shoot [sun]
한자	雨	後	竹	筍
풀이	비가 온 뒤에 여기저기서 쑥쑥 자라는 죽순(대나무 순). Bamboo shoots rising after the rain; spring up; mushrooming.			
활용	어떤 일이 한때에 많이 생겨나는 것을 가리킨다. It refers to something happening a lot at one time.			

인산인해 人山人海

뜻, 음	사람 **인** people [in]	산 **산** mountain [san]	사람 **인** people [in]	바다 **해** ocean [hae]
한자	人	山	人	海
풀이	사람이 산처럼 높고 바다처럼 넓게 퍼져 (모여) 있음. A lot of people who gathered as high as a mountain and spread out as wide as the ocean; a sea of people; crowds.			
활용	사람이 셀 수 없을 만큼 많이 모인 상태를 가리킬 때 사용한다. It is used to describe a situation where an uncountable number of people gather in a place.			

앞에서 학습한 내용을 바탕으로 다음 질문에 답해 보세요.
Answer the following questions based on what you learned on the previous page.

1 다음 사자성어와 가장 알맞은 설명을 연결해 보세요.
Match the following four-character idioms with the most appropriate descriptions.

(1) 기하급수 •
(2) 다다익선 •
(3) 우후죽순 •
(4) 인산인해 •

• ㉠ 사람이 셀 수 없을 만큼 많이 모여 있음.
• ㉡ 많으면 많을수록 더 좋음.
• ㉢ 어떤 일이 한때에 많이 생겨남.
• ㉣ 수나 양이 아주 빠른 속도로 많아짐.

2 다음 밑줄 친 상황에 가장 잘 어울리는 사자성어를 써 보세요.
Write the most appropriate four-character idiom that describes the situation underlined below.

(1) 안타깝게도 지진 발생으로 인한 *사망자와 *부상자의 수가 급격히 늘어나고 있다.

|기| | | |

(2) 한국 문화가 세계적으로 인기를 끌면서 한국어를 포함한 한국학을 공부하려는 학생들이 갑자기 많이 생겨났다.

| |후| | |

(3) 백화점 세일 행사로 사람들이 백화점 앞에 *잔뜩 모여 있는 바람에 그 앞을 지나다니기 힘들었다.

| | |인| |

(4) 많은 일을 사람의 손으로 처리했던 옛 *농경 사회에서는 *생산력을 높이기 위해 자식을 많이 낳으면 낳을수록 좋은 일이라고 여겼다.

| | | |선|

【3~6】 다음 사자성어를 활용해서 질문에 답해 보세요.(단, 문제 3~4는 4개의 사자성어를 1번씩만 사용해야 함.)

Answer the questions using the following four-character idioms. (For Questions 3 and 4, use each idiom only once.)

> 기하급수   다다익선   우후죽순   인산인해

3 다음 빈칸에 가장 알맞은 사자성어를 넣어 문장을 완성해 보세요.

Fill in the blank with the most appropriate four-character idiom to complete the sentence.

(1) 차를 마시며 공부할 수 있는 '스터디 카페'가 유행처럼 생겨난다더니, 우리 동네 여기저기

에도 ☐☐☐☐ 처럼 생겨나고 있다.

(2) 경기장은 국가대표 야구팀을 응원하는 수많은 사람들로 ☐☐☐☐ 을/를

이루었다.

(3) 그는 SNS *구독자 수가 ☐☐☐☐ 적으로 증가하면서 유명 TV 프로그

램에 초대될 만큼 *유명 인사가 되었다.

(4) 이번 봉사 활동에는 정말 많은 사람들이 필요합니다. ☐☐☐☐ (이)라고,

지원하는 사람이 많으면 많을수록 좋으니 잘 홍보해 주세요.

4 다음 대화문을 읽고 빈칸에 가장 알맞은 사자성어를 써 보세요.

Read the following dialogues and fill in the blanks with the most appropriate four-character idioms.

(1) 가: 좋은 건 뭐든 많이 먹을수록 좋으니까 영양제도 그렇겠지요?

나: 글쎄요. 아무리 ☐☐☐☐ (이)라지만, 영양제든 뭐든 적당히 먹는 게

건강에 더 *좋을 듯해요.

(2) 가: 이번에 프로로 *전향한 선수에 대해 들었어요? 연봉이 엄청나던데요?

나: 그러게요. *아마추어 *신인일 때와 천양지차로, 연봉이 ☐☐☐☐ (으)로

올랐던데요.

(3) 가: 어머, 저 식당 앞에 줄 선 사람들 좀 보세요. ☐☐☐☐ 이에/예요.

　　나: 그러게요. *맛집이라고 소문났나 봐요.

(4) 가: 수지 씨가 좋아하는 아이돌 그룹이 유명 예능 프로그램에 출연했던데요?

　　나: 네. 그 덕분에 팬들이 ☐☐☐☐ 처럼 늘어서 팬클럽 회원 수가 어마

　　어마해졌어요.

5. 다음 글을 읽고 빈칸에 공통적으로 들어갈 사자성어를 써 보세요.
Read the following passage and fill in the blanks with the same appropriate four-character idiom.

　　음악과 비디오를 결합한 '비디오 아트'의 *개척자로 알려진 백남준(白南準). 그는 텔레

비전을 활용한 다수의 비디오 아트를 선보였는데, 그중에서 *최대 규모를 자랑하는 작

품이 〈☐☐☐☐〉(이)다. 이는 1988년 한국에서 개최된 '서울 올림픽'

을 기념해 제작한 것으로, 한국의 *건국을 기념하는 날인 10월 3일 개천절을 상징하는

1,003대의 텔레비전 모니터가 탑처럼 쌓아 올려진 비디오 타워이다. 작품의 제목인

〈☐☐☐☐〉은/는 '사마천'의 《사기(史記)》에서 *유래한 사자성어로

'많으면 많을수록 좋음.'이라는 뜻을 갖고 있다. 이때 그의 작품에서 '많음'의 대상은

'*소통'이다. 이를 비롯한 많은 예술 작품을 통해 백남준은 시대와 세대를 넘어 서로 소

통하기를 원했다고 알려져 있다.

다음 글을 읽고 빈칸에 가장 알맞은 사자성어를 써 보세요.

Read the following passage and fill in the blank with the most appropriate four-character idiom.

한국의 독립운동가 안중근(安重根)은 1909년 10월, 일제가 대한 제국을 감독하고 침략을 준비하기 위해 서울에 두었던 *관청인 통감부(1910년 이후 *조선 총독부로 변경)의 책임자 이토 히로부미[伊藤博文]가 중국의 만주 지역을 방문한다는 소식을 듣게 되었다. 그는 이토 히로부미를 *처단할 계획을 세우고, 1909년 10월 26일 오전 7시경 이토 히로부미를 환영하려는 사람들로 □□□□ 을/를 이룬 하얼빈역을 찾았다. 마침내 오전 9시경 이토 히로부미가 기차에서 내리는 순간, 안중근은 그의 가슴에 총을 쏘며 "코리아 만세!"를 외쳤다.

이후 일본 *재판부에 끌려간 안중근은 한국 의병의 *참모 중장으로서 자신이 이토 히로부미를 처단하려고 한 계획을 당당히 말하고 동양의 평화를 깨뜨린 일본의 죄를 *되묻기까지 했다. 결국 그는 *사형 선고를 받았고 사형 전까지 감옥에서 여러 글을 남겼는데, 그중 *교도관이던 일본인 *헌병에게 써 주었다는 "나라를 위해 *몸을 바치는 것이 군인의 *본분이다."라는 글이 가장 잘 알려져 있다. 이 글은 한국의 보물로 지정되었는데, 서예(글씨를 붓으로 쓰는 예술)적 가치는 물론 일본인들까지도 안중근의 *충절과 의리에 *감탄하며 대를 이어 보관한 글이어서 그 가치는 더욱 높이 평가되고 있다.

Vocabulary

- 관청 government office
- 처단하다 to punish
- 되묻다 to ask back
- 헌병 military police
- 충절 loyalty

- 조선 총독부 the Japanese Government-General of Korea
- 재판부 court
- 사형 선고 death sentence
- 몸을 바치다 to sacrifice oneself
- 감탄하다 to admire

- 참모 중장 Lieutenant General of the Staff
- 교도관 prison officer
- 본분 duty

Answer

1. (1) ㉣ (2) ㉡ (3) ㉢ (4) ㉠ 2. (1) 기하급수 (2) 우후죽순 (3) 인산인해 (4) 다다익선
3. (1) 우후죽순 (2) 인산인해 (3) 기하급수 (4) 다다익선 4. (1) 다다익선 (2) 기하급수 (3) 인산인해 (4) 우후죽순 5. 다다익선 6. 인산인해

37

금시초문　부지기수
비일비재　십중팔구

◎ 다음 글을 읽고 떠오르는 여러분의 생각이나 느낌을 이야기해 보세요.
Read each sentence below and tell how you think or feel.

- 그 도로는 다른 곳보다 좁아서 사고가 자주 일어난다.
- *파파라치들이 쫓아다니는 그 영화배우는 종종 *스캔들에 *휩쓸리곤 했다.
- 마을 사람들이 아무도 그의 말을 믿지 않을 만큼 *양치기 소년은 거짓말을 자주 했다.

➡ 자주 일어나다,

다음 사자성어들을 읽어 보세요.
Read the following four-character idioms.

금시초문 今始初聞

뜻, 음	이제 **금** now [geum]	비로소 **시** finally [si]	처음 **초** first [cho]	들을 **문** to hear [mun]
한자	今	始	初	聞
풀이	이제야 비로소 처음 들음. Hearing something for the first time; something never heard of.			
활용	어떤 이야기를 지금 처음으로 들음, 즉 아직까지 들어 보지 못했음을 이르는 말이다. It is used when someone hears the news for the first time.			

부지기수 不知其數

뜻, 음	아닐 **부** not [bu]	알 **지** to know [ji]	그 **기** the [gi]	숫자 **수** number [su]
한자	不	知	其	數
풀이	그 수를 알 수 없음. Unable to know the number; being countless; being numerous.			
활용	셀 수 없을 만큼 매우 많음, 또는 그렇게 많은 수효를 표현한다. It is used when there are too many things to count.			

비일비재 非一非再

뜻, 음	아닐 **비** not [bi]	하나 **일** one [il]	아닐 **비** not [bi]	두 **재** two [jae]
한자	非	一	非	再
풀이	한 번도 아니고 두 번도 아님. Not once or twice; frequent occurrence.			
활용	어떤 현상이나 일이 한 번이나 두 번이 아니라 여러 번임을 표현하며, '비일비재하다'의 형태로써 형용사로 사용할 수 있다. It refers to a phenomenon or an event that occurs frequently, not once or twice, but many times.			

십중팔구 十中八九

뜻, 음	열 **십** ten [sip]	가운데 **중** among [jung]	여덟 **팔** eight [pal]	아홉 **구** nine [gu]
한자	十	中	八	九
풀이	열 가운데 여덟이나 아홉. Eight or nine out of ten; almost all; without fail.			
활용	거의 대부분이거나 거의 틀림없음을 표현하며, 강한 추측을 나타낼 때 종종 사용한다. It indicates that something is almost certain to happen and is sometimes used to express a strong speculation.			

1 다음 사자성어에 대한 설명 중 옳은 것은 ○, 옳지 <u>않은</u> 것은 × 표시해 보세요.
Read each description about four-character idioms and write ○ if correct and × if incorrect.

(1) 금시초문: 지금 처음 들은 이야기.   (   )

(2) 부지기수: 셀 수 없을 만큼 많고 흔함.   (   )

(3) 비일비재: 몹시 마음을 쓰며 걱정하고 애를 태움.   (   )

(4) 십중팔구: 거의 대부분이거나 거의 틀림없음.   (   )

잠깐 위의 사자성어에 대한 설명으로 옳지 <u>않은</u> 것이 있으면 올바르게 고쳐 써 보세요.
Read the above descriptions again and rewrite the incorrect descriptions if there are any.

---

2 다음 밑줄 친 상황에 가장 잘 어울리는 사자성어를 써 보세요.
Write the most appropriate four-character idiom that describes the situation underlined below.

(1) 전쟁으로 인한 부상자와 사망자가 <u>셀 수 없을 만큼 너무</u>
<u>많아서</u> 전 세계 언론들이 *앞다투어 기사를 보도하고 있다.

부			

(2) 나는 최근에 잠을 충분히 자지 못해서 그런지 해야 할
일을 잊어버리고는 멍하니 앉아 있는 <u>경우가 잦다.</u>

	일		

(3) 선생님께서 이번 주말에 우리 반 친구들 모두 함께 '한국
문화 센터'를 방문할 계획이라고 공지하셨다는데, 나는
<u>처음 듣는 이야기여서</u> 당황스러웠다.

		초	

(4) 그 대회에서 매해 *우승을 차지한 우리 학교가 올해에도
우승할 것이 <u>틀림없다</u>고 모두들 믿고 있다.

			구

【3~6】 다음 사자성어를 활용해서 질문에 답해 보세요.(단, 문제 3~4는 4개의 사자성어를 1번씩만 사용해야 함.)
Answer the questions using the following four-character idioms. (For Questions 3 and 4, use each idiom only once.)

금시초문	부지기수	비일비재	십중팔구

3 다음 빈칸에 가장 알맞은 사자성어를 넣어 문장을 완성해 보세요.
Fill in the blank with the most appropriate four-character idiom to complete the sentence.

(1) 비밀 연애를 해 온 두 사람의 연애 소식이 알려지자 사람들은 ☐☐☐☐

(이)라는 *반응을 보였다.

(2) 이 산은 매우 훌륭하고 아름다운 경치를 자랑하지만, *경사가 너무 심해서 등산객들이 다

치는 일이 ☐☐☐☐ 하다.

(3) 산불이 일주일 넘게 계속되는 바람에 피해를 본 사람들도 ☐☐☐☐

(으)로 많아졌다.

(4) 운동은커녕 *식단을 조절하지 않아도 약만 먹으면 다이어트에 성공할 수 있다는 광고는

☐☐☐☐ 과장된 얘기라고 생각한다.

4 다음 대화문을 읽고 빈칸에 가장 알맞은 사자성어를 써 보세요.
Read the following dialogues and fill in the blanks with the most appropriate four-character idioms.

(1) 가: 월드컵 출전 선수들을 응원하려고 *광장에 모인 사람이 ☐☐☐☐

(으)로 많았다면서요?

나: 맞아요. *4강전에 올라갔으니까 우승에 대한 기대가 커서 그랬는지 정말 엄청나게 많은

사람들이 모였어요.

(2) 가: 이번에는 시험에 꼭 합격했으면 좋겠어요.

나: 이번에도 경쟁률이 좀 높기는 하지만 ☐☐·☐☐ 합격할 거예요. 열심히

공부했잖아요!

(3) 가: 이번 지방 출장도 °당일에 바로 올라오는 일정이에요?

　　나: 네. 다음 날 회의가 있어서 °심야 고속버스를 타고 올라와야 해요. 요즘 회의도 많고 출

　　　　장도 잦아서 이런 일이 ☐ ☐ ☐ ☐ 하네요.

(4) 가: 내년에 우리 대학교 등록금이 또 오른다는데 들었어요?

　　나: 그래요? 저는 ☐ ☐ ☐ ☐ 인데요…. 지금 바로 홈페이지에서 확인해

　　　　봐야겠어요.

5 다음 기사문을 읽고 알맞은 사자성어를 사용해서 제목을 완성해 보세요.
Read the following article and complete its title using the appropriate four-character idiom.

☐ ☐ ☐ ☐ 한 보이스 피싱의 피해

입력 2000.00.00.　　　　　　　　　　　　　　　　　　　가가 ⇪ 🖨

　　°전화 금융 사기, 즉 보이스 피싱을 당했다는 피해 신고는 해마다 늘어나고 있다. 이에는 °법무부·°경찰청과 같은 공공 기관이나 은행, 가족과 °지인이라고 속이는 유형이 가장 많은데, 최근에는 °비대면 메시지 피싱 유형도 생겼다. 특히 인공 지능과 결합한, 이미지 및 음성을 °복제하는 딥페이크나 딥보이스 기술을 보이스 피싱에 °악용하는 사례가 생기면서 °개개인의 주의가 요구되고 있다. 이제 개인은 공공 기관 등으로부터 현금이나 개인 정보를 요구받을 때 좀 더 철저히 확인해야 하고, 금융 감독 기관인 °금융 감독원 역시 점점 °지능화·다양화되는 보이스 피싱을 막기 위해 °상시적 감시 및 정보 공유 체계를 만들어 범죄 예방에 힘써야 한다.

---

6 다음 글을 읽고 밑줄 친 단어를 문맥에 가장 알맞은 사자성어로 고쳐 써 보세요.

Read the following passage and rewrite the underlined word using the most contextually appropriate four-character idiom.

(1)

> 여러 지방 자치 단체들은 지역 *경제를 살리기 위해 주민들이 실제 금액보다 저렴하게 구입해서 *해당 지역에서만 사용할 수 있는 '지역 *상품권' 제도를 도입했다. 그러나 주민들은 <u>자초지종</u>이라며, 관련 소식에 대한 홍보가 부족함을 지적하고 있다.

→ ☐ ☐ ☐ ☐ (이)라며

(2)

> 저는 아프리카로 봉사 활동을 가고 싶습니다. 지금도 아프리카에는 *기아와 질병으로 사망하는 어린이들이 <u>점입가경</u>으로 많습니다. 저는 현재 *의학을 공부하고 있어서, 질병에 대한 예방 및 생활 습관 등을 교육함으로써 그들에게 작은 도움이나마 주고자 합니다.

→ ☐ ☐ ☐ ☐ (으)로

38

각양각색　　대동소이
유유상종　　일맥상통

◎ 다음 글을 읽고 떠오르는 여러분의 생각이나 느낌을 이야기해 보세요.
Read each sentence below and tell how you think or feel.

○ 축구를 좋아하는 친구들끼리 아침 일찍 학교에 모여서 놀았다.

○ 그 사람과 나는 서로 취미가 비슷해서 최근에 자주 어울리게 되었다.

○ 이번 축제 때 사용할 *가면은 이전에 쓴 가면과 알게 모르게 닮아 있다.

➡ 비슷하다,

Activity 1

다음 사자성어들을 읽어 보세요.
Read the following four-character idioms.

각양각색 各樣各色

뜻, 음	각각 **각** each [gak]	모양 **양** shape [yang]	각각 **각** each [gak]	빛 **색** color [saek]
한자	各	樣	各	色
풀이	제각각의 모양과 제각각의 빛깔. Each shape and each color; varieties; all sorts.			
활용	사물의 각기 다른 여러 가지 모양과 빛깔을 말하며 다양함을 표현한다. It refers to various shapes and colors and expresses variety.			

대동소이 大同小異

뜻, 음	큰 **대** to be big [dae]	같을 **동** to be the same [dong]	작을 **소** to be small [so]	다를 **이** to be different [i]
한자	大	同	小	異
풀이	크게 보면 같고 약간만 다름. Great similarity with minor difference; nearly the same; almost identical.			
활용	비교하는 대상이 서로 크게 다른 것이 없이 거의 같을 때 사용한다. It is used for situations or things that are largely alike without much difference.			

유유상종 類類相從

뜻, 음	무리 **유** (류) group [yu]	무리 **유** (류) group [yu]	서로 **상** each other [sang]	좇을 **종** to follow [jong]
한자	類	類	相	從
풀이	같은 무리끼리 서로 (좇으며) 어울림(혹은 어울려 사귐.). Similar groups follow each other; birds of a feather flock together.			
활용	비슷한 특성을 가진 사람들끼리 서로 어울려 사귐을 말한다. '끼리끼리 어울린다'는 의미로서 비꼬는 투로 쓰이기도 한다. It refers to socializing and hanging out with people with similar characteristics. It can be used as a sarcastic expression.			

일맥상통 一脈相通

뜻, 음	하나 **일** one [il]	줄기 **맥** stem [maek]	서로 **상** each other [sang]	통할 **통** to go through [tong]
한자	一	脈	相	通
풀이	하나의 줄기가 서로 통함. Being connected to one stem; having something in common; being in line with.			
활용	한 측면에서 볼 때 생각·상태·성질 등이 서로 통하는 점이 있을 경우에 사용한다. It is used to indicate that thoughts, states, or properties are connected or similar.			

앞에서 학습한 내용을 바탕으로 다음 질문에 답해 보세요.
Answer the following questions based on what you learned on the previous page.

1 **다음 사자성어와 가장 알맞은 설명을 연결해 보세요.**
Match the following four-character idioms with the most appropriate descriptions.

(1) 각양각색 •　　　　　• ㉠ 비슷한 특성을 가진 사람들끼리 사귐.

(2) 대동소이 •　　　　　• ㉡ 서로 통하는 점이 있음.

(3) 유유상종 •　　　　　• ㉢ 각기 다른 여러 가지의 모양과 *빛깔.

(4) 일맥상통 •　　　　　• ㉣ 거의 같아서 큰 차이가 없음.

2 **다음 밑줄 친 상황에 가장 잘 어울리는 사자성어를 써 보세요.**
Write the most appropriate four-character idiom that describes the situation underlined below.

(1) 지금 네 주장은 근거와 전개 방법은 다르지만 내 발표의
결론과 비슷하고 통하는 부분이 있다.

일			

(2) 서울의 동대문 시장에 가면 각종 *다채로운 길거리 음식
들이 있어서 쇼핑 후 고픈 배를 *푸짐하게 채울 수 있다.

	양		

(3) 마트에서 할인 행사를 한다고 홍보했으나, *할인가가
할인 전 가격과 크게 차이가 없어서 실망했다.

		소	

(4) 그는 사업가가 된 이후 주로 자신과 비슷한 사업을 하는
사람들만 친구로 사귀었다.

			종

【3~6】 다음 사자성어를 활용해서 질문에 답해 보세요.(단, 문제 3~4는 4개의 사자성어를 1번씩만 사용해야 함.)
Answer the questions using the following four-character idioms.(For Questions 3 and 4, use each idiom only once.)

> 각양각색　　　　　대동소이　　　　　유유상종　　　　　일맥상통

3 다음 빈칸에 가장 알맞은 사자성어를 넣어 문장을 완성해 보세요.
Fill in the blank with the most appropriate four-character idiom to complete the sentence.

(1) 유엔(UN) *사무국에는 전 세계 *회원국들을 대표하는 ☐☐☐☐ 의 국

기들이 걸려 있다.

(2) 이 소설과 저 그림의 작가는 달랐지만, 당시 대중에게 전달하고자 하는 메시지는 서로 유사

하게 ☐☐☐☐ 했다.

(3) 이번 면접 대상자들의 이력서상 실력이 거의 ☐☐☐☐ 해서, 누구를 뽑

을지 고민이 많다.

(4) ☐☐☐☐ (이)라고, 동생과 동생 친구들 대부분은 공부보다 온라인 게

임을 더 좋아하는 편이다.

4 다음 대화문을 읽고 빈칸에 가장 알맞은 사자성어를 써 보세요.
Read the following dialogues and fill in the blanks with the most appropriate four-character idioms.

(1) 가: 이번 프로젝트에 대한 보고서는 전부 검토하셨어요?

나: 네. 새로운 생각들이 많아서 좋았어요. 그리고 프로젝트의 방향성도 우리 팀이 오랫동안

해 온 일과 ☐☐☐☐ 해서 무척 만족스러워요.

(2) 가: 요즘 인기 있는 아이돌 그룹 멤버들은 다들 외모가 비슷해서 누가 누구인지 잘 모르겠

더구나.

나: 화장하는 방법이나 헤어스타일이 ☐☐☐☐ 해서 그런가 봐요. 그래도

잘 살펴보면 멤버들마다 개성이 넘쳐요.

(3) 가: 대학교에 입학한 지 얼마 되지 않았는데 친구들은 좀 사귀었어요?

나: 네. 입학 후 등산 동아리에 가입했는데 다들 야외 스포츠를 즐기는 친구들이어서 그런지

쉽게 친해졌어요. ☐☐☐☐(이)란 말이 딱 맞는 것 같아요.

(4) 가: 웬 청바지가 이렇게 많아요? 적어도 20벌은 되는 것 같은데요.

나: 하하, 제가 워낙 청바지를 좋아해서요. 그래도 자세히 보면 ☐☐☐☐

(으)로 조금씩 다른 청바지들이에요.

5 다음 글을 읽고 빈칸에 가장 알맞은 사자성어를 써 보세요.
Read the following passage and fill in the blank with the most appropriate four-character idiom.

세계적인 경영 컨설턴트인 켄 블랜차드(Ken Blanchard) 등이 쓴 《칭찬은 고래도 춤추게 한다》에서는 고래를 춤추도록 훈련하는 방법으로 긍정적인 관심과 격려 등을 강조하고 있다. 이는 *타인의 긍정적인 기대나 관심이 개인의 *능률이나 결과에 좋은 영향을 미치는 '피그말리온 효과'를 떠올리게 한다. 이 효과는 실험으로도 증명되었는데, '로젠탈 효과'가 그것이다. 피그말리온 효과와 ☐☐☐☐ 하는 로젠탈 효과는 미국의 하버드 대학교 심리학과 교수였던 로버트 로젠탈(Robert Rosenthal) 교수가 발표한 이론으로, 샌프란시스코의 한 초등학교 학생들을 대상으로 한 실험을 바탕으로 했다. 그는 우선 20%의 학생을 *무작위로 뽑은 후, 관련 학생들이 *지능 지수가 높은 학생들이라며 교사에게 명단을 건넸다. 8개월 후 로젠탈 교수는 실험 무리에 있었던 학생들이 다른 학생들보다 평균 점수가 높음을 발견했다. 이는 교사의 칭찬과 관심이 학생들의 성장에 긍정적인 역할을 한 결과로, 피그말리온 효과의 교육적 영향을 확인한 실험으로 알려져 있다.

Vocabulary

- 사무국 Secretariat
- 능률 efficiency
- 회원국 member country
- 무작위로 randomly
- 타인 other person(people)
- 지능 지수 intelligence quotient

다음 글을 읽고 밑줄 친 부분과 관계있는 사자성어를 써 보세요.

Read the following passage and write the most appropriate four-character idiom related to the phrase underlined.

옛날에 한 •상인이 •당나귀를 사러 •가축 시장에 갔다. 당나귀를 파는 곳으로 가니 주인은 그를 반기며 •기운이 세고 순한 당나귀들이라고 •자랑을 늘어놓았다. 주인의 말처럼 좋은 당나귀들이었는데, 상인은 그중 까만 당나귀에게 시선이 갔다. 그는 주인에게,

"이 당나귀를 잠시 데리고 갔다가 와도 될까요? 하는 행동을 지켜보면 이 당나귀가 어떤지 짐작할 수 있을 것 같아서요."

라고 했다. 주인이 바로 허락하자 상인은 까만 당나귀를 데리고 집으로 가서 당나귀 •우리에 넣고 관찰했다. 그런데 까만 당나귀는 우리 안의 무리 중 가장 게으르고 먹이 욕심이 많은 당나귀에게 붙어 꼼짝도 하지 않았다. 상인은 그 모습을 보고는 까만 당나귀를 다시 주인에게 되돌려주었다. 주인은 뜻밖이라며 까만 당나귀를 충분히 시험해 봤는지 물었다. 이에 상인은 다음과 같이 대답했다.

"더 이상 시험해 볼 필요가 없었습니다. 그 당나귀는 자기가 선택한 당나귀와 비슷할 것이 틀림없으니까요."

□ □ □ □

39

난형난제　막상막하
무궁무진　천정부지

◎ 다음 글을 읽고 떠오르는 여러분의 생각이나 느낌을 이야기해 보세요.
Read each sentence below and tell how you think or feel.

○ 양 팀의 실력이 비슷해서 경기는 무승부로 끝났다.

○ 두 형제는 *체격이 아주 비슷해서 누가 더 큰지 알 수 없다.

○ 이번 오디션에 나온 *참가자들의 실력이 다들 뛰어나서 누가 우승할지 모르겠다.

➡ 비교하기 힘들다,

Activity 1

다음 사자성어들을 읽어 보세요.
Read the following four-character idioms.

난형난제
難兄難弟

뜻, 음	어려울 **난** to be difficult [nan]	형 **형** older brother [hyeong]	어려울 **난** to be difficult [nan]	아우 **제** younger brother [je]
한자	難	兄	難	弟
풀이	(누구를) 형이라고 하기도 어렵고 (누구를) 아우라고 하기도 어려움. Being unable to call one an older brother and the other a younger brother.			
활용	두 사물이 비슷해서 무엇이 더 낫고 더 못함을 정하기 어려움을 표현한다. '난형난제하다'의 형태로써 형용사로 사용할 수 있다. It describes a difficult situation to determine which is better or worse because the two things are similar.			

막상막하
莫上莫下

뜻, 음	없을 **막** to not be [mak]	위 **상** up [sang]	없을 **막** to not be [mak]	아래 **하** down [ha]
한자	莫	上	莫	下
풀이	나은 사람(것)도 없고 못한 사람(것)도 없음. Not better and not worse; being equal.			
활용	더 낫고 더 못함의 차이가 거의 없음을 말할 때 사용한다. It is used when there is little difference between better and worse while comparing with each other.			

무궁무진
無窮無盡

뜻, 음	없을 **무** to not be [mu]	다할 **궁** to end [gung]	없을 **무** to not be [mu]	다할 **진** to exhaust [jin]
한자	無	窮	無	盡
풀이	끝이 없고 다함이 없음. No ends and no running out; endlessness.			
활용	끝이나 다하는 것이 없음을 가리킬 때 사용하며, '무궁무진하다'의 형태로써 형용사로 사용할 수 있다. It is used when something is unlimited and inexhaustible.			

천정부지
天井不知

뜻, 음	하늘 **천** sky [cheon]	우물 **정** well [jeong]	아닐 **부** not [bu]	알 **지** to know [ji]
한자	天	井	不	知
풀이	천장(지붕의 안쪽. '천정'은 비표준어)의 끝을 알 수 없음. Being unable to know the end of a ceiling; being skyrocketing; being soaring.			
활용	물건의 값 등이 한없이 오르기만 하는 것을 말하며, 주로 '천정부지로'의 형태로 사용한다. It is used when the price of goods and living rise without limit.			

1 다음 사자성어에 대한 설명 중 옳은 것은 ○, 옳지 <u>않은</u> 것은 × 표시해 보세요.
Read each description about four-character idioms and write ○ if correct and × if incorrect.

(1) 난형난제 : 두 사물이 비슷해서 무엇이 더 낫다고 말하기 어려움.　　　　(　)

(2) 막상막하 : 실력이나 수준의 차이가 거의 없음.　　　　(　)

(3) 무궁무진 : 쓸모가 없는 물건이나 쓸 만한 능력이 없는 사람.　　　　(　)

(4) 천정부지 : 물가 등이 *한없이 오르기만 함.　　　　(　)

잠깐 위의 사자성어에 대한 설명으로 옳지 <u>않은</u> 것이 있으면 올바르게 고쳐 써 보세요.
Read the above descriptions again and rewrite the incorrect descriptions if there are any.

2 다음 밑줄 친 상황에 가장 잘 어울리는 사자성어를 써 보세요.
Write the most appropriate four-character idiom that describes the situation underlined below.

(1) 명절을 앞두고 채소와 과일 값이 <u>끝도 없이 오르고</u>
<u>있어서</u> 걱정이에요.

　　천　□　□　□

(2) 두 대학에 모두 합격했다는 소식을 듣고 난감했다.
둘 다 가고 싶어 했던 학교여서, <u>어느 곳이 더 낫고 더</u>
<u>못하다고 하기 힘들어</u> 선택하기 어려웠기 때문이다.

　　□　형　□　□

(3) 이번 피아노 *콩쿠르의 *결승전에 오른 <u>두 사람의 실</u>
<u>력이 비슷해서 1등을 정하기 쉽지 않다.</u>

　　□　□　막　□

(4) 한국에는 하루 종일 먹고 구경하면서 즐길 수 있는
데가 <u>셀 수 없이 많다.</u>

　　□　□　□　진

Vocabulary

- 체격 physique(physical structure); body
- 콩쿠르 concours; contest; competition
- 참가자 participant
- 결승전 finals
- 한없이 boundlessly

【3~6】 다음 사자성어를 활용해서 질문에 답해 보세요.(단, 문제 3~4는 4개의 사자성어를 1번씩만 사용해야 함.)
Answer the questions using the following four-character idioms.(For Questions 3 and 4, use each idiom only once.)

| 난형난제 | 막상막하 | 무궁무진 | 천정부지 |

3 다음 빈칸에 가장 알맞은 사자성어를 넣어 문장을 완성해 보세요.
Fill in the blank with the most appropriate four-character idiom to complete the sentence.

(1) *임대료가 내려가지는 않고 끝도 없이 [　][　][　][　] (으)로 올라 많은 상인

들이 장사를 포기하고 떠나고 있다.

(2) 이번 선거에 나간 두 *후보자 모두가 뛰어나서 마지막까지 [　][　][　][　] /

[　][　][　][　] 인 경쟁을 벌일 것으로 예상된다.

(3) 내 친구는 2년 동안 세계여행을 다녀와서 그런지 만날 때마다 신기하고 재미있는 이야깃거

리가 [　][　][　][　] 하게 계속 나온다.

4 다음 대화문을 읽고 빈칸에 가장 알맞은 사자성어를 써 보세요.
Read the following dialogues and fill in the blanks with the most appropriate four-character idioms.

(1) 가: 이번 국제 축구 대회에서 결승전에 올라간 두 나라 모두 우승 후보 팀이죠?

　　나: 네. 우승 후보 팀이 붙었으니 경기 결과가 마지막까지 [　][　][　][　] /

[　][　][　][　] 일 것 같아요.

(2) 가: 어제 씨름 경기 봤어요?

　　나: 네. 특히 이번에 우승한 선수가 눈에 띄더라고요. 단단한 *기본기에 다양한 기술까지 갖고

있어서 앞으로 발전할 가능성이 [　][　][　][　] 한 선수 같아요.

(3) 가: 오늘 주가가 *폭락했다던데 무슨 일이에요?

　　나: *원유 가격과 환율 등이 오를 거라는 국제 뉴스 때문에 [　][　][　][　] (으)로

오르던 주가가 폭락한 거예요.

다음 글을 읽고 빈칸에 가장 알맞은 사자성어를 써 보세요.
Read the following passage and fill in the blank with the most appropriate four-character idiom.

1936년 베를린 올림픽에서 한국 최초의 금메달리스트가 된 '손기정'과 *동메달리스트인 '남승룡'. *동시대에 활동했던 마라토너로서 두 사람은 [ ][ ][ ][ ] / [ ][ ][ ][ ]의 실력을 가진 경쟁자이자, 일제 강점기에 한국인 *육상 선수로 함께 어려움을 겪으며 서로 의지했던 동료였다. 두 사람은 일본 대표 팀 *선발전에서 나란히 1등과 2등을 차지하며 베를린 올림픽 *출전권을 따냈다. 그리고 베를린 올림픽에서 손기정은 올림픽 마라톤 *종목 최초로 동양인 우승자이자 세계 *신기록을 세운 선수가 되었으며, 남승룡은 3위를 차지했다. 하지만 두 선수는 마냥 기뻐할 수만은 없었다. 한국인이면서 일본 대표 팀으로서 출전했기 때문이었다. 이후 손기정은 한국에서 개최한 1988년 서울 올림픽 당시 *개막식에서 *성화 봉송 주자로 다시 뛰었고, 남승룡은 한국 육상계의 교육자로 살아갔다.

Vocabulary

- 임대료 rent
- 폭락하다 to plunge
- 동시대 same age
- 출전권 participation right
- 개막식 opening ceremony
- 후보자 candidate
- 원유 crude oil
- 육상 선수 track and field athlete
- 종목 event
- 성화 봉송 주자 torchbearer; torch relay runner
- 기본기 basic skills
- 동메달리스트 bronze medalist
- 선발전 team trials
- 신기록 new record

다음 글을 읽고 밑줄 친 단어를 문맥에 가장 알맞은 사자성어로 고쳐 써 보세요.

Read the following passage and rewrite the underlined word using the most contextually appropriate
four-character idiom.

전 세계적으로 컴퓨터와 인터넷 및 모바일 기기 사용이 *보편화되면서 많은 정보와 데이터가 빠른 속도로 증가하고 있다. 이에 따라 빅 데이터(big data), 즉 과거 아날로그 환경에서 *생성되던 데이터에 비해 커진 규모와 다양해진 형태의 데이터를 어떻게 활용할 것인가가 시대의 *화두가 되고 있다. 빅 데이터 처리 기술은 정보가 넘쳐 나는 시대에 개인별로 필요한 데이터를 분석, *최적의 데이터를 제공함으로써 경쟁력 강화 및 생산성 향상에 도움을 줄 수 있다. 또 의료 및 보건 등 산업 분야별 빅 데이터 활용을 통해 좀 더 정확하게 예측하고 대응함으로써 기업이나 공공 기관이 현실적인 정책을 세울 수 있도록 돕기도 한다. 이처럼 빅 데이터 기반 기술은 현대 사회를 살아가는 개인 및 기업이나 공공 분야에서 다양하게 활용할 수 있어 경계 없이 <u>동문서답</u>한 *잠재력과 가능성을 지닌 분야로 평가받고 있다.

→ ☐ ☐ ☐ ☐ 한

Vocabulary

• 보편화되다 to become widespread • 생성되다 to be generated • 화두가 되다 to become a hot issue
• 최적 the most suitable • 잠재력 potential

Answer

1. (1) ○ (2) ○ (3) × (4) ○ 빈칸 (3) 무궁무진: 끝이나 다하는 것이 없음. 2. (1) 천정부지 (2) 난형난제 (3) 막상막하 (4) 무궁무진
3. (1) 천정부지 (2) 난형난제/막상막하 (3) 무궁무진 4. (1) 난형난제/막상막하 (2) 무궁무진 (3) 천정부지
5. 난형난제/막상막하 6. 무궁무진

40

금수강산   배산임수
산해진미   형형색색

◎ 다음 글을 읽고 떠오르는 여러분의 생각이나 느낌을 이야기해 보세요.
Read each sentence below and tell how you think or feel.

- 한국에는 계절마다 *빼어난 풍광을 자랑하는 명소들이 많다.
- 창밖으로 산과 나무, 풀과 꽃들이 조화를 이루어 아름다운 풍경이 펼쳐졌다.
- 한강은 *강폭이 넓고 밤낮의 풍경이 아름다워서 소풍을 오는 사람들로 늘 붐빈다.

➡ 자연의 아름다움,

다음 사자성어들을 읽어 보세요.
Read the following four-character idioms.

금수강산 錦繡江山

뜻, 음	비단 **금** silk [geum]	수놓을 **수** to embroider [su]	강 **강** river [gang]	산 **산** mountain [san]
한자	錦	繡	江	山
풀이	비단에 수를 놓은 것 같은 강과 산. Beautiful rivers and mountains as if embroidered on silk; land with beautiful scenery.			
활용	'비단에 수를 놓은 듯이 아름다운 산천'이라는 의미로, 한국의 자연을 비유적으로 표현하는 말이다. It refers to Korea's nature which has beautiful rivers and mountains as if embroidered on silk.			

배산임수 背山臨水

뜻, 음	등질 **배** to put something behind [bae]	산 **산** mountain [san]	임할 **임** (림) to face [im]	물 **수** water [su]
한자	背	山	臨	水
풀이	산을 등지고 강을 마주 봄. Facing water with a mountain in the back.			
활용	뒤로는 산을 등지고 앞으로는 강을 마주 보는 조건을 갖춘 땅을 말한다. It refers to an excellent site in feng shui geography where the land faces the water and backs against the mountain.			

산해진미 山海珍味

뜻, 음	산 **산** mountain [san]	바다 **해** ocean [hae]	보배 **진** treasure [jin]	맛 **미** taste [mi]
한자	山	海	珍	味
풀이	산과 바다에서 나는 귀한 맛(음식). Invaluable food from mountains and oceans; all kinds of delicacies.			
활용	산과 바다에서 나는 재료로 차린 맛있는 음식을 말한다. It refers to delicious food made of ingredients from mountains and oceans.			

형형색색 形形色色

뜻, 음	모양 **형** shape [hyeong]	모양 **형** shape [hyeong]	빛 **색** color [saek]	빛 **색** color [saek]
한자	形	形	色	色
풀이	여러 가지 모양과 여러 가지 색깔. All shapes and colors; variety; many different colors.			
활용	모양이나 색이 다른 여러 가지를 말한다. 각기 다른 모양과 색을 표현하고자 할 때 종종 사용한다. It refers to things with colorful and various shapes. It is also used to indicate different shapes and colors respectively.			

앞에서 학습한 내용을 바탕으로 다음 질문에 답해 보세요.
Answer the following questions based on what you learned on the previous page.

1 다음 사자성어에 대한 설명 중 옳은 것은 ○, 옳지 않은 것은 × 표시해 보세요.
Read each description about four-character idioms and write ○ if correct and × if incorrect.

(1) 금수강산: 아름다운 한국의 자연.　　　　　　　　　　　　　　　(　　)

(2) 배산임수: 비슷한 특성을 가진 사람들끼리 서로 어울려 사귐.　　　(　　)

(3) 산해진미: 산과 바다에서 나는 재료로 차린 맛있는 음식.　　　　　(　　)

(4) 형형색색: 모양이나 색깔이 다양함.　　　　　　　　　　　　　　(　　)

잠깐 위의 사자성어에 대한 설명으로 옳지 <u>않은</u> 것이 있으면 올바르게 고쳐 써 보세요.
Read the above descriptions again and rewrite the incorrect descriptions if there are any.

2 다음 밑줄 친 상황에 가장 잘 어울리는 사자성어를 써 보세요.
Write the most appropriate four-character idiom that describes the situation underlined below.

(1) 농경 생활을 주로 했던 한국에서는 집 뒤로는 <u>산이 있고 앞으로는 강이 흐르는</u> °지형을 선호했다.

배　　　

(2) 한국 전통 시장에 가면 상인들이 직접 만들어 파는 <u>색과 디자인이 다양한</u> 액세서리들을 싼값에 구할 수 있다.

　형　　

(3) 신랑과 신부가 결혼식에 온 손님들을 위해서 예약한 뷔페식당에는 <u>다양한 재료들로 만든 귀하고 맛있는 음식들</u>이 많았다.

　　진　

(4) 한국의 산은 계절마다 다른 풍경을 선물한다. 특히 단풍이 드는 가을에는 <u>그림처럼 아름다운 경치</u>를 볼 수 있다.

　　　산

Vocabulary

• 빼어난 풍광 exceptional scenery　　　• 강폭 river span　　　• 지형 topography; geography

 다음 사자성어를 활용해서 질문에 답해 보세요.(단, 문제 3~4는 4개의 사자성어를 1번씩만 사용해야 함.)
Answer the questions using the following four-character idioms. (For Questions 3 and 4, use each idiom only once.)

금수강산	배산임수	산해진미	형형색색

3 다음 빈칸에 가장 알맞은 사자성어를 넣어 문장을 완성해 보세요.
Fill in the blank with the most appropriate four-character idiom to complete the sentence.

(1) 한국의 궁궐이나 오래된 절에 가면 *청·*적·*황·*백·*흑색 등 다양한 색깔로 *칠한 ☐☐☐☐ 의 *문양을 만날 수 있다. '단청'이라고 불리는 이 문양은 장식의 역할뿐만 아니라 벌레나 *균, 날씨 변화에 약한 나무로 된 건축물을 보호하는 기능도 있었다.

(2) 이 그림은 사계절이 아름다운 한국의 ☐☐☐☐ 을/를 그대로 담았다.

(3) 왕의 *밥상에는 언제나 각 지역의 귀한 재료들로 만든 ☐☐☐☐ 이/가 차려져 있었다.

(4) 유네스코(UNESCO) *세계 유산에 등재된 '조선 *왕릉'은 주로 풍광이 뛰어나고 기운이 좋다고 여겨지는 ☐☐☐☐ 의 조건을 만족하는 곳에 위치하고 있다.

4 다음 대화문을 읽고 빈칸에 가장 알맞은 사자성어를 써 보세요.
Read the following dialogues and fill in the blanks with the most appropriate four-character idioms.

(1) 가: 사람들이 자연의 아름다움을 지키기 위해 조금 더 노력하면 좋겠어요.

나: 맞아요. 자연을 잘 보호해서 아름다운 ☐☐☐☐ 을/를 자자손손 *물려줘야 할 텐데요.

(2) 가: 이번에 수원으로 체험 학습을 다녀왔다면서요?

나: 네. *'수원 화성'에 다녀왔는데, *성 뒤로는 팔달산이 있고 앞으로는 수원천이 흐르는 ☐☐☐☐ 지형이 멋진 곳이었어요.

(3) 가: 호텔 근처에 저녁을 먹을 만한 식당이 있나요?

나: 네. 호텔 입구에서 오른쪽으로 걸어가면 약 10분 거리에 식당들이 모여 있어요. 밤에도

　□□□□ 의 네온사인들이 화려해서 쉽게 찾으실 수 있을 거예요.

(4) 가: 오랜만에 고향에 가면 부모님께서 늘 온갖 □□□□ (으)로 푸짐한

상을 차려 주세요.

나: 저도 그래요. 평소에는 잘 먹지 못하는 귀한 음식들이죠.

5 다음 글을 읽고 빈칸에 가장 알맞은 사자성어를 써 보세요.
Read the following passage and fill in the blank with the most appropriate four-character idiom.

전통적으로 한국에서는 '음양(陰陽, 우주 *만물의 서로 반대되는 두 가지 기운)'과 '오행(五行, 우주 만물을 이루는 다섯 가지 *원소로서 물·나무·흙·불·쇠)'을 기초로 땅에 관한 *이치를 정리해 운이 좋고 나쁨을 설명하는 *풍수 사상이 발전해 왔다. 좋은 곳을 "*명당(明堂, 밝은 터)'으로 꼽아, 이곳에 집을 짓거나 무덤을 쓰면 좋은 일이 일어나고 자자손손 *복을 누릴 수 있다고 믿었기 때문이다. 이때 명당은 경복궁과 덕수궁처럼, 뒤로 산이 있어 바람을 막아 주고 앞으로는 한강으로 이어지는 청계천이 놓여 있어 물을 쉽게 구할 수 있는 □□□□ 의 지형을 말한다. 이 때문에 많은 사람들이 명당을 찾아다녔고, 전문적으로 명당을 골라내는 '지관'이라는 직업도 있었다.

- 청색 blue
- 백색 white
- 문양 pattern
- 세계 유산 World Heritage
- 수원 화성 Hwaseong Fortress, Suwon
- 원소 element
- 명당 propitious site

- 적색 red; dark red
- 흑색 black
- 균 germs
- 왕릉 royal tomb
- 성 castle
- 이치 principle; natural law
- 복을 누리다 to enjoy blessing

- 황색 straw color
- 칠하다 to color; to paint
- 밥상 dining table
- 물려주다 to pass down
- 만물 everything
- 풍수 사상 feng shui thought

6 다음 글을 읽고 밑줄 친 단어를 문맥에 가장 알맞은 사자성어로 고쳐 써 보세요.

Read the following passage and rewrite the underlined word using the most contextually appropriate four-character idiom.

〈한국을 *빛낸 100명의 *위인들〉은 한국의 역사와 인물이 소재인 노래로, 1991년 한국에서 노랫말 *대상을 받았으며 한국의 초등학교 교과서에 실려 더욱 *대중화된 작품이다. 이는 한국 역사의 시작인 단군이 세운 고조선부터 현재에 이르기까지 시간적 흐름에 따른 역사적 인물들을 *흥겨운 멜로디에 실어 소개하고 있어, 한국 역사를 흥미롭게 살펴볼 수 있는 곡이다. 이 곡의 노랫말은 '아름다운 이 땅에 <u>상전벽해</u>에 단군 할아버지가 터 잡으시고'로 시작해 '*날자꾸나 이상, *황소 그림 중섭, 역사는 흐른다'로 끝난다. 이 노래는 총 5*절에 걸친 이야기로 구성되어 있으며, 각 절마다 '역사는 흐른다'는 *후렴구가 있어 다음에 등장할 위인을 궁금하게 만든다.

→  에

알아 두면 더 좋은
사자성어

1 고관대작   2 근검절약   3 금상첨화   4 동분서주

5 만수무강   6 물심양면   7 박리다매   8 산천초목

9 삼고초려   10 외강내유   11 이열치열   12 일거양득

13 자급자족   14 자승자박   15 진수성찬   16 화룡점정

1 고관대작 | 高官大爵

뜻, 음	높을 **고** to be high [go]	벼슬 **관** government post [gwan]	큰 **대** to be big [dae]	벼슬 **작** government post [jak]
한자	高	官	大	爵
풀이	지위가 높고 권한이 큰 벼슬자리. High government position or official; high-ranking official.			
활용	지위가 높고 훌륭한 관직, 혹은 그런 위치에 있는 사람을 가리킬 때 사용한다. It refers to a high-ranking and distinguished government position or official.			

- 고관대작들이 *욕심을 부리며 *자신의 이익만 챙기는 통에 *외세가 *침범하는 줄도 몰랐다.
- 서울 북촌은 조선 시대에 **고관대작**들과 *사대부들이 모여 살던 곳이었다.

2 근검절약 | 勤儉節約

뜻, 음	부지런할 **근** to be diligent [geun]	검소할 **검** to be frugal [geom]	절약할 **절** to save [jeol]	아낄 **약** to conserve [yak]
한자	勤	儉	節	約
풀이	부지런하고 검소하고 알뜰하게 재물을 아낌. Being frugal diligently and using sparingly.			
활용	부지런하고 알뜰하게 돈이나 물건을 아껴 씀을 말한다. It is used when someone is thrifty and frugal.			

- 평소 **근검절약**을 생활화한 덕분에 재산이 늘었다.
- 부모님께서는 항상 나에게 **근검절약**하는 습관을 들여야 한다고 말씀하셨다.

- 욕심을 부리다 to be greedy
- 자신의 이익만 챙기는 통에 due to acting in one's own interest only
- 외세 foreign power
- 침범하다 to invade
- 사대부 nobility

③ 금상첨화 | 錦上添花

뜻, 음	비단 **금** silk [geum]	위 **상** on [sang]	더할 **첨** to add [cheom]	꽃 **화** flower [hwa]
한자	錦	上	添	花
풀이	비단 위에 꽃을 더함. Adding flowers on top of silk; icing on the cake.			
활용	좋은 일에 또 좋은 일이 더해짐을 비유적으로 이르는 말이다. It metaphorically refers to the addition of a good thing to good things.			

- 이 옷은 가격이 싸면서 예쁘기도 하니 •그야말로 **금상첨화**이다.
- 한국 •고전 문학으로 한국어를 공부하면 한국어를 배우는 건 물론, 한국 문화도 이해할 수 있어 **금상첨화**라고 할 수 있다.

④ 동분서주 | 東奔西走

뜻, 음	동녘 **동** east [dong]	달릴 **분** to run [bun]	서녘 **서** west [seo]	달릴 **주** to run [ju]
한자	東	奔	西	走
풀이	동쪽으로 달리고 서쪽으로 달림. Running east and running west; busying oneself with.			
활용	여기저기 몹시 바쁘게 돌아다님을 말한다. It is used to describe someone who is very busy moving around to find or solve something.			

- 요즘 사업 준비 때문에 **동분서주**하며 뛰어다니고 있어요.
- 이 과장님은 급하게 잡힌 출장을 준비하느라 **동분서주**하고 계신다.

Vocabulary

- 그야말로 indeed
- 고전 문학 classical literature

5 만수무강 | 萬壽無疆

뜻, 음	일만 **만** ten thousand [man]	목숨 **수** life [su]	없을 **무** to not be [mu]	끝 **강** limit [gang]
한자	萬	壽	無	疆
풀이	만 년 동안 목숨이 끝이 없음. One's life without limit for ten thousand years; long and healthy life.			
활용	병이나 사고 없이 건강하게 오래 사는 것을 가리키며, 어른들이 오래오래 사시길 기원할 때 주로 사용한다. It refers to living a long and healthy life without illness or accident, and is mainly used as a blessing word wishing elders a long life.			

- 한국에서는 새해가 되면 어른들에게 세배를 드리면서 **만수무강**하시길 바란다고 말씀드린다.
- 외국에서 생활하느라 부모님을 자주 못 뵙지만 언제나 두 분의 **만수무강**을 바라고 있다.

6 물심양면 | 物心兩面

뜻, 음	물건 **물** object [mul]	마음 **심** heart [sim]	두 **양** (량) both [yang]	쪽 **면** side [myeon]
한자	物	心	兩	面
풀이	재물과 배려(심)의 두 가지 측면. Both material and emotional sides; being both materially and morally.			
활용	('돕다'나 '노력하다' 등과 함께 쓰여) 어떤 일을 할 때 열정을 갖고 의지를 보이며 수행함을 표현한다. It is used when someone is trying to help or make a full effort physically and mentally.			

- 그는 •재난을 당한 주민들을 **물심양면**으로 도왔다.
- 사장님은 이번 계약을 성공시키기 위해 **물심양면**으로 노력하셨다.

Vocabulary

- 재난 disaster

7 박리다매 | 薄利多賣

뜻, 음	적을 **박** to be little [bak]	이익 **리** profit [ri]	많을 **다** to be a lot [da]	팔 **매** to sell [mae]
한자	薄	利	多	賣
풀이	이익을 적게 보고 많이 파는 것. A lot of sales with little profit; volume sales at a low margin.			
활용	어떤 상품의 하나하나의 이익은 적은 대신 많이 팔아서 큰 이익을 남기려는 것을 말한다. It is used when making a big profit by selling lots of inexpensive items.			

• 학교 앞 식당은 **박리다매**의 *전략으로 장사를 해서 시내 다른 곳들보다 음식 값이 싼 덕분에 늘 손님이 끊이지 않는다.

• 최근 마트 간 가격 *경쟁이 치열해지면서 **박리다매**로 매출을 올리려는 마트들이 늘어나고 있다.

8 산천초목 | 山川草木

뜻, 음	산 **산** mountain [san]	내 **천** stream [cheon]	풀 **초** grass [cho]	나무 **목** tree [mok]
한자	山	川	草	木
풀이	산과 내와 (거기서 자란) 풀과 나무. Mountains, streams, grass, and tree; trees and plants; nature.			
활용	산과 내(시내보다 크지만 강보다 작은 물줄기)와 풀과 나무라는 뜻으로, 통합적으로 자연을 가리킬 때 사용한다. It refers to mountains and streams, grass and trees, which indicates nature in an integrated way.			

• 한국에서 봄이 되면 **산천초목**에 생명이 *움트는 것을 확인할 수 있다.

• 국립 공원을 이용할 때에는 **산천초목**을 건강하게 지키기 위해 *흡연이나 *취사를 금지하는 규칙을 잘 따라야 한다.

• 전략 strategy
• 흡연 smoking
• 경쟁이 치열하다 competition is fierce
• 취사 cooking
• 움트다 to sprout

9 삼고초려 | 三顧草廬

뜻, 음	석(셋) 삼 three [sam]	돌아볼 고 to look back [go]	풀 초 grass [cho]	농막 려 farm house [ryeo]
한자	三	顧	草	廬
풀이	돌아보아 농막을 세 번 찾아감. Visiting the thatched house three times; trying persistently.			
활용	뛰어난 인물을 맞아들이기 위해 참을성 있게 노력함을 말한다. It is used when someone attempts repeatedly to recruit talented people.			

- '유비'는 **삼고초려** 끝에 '제갈량'을 *전략가로 맞을 수 있었다.
- 그 영화감독은 이번 영화 *배역에 맞는 최적의 배우는 그 사람밖에 없다며 **삼고초려**한 끝에 겨우 설득했다.

10 외강내유 | 外剛內柔

뜻, 음	바깥 외 outside [oe]	굳셀 강 to be strong [gang]	안 내 inside [nae]	부드러울 유 to be soft [yu]
한자	外	剛	內	柔
풀이	밖(바깥)은 굳세나 안은 부드러움. The outside is firm, and the inside is soft.			
활용	겉으로는 강하게 보이나 속은 부드럽고 순함을 표현한다. It is used to describe a person who looks strong on the outside but has a soft heart.			

- 그는 처음에는 *까탈스러워 보였으나, 사귀면 사귈수록 따뜻하고 친절한 **외강내유**의 *성품을 가진 친구이다.
- 그 영화 속 주인공은 *무뚝뚝하게 타인을 대하지만, 버려진 고양이에게 우산을 씌워 주는 따뜻한 마음을 가진 **외강내유**형의 인물이다.

Vocabulary

- 전략가 strategist
- 성품 personality; character
- 배역 role; character
- 무뚝뚝하게 gruffly
- 까탈스럽다 to be picky

<table>
<tr><td rowspan="2">11</td><td colspan="2">이열치열 | 以熱治熱</td></tr>
</table>

11 이열치열 | 以熱治熱

뜻, 음	써 **이** with [i]	더울 **열** heat [yeol]	다스릴 **치** to treat [chi]	더울 **열** heat [yeol]
한자	以	熱	治	熱
풀이	열은 열로써 다스림. Treating heat with heat; fighting fire with fire.			
활용	열이 날 때 땀을 낸다거나, 더위를 뜨거운 차를 마셔서 이긴다거나, 힘은 힘으로 물리친다는 등을 이를 때 종종 사용한다. It refers to defeating an opponent using something similar, such as sweating heavily with a fever or beating the heat by drinking hot tea.			

- 한국 사람들은 더운 날에 **이열치열**이라며 사우나에 가서 *땀을 뺀다.
- 우리는 가장 더운 여름날 뜨거운 삼계탕을 먹는데, 이것은 **이열치열**의 원리 때문이다.

12 일거양득 | 一擧兩得

뜻, 음	하나 **일** one [il]	들 **거** to lift [geo]	두 **양** (량) two [yang]	얻을 **득** to get [deuk]
한자	一	擧	兩	得
풀이	한 번 거행해서(행동해서) 두 가지를 얻음. Getting two benefits for one action; killing two birds with one stone.			
활용	한 가지 일을 해서 두 가지 이익을 얻음을 표현한다. It is used when there are two advantages to doing one thing.			

- 운동을 하면 몸도 건강해지고 마음도 단단해져서 **일거양득**의 효과를 누릴 수 있다.
- 다른 나라 친구들과 사귀면 서로의 언어는 물론, 서로의 문화를 배우고 이해할 수 있어서 **일거양득**이다.

Vocabulary

- 땀을 빼다 to sweat out

13 자급자족 | 自給自足

뜻, 음	스스로 **자** oneself [ja]	줄 **급** to give [geup]	스스로 **자** oneself [ja]	만족할 **족** to be satisfied [jok]
한자	自	給	自	足
풀이	스스로에게 준 것만으로 스스로 충분하여 만족함. Giving to oneself and being satisfied with it; self-sufficiency.			
활용	필요한 것을 스스로 마련할 때 사용한다. It refers to a situation in which one produces or prepares what is needed for oneself.			

- 나는 대학교 졸업과 동시에 부모님으로부터 *독립해서 **자급자족**하며 살아가고 있다.
- 이 영화는 시골에서 *홀로 농사지으며 살아가는 주인공의 **자급자족**하는 삶을 그리고 있다.

14 자승자박 | 自繩自縛

뜻, 음	스스로 **자** oneself [ja]	노끈 **승** rope [seung]	스스로 **자** oneself [ja]	묶을 **박** to tie [bak]
한자	自	繩	自	縛
풀이	자기가 가진 노끈(줄)으로 자기 몸을 묶음. Tying up one's body with one's own rope; falling in a trap set by oneself.			
활용	자기가 한 말과 행동 때문에 스스로 책임을 져야 해서 곤란하거나 괴로움을 당함을 말한다. It means one is responsible for what one has said or done and falls into trouble.			

- 그는 직장에서 한 작은 실수를 덮기 위해 거짓말을 했는데 결국 상황을 더 복잡하게 만들어 회사를 그만두게 되었으니, **자승자박**이 따로 없다.
- 자신의 팀 과제를 혼자 해결하겠다며 팀원들을 모두 집으로 보내고 전전긍긍하다니, **자승자박**이다.

- 독립하다 to be independent
- 홀로 alone

15 진수성찬 | 珍羞盛饌

뜻, 음	보배 **진** treasure [jin]	음식 **수** food [su]	많을 **성** to be many [seong]	반찬 **찬** side dishes [chan]
한자	珍	羞	盛	饌
풀이	귀한 음식과 많이 차린 반찬. Rarely good food and many kinds of side dishes; extremely well prepared sumptuous banquets.			
활용	푸짐하게 잘 차린 귀하고 맛있는 음식을 가리킬 때 사용한다. It is used to refer to precious and delicious food that is generously prepared and well-prepared.			

- 유명한 한식당에서 *온갖 진수성찬을 맛보았다.
- 고향집에 갈 때마다 어머니가 차려 주시는 밥상은 **진수성찬**이다.

16 화룡점정 | 畫龍點睛

뜻, 음	그림 **화** picture [hwa]	용 **룡** dragon [ryong]	점찍을 **점** to mark [jeom]	눈동자 **정** pupil [jeong]
한자	畫	龍	點	睛
풀이	용을 그린 후에 (마지막으로) 점을 찍어 눈동자를 그림. Drawing eyes by marking dots in the picture of a dragon; a cherry on top.			
활용	무슨 일을 하는 데에 가장 중요한 부분을 완성함을 비유적으로 이르는 말이다. It metaphorically refers to completing the most essential part of the work or the most important aspect.			

- 김 대리가 낸 아이디어에 *기반한 아이템이 이번 전시회의 **화룡점정**이 되었다.
- 이번 축제의 **화룡점정**은 마지막에 하는 화려한 *불꽃놀이 행사이다.

- *온갖 all; all kinds of
- *기반하다 to be based on
- *불꽃놀이 fireworks

찾아보기 Index

《조선왕조실록》 *Annals of the Joseon Dynasty* ········· 45

1등을 차지하다 to take the 1st place ········· 71, 73

4강전 semifinals ········· 231

SNS Social Network Service ········· 15, 50, 64, 127, 141, 189, 224

ㄱ

가공식품 processed food ········· 87
가두다 to lock up ········· 99
가래떡 bar-shaped rice cake ········· 164
가르침을 받다 to get a lesson ········· 16
가리다 to distinguish ········· 200, 201
가면 mask ········· 233
가사 lyrics ········· 50
가속화되다 to accelerate ········· 208
가슴이 찡하다 to be heart-wrenching ········· 85
가슴이 철렁하다 one's heart skips a beat ········· 116
가엾게 여기다 to regard with pity ········· 13
가정을 꾸리다 to have a family ········· 143
가축 livestock ········· 238
각양각색 Each shape and each color. ········· 234
간 liver ········· 171
간 데 없다 to disappear ········· 106
간결하다 to be concise ········· 184
간담회 meeting; talk ········· 46
간소화되다 to be simplified ········· 146
간신히 with difficulty ········· 75
갈등을 그리다 to describe conflicts ········· 187
감당하다 to cope with ········· 85, 91
감언이설 Sweet words or stories disguised as beneficial. ········· 174
감축 reduction ········· 208
감탄하다 to admire ········· 93, 226
갑론을박 One asserts one's opinion, and the other keeps arguing against it. ········· 197

갓 Korean traditional men's hat ········· 145
강력하다 to be strong ········· 217
강약 dynamic ········· 103
강조하다 to emphasize ········· 17, 57, 237
강폭 river span ········· 247
강화하다 to reinforce ········· 176
개개인 individual; personal ········· 231
개막식 opening ceremony ········· 243
개방적 to be open ········· 135
개선되다 to be improved ········· 135
개인주의 individualism ········· 58
개척자 pioneer ········· 225
개혁되다 to be reformed ········· 106
객실 호수 room number ········· 171
거두절미 Throwing the head and cutting the tail. ········· 168
거듭하다 to repeat ········· 219
거리낄 것 없다 to have no qualm ········· 159
거미줄 spiderweb ········· 27
거북 tortoise; turtle ········· 166, 171
거주하다 to reside ········· 33
건국 founding a country ········· 225
건국되다 to be founded ········· 106
건립 기념식 inauguration ceremony ········· 184
걸맞다 to be suitable ········· 79
걸음마 baby step ········· 146
검소하다 to be thrifty ········· 55
검증하다 to validate; to verify ········· 178
겉보기 appearance ········· 51, 193
게 crab ········· 148
게을리하다 to neglect ········· 28, 196
격세지감 Feeling that a lot has changed as if skipping over generations. ········· 102
견물생심 If one sees something, one wants it. ········· 90
결단력 determination ········· 49
결말 end ········· 139, 165
결속을 다지다 to strengthen the solidarity ········· 21
결승전 finals ········· 241, 242
결심을 깨다 to break a resolution ········· 208
결항되다 to be cancelled ········· 109
경각심을 일깨우다 to raise awareness ········· 208

경기 침체 economic recession ········· 44
경기가 나빠지다 to go into a recession ········· 105
경력 career ········· 37
경마 horse racing ········· 19
경사 slope ········· 230
경신하다 to establish ········· 25
경영 부진 business downturn ········· 129
경영직 management position ········· 129
경유 via ········· 109
경쟁이 치열하다 competition is fierce ········· 255
경제를 살리다 to revitalize the economy ········· 232
경찰청 National Police Agency ········· 231
경향 tendency ········· 45
경험담 story of one's experiences ········· 127
계발하다 to develop ········· 69
계산 없이 without calculation ········· 92
계산적 calculating ········· 91
계율 precepts ········· 159
고관대작 High government or position official. ········· 252
고급 주거지 high-end residence ········· 103
고기잡이 fishing ········· 76
고난 hardship ········· 158
고대 ancient times ········· 52
고려 Goryeo (Dynasty) ········· 106, 154, 165, 177
고마워하기는커녕 let alone being grateful ········· 172
고속 승진 rapid promotion ········· 62
고안하다 to come up with ········· 64
고전 문학 classical literature ········· 44, 253
고진감래 Sweetness comes after completing bitterness. ········· 126
고집불통 headstrong ········· 187
고집이 세다 to be stubborn ········· 187
곡식 grain; crop ········· 28
곤경에 빠지다 to get into trouble ········· 92
골대 goalpost ········· 49
공경하다 to respect ········· 202
공동 노동 조직 joint labor organization ········· 21
공동체 의식 community spirit ········· 21, 159

공룡 dinosaur ·················· 131
공부를 잘하는 건 물론, 그림도 not only
    good at studying but also drawing ··· 49
공사장 construction site ········· 27
공상 과학 소설 SF novel ········· 103
공약 pledge ················· 178
공용 public use ··············· 85
공을 세우다 to make contribution
························· 27, 99, 154
공직자 public official ········· 53, 57
공표하다 to publicize ·········· 184
공화국 republic ··············· 22
공황 panic ··················· 188
과녁 target ··················· 51
과대망상 megalomania ········· 207
과유불급 Exceeding is the same
    as not reaching. ············ 36
관례 coming-of-age ceremony ····· 145
관직 government post ····· 28, 142, 201
관청 government office ·········· 226
관측하다 to observe ··········· 165
관혼상제 Coming-of-age ceremony,
    wedding, funeral, and ancestral rite.
························· 144
괄목상대 To rub one's eyes and face
    the other person. ············ 66
광복 independence ············ 160
광복절 National Liberation Day ···· 56
광장 square ················· 230
교도관 prison officer ··········· 226
교우이신 Making friends with trust. ··· 156
교통 체증 traffic jam ··········· 183
구독자 subscriber ············· 224
구사일생 Almost being about to die
    nine times, but survive. ········ 72
구원 salvation ················ 81
구제 금융 relief loan ··········· 124
구제하다 to rescue ············ 117
구조 대원 rescue worker ······· 27, 73
구조대 rescue team ············ 74
구직 looking for a job ·········· 127
구충제 parasiticide ············ 177
국립묘지 national cemetery ······ 184
국채 보상 운동 National Debt
    Redemption Movement ········ 22

국회 의원 member of the National
    Assembly ················· 57
군 military ·················· 223
군계일학 A crane in the herd
    of chickens. ··············· 78
굳건하다 to be firm ············ 63
굳세다 to be firm ············· 49
굴 cave ··················· 27
굴곡지다 to be full of ups and downs
························· 111
굴뚝 chimney ··············· 166
굴하지 않다 to be undaunted ··· 129, 160
궁 palace ·················· 99
궁여지책 An idea that came up
    at the last minute. ··········· 30
궁핍하다 to be poor ··········· 148
궂은일 dirty work; hard work ····· 110
권력 authority ··············· 106
권위 authority ··············· 82
귀담아듣다 to listen attentively
························ 205, 208
규명하다 to investigate ········· 141
균 germs ··················· 248
그때그때 as the occasion arises
························ 31, 43, 97
그럴듯하다 to be quite reasonable ··· 175
그럴싸하다 to be plausible ······ 194
그르다 to be wrong ··········· 200
그릴 grill ··················· 87
그야말로 indeed
············· 62, 68, 98, 110, 206, 253
극도로 extremely ············· 220
극락세계 paradise ············ 142
극심하다 to be severe ······· 88, 148
극적으로 dramatically ····· 73, 75, 117
근검절약 Being frugal diligently
    and using sparingly. ········· 252
근교 suburb ················· 15
금덩이 gold nugget ··········· 173
금도끼 gold ax ··············· 93
금메달리스트 gold medalist ··· 127, 243
금상첨화 Adding flowers on top of silk.
························· 253
금수강산 Beautiful rivers and mountains
    as if embroidered on silk. ····· 246

금시초문 Hearing something
    for the first time. ··········· 228
금융 finance ············· 124, 125
금융 감독원 Financial Supervisory
    Service ·················· 231
금의환향 To come back to one's
    hometown in silk clothes. ····· 60
금지옥엽 (Being precious like) golden
    branches and jade leaves. ····· 144
기금 funds ·················· 82
기록물 record; documentary ····· 219
기리다 to praise ············ 56, 58
기린 giraffe ················· 147
기반으로 based on ············ 82
기반하다 to be based on ······· 259
기본기 basic skills ············ 242
기부를 하다 to donate ········· 19
기쁨을 누리다 to enjoy happiness ··· 26
기사 소설 knight novel ········· 207
기생 Korean female entertainer ···· 153
기수 jockey ················· 19
기아 famine ················· 232
기운이 세다 to be strong ······· 238
기원하다 to pray
············· 152, 161, 164, 165, 166
기절초풍 Losing one's spirit like a candle
    in the wind. ··············· 114
기하급수 A huge increase of grade or
    number where one cannot tell
    the amount. ··············· 222
기한 deadline; term ··········· 212
길이길이 over a prolonged period ··· 163
길흉화복 Good things and bad things,
    disaster and fortune. ········· 132
김매기 weeding ··············· 21
김장 kimchi-making for the winter
························· 21, 35
까무러치게 out of one's senses; utterly
························· 115
까탈스럽다 to be picky ········· 256
깨치다 to attain ·············· 81
꼴찌 the last ·············· 27, 68
꼼짝없이 helplessly ··········· 74
꽃샘추위 sudden cold in the spring ··· 104
꾀 wit; idea ················· 171

꾸짖다 to scold 93
꿈에 그리다 to dream of 65
꿈에도 모르다 to never dream of 128
꿋꿋하게 persistently 26

ㄴ

나날이 day by day 68
나들이 outing 15
나랏일 civil service 28
나무꾼 woodcutter 93
나서다 to lead 55
낙 joy; pleasure 128
낙담하다 to be disappointed 178
난감하다 to be at a loss 188, 241
난리를 피우다 to make a fuss 175, 187
난을 일으키다 to cause strife 99
난형난제 Being unable to call one
    an older brother and the other
    a younger brother. 240
날생선 raw fish 75
날쌔다 to be swift 122
날자꾸나 let's fly 250
날카롭다 to be sharp 169
남반구 southern hemisphere 165
남발하다 to overissue 178
남북 전쟁 the Civil War 51, 184
납치되다 to be kidnapped 116
낭비하다 to waste 196
내우외환 Worries inside and worries
    outside. 114
냉전 cold war 147
냉정하다 to be cool; to be calm 214
노동력 labor; work force 69
노동자 worker 27, 122
노발대발 Revealing one's big rage.
    186
노부부 old couple 149
노사 갈등 conflict between employers
    and workers 116
노승 old Buddhist monk 142
노심초사 Caring with one's heart
    and thinking anxiously. 216
노예 제도 slavery system 184
노예 해방 선언문 Declaration
    of Emancipation 184
노출되다 to be exposed 122

노후 one's old age 35
논란 controversy 197
논리학 logic 52
논밭 fields and paddies 21, 101
논의에 불과하다 it's nothing but
    a discussion 193
농경 사회 agrarian(agricultural) society
    223
뇌물 bribe 53, 57
누리꾼 Internet user; netizen 202
누에 silkworm 105
눈보라 blizzard 122
눈에 띄게 noticeably; remarkably 193
눈이 멀다 to be blinded by 86, 92
눈치 보다 to read one's countenance
    157
능률 efficiency 237
늦둥이 late-born child 146
늦은 데다가 in addition to being late
    121
니즈를 파악하다 to grasp the needs 196

ㄷ

다가오다 to approach 27, 37
다다익선 The more, the better. 222
다름없다 to be almost the same 105, 106
다스리다 to govern; to rule 57, 171
다짐하다 to resolve 151
다채롭다 to be various 235
다큐멘터리 documentary 111, 134
닥치다 to approach; to come 211
단결을 호소하다 to appeal for unity
    184
단도직입 Entering or invading only with
    a sword. 168
단번에 at once 73
단속 crackdown; control 176
단역 minor role; extra 128
달동네 hillside slum 103
달아나다 to run away 122, 130
달콤한 유혹 sweet temptation 173
담임 선생님 homeroom teacher 37
당나귀 donkey 238
당번 person on duty 185
당선되다 to be elected 38, 74
당선자 elected person 178

당일 that day 231
대 family generation 163
대가 reward 92
대공황 Great Depression 117
대기만성 Big bowls are
    made (accomplished) late. 66
대나무 bamboo 166
대놓고 explicitly 167
대대로 from generation to generation
    .... 163, 164
대동소이 Great similarity with minor
    difference. 234
대면 수업 in-person classes 34
대상 grand prize 20, 38, 250
대상 target 172, 205, 225, 237
대성통곡 Crying painfully in a big sound.
    114
대위 captain 111
대의 great cause 55
대중화되다 to be popularized 250
대처하다 to deal with 33, 117
대출금 loan 119
대피하다 to evacuate 169
대한 제국 Korean Empire 146, 226
대항하다 to fight back 153
댓글 comment 15
덕 virtue 201
덤으로 additionally 93
덧없다 to be empty; to be transient
    .... 136, 139
덩달아 following blindly 211
데면데면하다 to be indifferent 158
데뷔 debut 110, 160
도깨비 goblin 189
도달하다 to reach; to get to 141
도둑맞다 to be robbed 64
도요새 snipe 76
도입 introduction 135
도지사 provincial governor 38
도태되다 to be eliminated 136
독립운동 independence movement
    160
독립하다 to be independent 258
독불장군 A person who thinks nobody
    can be a general except oneself. 186
동고동락 To share one's suffering
    and joys. 12

동떨어지다 to be separated ·········· 194
동력 power ·········· 75
동메달리스트 bronze medalist ·········· 243
동문서답 Asking about 'east' but getting an answer about 'west.' ·········· 204
동병상련 Pitifulness between people with the same disease. ·········· 12
동분서주 Running east and running west. ·········· 253
동상이몽 Same bed, different dreams. ·········· 204
동서양 East and West ·········· 104
동시대 same age ·········· 243
동아줄 rope ·········· 123
동창생 classmate ·········· 149
되묻다 to ask back ·········· 226
뒤바뀌다 to be reversed ·········· 205
뒤엉키다 to be tangled ·········· 109
들락거리다 to keep coming in and out ·········· 183
들은 척하다 to pretend to listen ·········· 189
등불 lamp ·········· 121
등재되다 to be registered ·········· 219, 248
딛다 to overcome ·········· 23
따끔한 일침을 가하다 to make a sharp remark ·········· 172
따돌리다 to give someone the slip ·········· 27
딱 들어맞다 to fit perfectly ·········· 31
딱히 nothing particularly ·········· 70
딴생각을 하다 to be lost in one's own thoughts ·········· 207
땀을 빼다 to sweat out ·········· 257
때를 놓치다 to miss an opportunity ·········· 213
떠들썩하다 to be noisy ·········· 181
떠맡다 to undertake ·········· 83
떼쓰다 to badger; to insist ·········· 188
뛰어난 데다가 in addition to being outstanding ·········· 61
뜬눈으로 without sleeping ·········· 217
뜻을 펼치다 to carry out one's dream ·········· 201

ㄹ

리그 league ·········· 111
리더십 leadership ·········· 190

ㅁ

마감일 deadline ·········· 211
마구 too much ·········· 181
마다하다 to refuse; to decline ·········· 110
마을 회관 community center ·········· 33
마음가짐 mindset ·········· 25, 26, 28, 57
마음먹다 to make up one's mind ·········· 25, 149, 152
마음씨 heart ·········· 172
마음을 돌리다 to change one's mind ·········· 154
마음을 쓰다 to worry about something ·········· 217, 229
마음이 들다 to feel like ·········· 13, 27, 109
마음이 통하다 to understand each other ·········· 13, 14
마이동풍 East(Spring) wind in the horse's ears. ·········· 204
막무가내 There is nothing that we can do about it. ·········· 186
막상막하 Not better and not worse. ·········· 240
막역지우 A friend without going against. ·········· 156
막을 내리다 to end ·········· 196
막힘없이 easily ·········· 61, 63, 64
만능 엔터테이너 all-around entertainer ·········· 47
만물 everything ·········· 249
만수무강 One's life without limit for ten thousand years. ·········· 254
만장일치 People's opinions in the yard are the same. ·········· 18
말솜씨 eloquence ·········· 50
말하는 통에 due to a cacophony of voices ·········· 179
맛집 gourmet restaurant ·········· 225
망가뜨리다 to damage; to spoil ·········· 217
망설이다 to hesitate ·········· 211, 213, 215
망연자실하게 in dismay ·········· 121
망원경 telescope ·········· 95
맞춤 custom-made ·········· 33
매니저 manager ·········· 15, 170
매력적 attractive; charming ·········· 202
매립하다 to reclaim land; to fill up ·········· 105
매진하다 to strive ·········· 82
메타 인지 metacognitive ability ·········· 69

면모 aspect ·········· 129
면밀하게 thoroughly ·········· 196
면접관 interviewer ·········· 181
멸망시키다 to destroy; to ruin ·········· 154
멸망하다 to fall; to come to an end ·········· 106, 136
명당 propitious site ·········· 249
명리학 a Chinese study about people's fate ·········· 134
명명하다 to name ·········· 136
명불허전 A famous name is not conveyed in vain. ·········· 78
명사수 marksman ·········· 52
명성 fame ·········· 79, 80
명실상부 The name and its content (reality) match with each other. ·········· 78
명연설가 eloquent speaker ·········· 184
몇 푼 a few coins ·········· 85
모내기 rice-planting ·········· 21
모래밭 sand field ·········· 105
모면하다 to escape; to avoid ·········· 33
모순 contradiction ·········· 170
목격자 witness ·········· 141
목격하다 to witness ·········· 100
목공 woodwork ·········· 129
목공예품 woodcraft ·········· 166
목숨을 건지다 to survive ·········· 130
몰두하다 to be absorbed ·········· 148
몰아치다 to rage ·········· 122
몸싸움을 벌이다 to have a physical fight ·········· 73
몸을 바치다 to sacrifice oneself ·········· 226
무궁무진 No ends and no running out. ·········· 240
무남독녀 only daughter ·········· 61
무더기로 in heaps ·········· 124
무덤덤하다 to be expressionless ·········· 158
무뚝뚝하게 gruffly ·········· 256
무례하다 to be rude ·········· 200
무릅쓰다 to risk ·········· 55, 58
무병장수 Long life without diseases. ·········· 162
무소속 independent ·········· 74
무실점 losing no points ·········· 62
무용지물 A thing or a person that is of no use. ·········· 84
무작위로 randomly ·········· 237

무죄 판결 judgment of acquittal ····· 141
무탈하다 to be fine without any accident
···· 161
문명 civilization ····· 133
문양 pattern ····· 248
물고 오다 to bring in one's mouth ····· 189
물려주다 to pass down ····· 163, 165, 248
물새 waterfowl ····· 152
물심양면 Both material and emotional
sides. ····· 254
미래상 image of the future ····· 103
미제 사건 unsolved case ····· 74
민간인 civilian ····· 116
민담 folktale ····· 123
민무늬 plain pattern ····· 147
민속촌 Folk Village ····· 147
민심을 돌보다 to take care of public
sentiment ····· 91
민족 자본가 national capitalist ····· 22
민족성 ethnicity ····· 159
민족정신 national spirit ····· 160
밑거름 foundation ····· 46

ㅂ

바닥 bottom ····· 86
바닥을 보이다 to run out of ····· 124
바람 쐬다 to get some fresh air ····· 15
박 gourd ····· 189
박리다매 A lot of sales with little profit.
····· 255
박사 학위 doctoral degree ····· 61, 82
박씨 gourd seed ····· 189
박학다식 Broad learning and lots
of knowledge. ····· 48
반려견 pet dog ····· 75
반면교사 Something that teaches
a lesson for not doing like that. ····· 42
반박하다 to refute ····· 199, 202
반세기 half century ····· 104
반신반의 Believing half and not believing
the other half. ····· 174
반응을 보이다 to respond ····· 230
반전 reverse; plot twists ····· 139
발굴하다 to excavate ····· 147
발길이 끊어지다 to not have visitors
anymore ····· 86

발달 심리학자 developmental
psychologist ····· 69
발명가 inventor ····· 70
발전 electricity generation ····· 195
발휘하다 to display; to show ····· 190
밤낮을 가리지 않다 to do something
without stopping ····· 25
밥상 dining table ····· 248, 259
방문이 잦아지다 to visit frequently ····· 221
방제 disaster control ····· 217
배산임수 Facing water with a mountain
in the back. ····· 246
배역 role; character ····· 256
배정 assignment ····· 29
백년가약 A beautiful promise of being
together for a hundred years. ····· 150
백년해로 Aging(Living) together
for a hundred years. ····· 150
백발백중 To shoot one hundred times
and hit the center one hundred times.
····· 48
백색 white ····· 248
백성 subject; the people ····· 57, 165
백신 vaccine ····· 173
백열전구 incandescent light bulb ····· 70
번갈아 오다 to take turns ····· 131
벌금을 물다 to pay fine ····· 85
벌벌 tremblingly ····· 217, 220
범국민적 운동 national movement ····· 22
법무부 Ministry of Justice ····· 231
법정 court ····· 137
법학과 department of law ····· 171
베다 to cut ····· 93
베스트셀러 best seller ····· 127
베풀다 to do someone a favor ····· 172
벤처 venture ····· 68
벼랑 cliff ····· 121
벼슬 government post ····· 99
변명 excuse ····· 167
변화무쌍 Changing too much to find
pairs (due to a big change, there is
no similarity). ····· 102
별자리 constellation ····· 165
병자호란 Qing invasion of Joseon ····· 109
병적 pathological ····· 220
보강 reinforcement ····· 59
보람 있게 meaningfully ····· 212

보상금 compensation ····· 199
보상하다 to compensate ····· 141
보편화되다 to become widespread ····· 244
복 good fortune ····· 130, 164
복구하다 to restore ····· 119
복을 누리다 to enjoy blessing ····· 249
복제하다 to duplicate ····· 231
복지 welfare ····· 194, 213
복지 비용 welfare expenses ····· 86
복지 시설 welfare facility ····· 21
복지 정책 welfare policy ····· 44
본론 main point ····· 169
본보기 role model ····· 55, 67
본분 duty ····· 226
봉기하다 to uprise ····· 115
봉사자 volunteer ····· 56, 113
부각되다 to be emphasized ····· 69
부귀영화 wealth and honor ····· 142
부녀자 women ····· 22
부단히 continuously ····· 65
부도 bankruptcy ····· 124
부동산 중개인 real estate agent ····· 100
부러뜨리다 to break ····· 189
부리로 쪼다 to peck ····· 76
부상자 the injured; casualty ····· 223, 229
부실하게 inadequately ····· 124
부임하다 to proceed to a new post
····· 57, 82
부지기수 Unable to know the number.
····· 228
부쩍 markedly; drastically ····· 14, 206
부채 debt ····· 124
부처 government department ····· 135
부화뇌동 Behaving just as following
the sound of the thunder. ····· 210
부활 revival ····· 129
부활시키다 to revitalize; to rebuild ····· 105
부흥시키다 to revive ····· 117
북반구 northern hemisphere ····· 165
북토크 book talk ····· 27
분단국가 divided country ····· 219
분별없이 indiscreetly ····· 199
분별하다 to distinguish ····· 69
분수를 지키다 to keep one's place ····· 139
불교 Buddhism ····· 16
불교문화 Buddhist Culture ····· 135
불꽃놀이 fireworks ····· 259

불도를 닦다 to practice Buddhism ···· 142
불로장생 Living long without getting old. ···· 162
불로초 elixir plant ···· 165, 166
불만을 품다 to be discontented ···· 99
불시착 emergency landing ···· 111
불안 장애 anxiety disorder ···· 220
불안감 uneasiness ···· 69, 220
불철주야 To not distinguish between day and night. ···· 24
불합리 absurdity; ridiculousness ···· 170
비결 secret; know-how ···· 44
비꼬다 to give a sarcastic remark ···· 170
비대면 contact-free; remote ···· 231
비록 even though ···· 148
비무장 지대 Demilitarized Zone ···· 146
비상 상황 emergency situation ···· 34, 116, 169
비웃다 to laugh; to ridicule ···· 171
비유적으로 metaphorically ···· 152
비일비재 Not once or twice. ···· 228
비정규직 non-regular position ···· 122
비타협적 uncompromising ···· 154
비탄한 심정 feeling of grief or sorrow ···· 106
비틀다 to twist ···· 16
빙그레 웃다 to smile ···· 16
빚더미 a pile of debt ···· 140
빛깔 color ···· 235
빛내다 to shine ···· 250
빛을 보다 to win recognition ···· 110
빼어난 풍광 exceptional scenery ···· 245
뻔하다 to be obvious ···· 93
뽕나무 mulberry tree ···· 105

ㅅ

사고뭉치 troublemaker ···· 51
사고하다 to think ···· 134
사그라들다 to wither ···· 193
사기꾼 swindler ···· 74, 141
사기를 치다 to commit fraud ···· 141
사납다 to be violent; to be fierce ···· 189
사내 man; male ···· 177
사대부 nobility ···· 252
사또 local governor in the Joseon Dynasty ···· 153

사례 example ···· 129, 141, 231
사리사욕 Self-interest. ···· 90
사망자 the dead; deaths ···· 223, 229
사면초가 Chu(a Chinese state)'s song from all directions. ···· 120
사무국 Secretariat ···· 236
사상누각 A pavilion built on sand. ···· 192
사상자 casualty ···· 184
사설 private ···· 112
사슴 deer ···· 166
사재기 panic buying ···· 213
사정 situation ···· 201
사필귀정 Everything surely goes back right. ···· 138
사형 선고 death sentence ···· 226
사회학자 sociologist ···· 136
사후 서비스 after-sales service ···· 79
산만하다 to be distracted ···· 70
산비탈 mountain slope ···· 119
산신령 guardian spirit of a mountain ···· 93
산업화 industrialization ···· 208
산전수전 Fights in mountains and water. ···· 108
산천 mountains and rivers; nature ···· 106
산천초목 Mountains, streams, grass, and tree. ···· 255
산하에 under ···· 208
산해진미 Invaluable food from mountains and oceans. ···· 246
살신성인 To achieve benevolence by killing (sacrificing) oneself. ···· 54
삼고초려 Visiting the thatched house three times. ···· 256
상당수 a considerable number ···· 112
상류층 the upper class ···· 166
상부상조 To help each other. ···· 18
상사 boss ···· 46
상세하다 to be detailed ···· 97
상속녀 heiress ···· 111
상승세 upward tendency; upswing ···· 87
상시적 continuous; constant ···· 231
상용 정책 common use policy ···· 160
상위권 upper rank ···· 111
상인 merchant ···· 238, 242, 247
상전벽해 The mulberry field has turned into a blue ocean. ···· 102

상징하다 to symbolize ···· 166, 225
상투를 틀다 to do a man's hair up in a topknot ···· 145
상품권 gift certificate ···· 232
새옹지마 The horse of an old man living on the periphery. ···· 126
생계를 유지하다 to make a living ···· 28
생략한 채 whilst omitting ···· 169
생로병사 Being born, getting old, getting ill, and dying. ···· 132
생물 organism; living thing ···· 133, 136
생물학자 biologist ···· 136
생방송 live broadcast ···· 219
생사 life and death ···· 118
생산력 productivity ···· 223
생산성 productivity ···· 64
생성되다 to be generated ···· 244
생을 마감하다 to end one's life ···· 148, 160
생태계 ecosystem ···· 208
생활고 financial difficulties ···· 148
서민 ordinary person ···· 87, 133
서성거리다 to walk up and down restlessly ···· 217
서양화가 a Western-style painter ···· 148
선견지명 Brightness that can see something beforehand. ···· 36
선량하다 to be virtuous ···· 159
선로 railroad ···· 58
선발전 team trials ···· 243
선보이다 to show ···· 15, 79, 196, 208, 225
선비 scholar ···· 28, 201
선출하다 to elect ···· 22
선포되다 to be proclaimed ···· 22, 116
설날 Lunar New Year's Day ···· 183
설득하다 to persuade ···· 176, 181
설립자 founder ···· 129
설법하다 to deliver a Buddhist sermon ···· 16
설상가상 Adding frost on top of snow. ···· 120
설치된 이래 since the establishment of ···· 208
섬기다 to serve ···· 159
섬세하게 delicately ···· 157
성 castle ···· 249
성과 achievement ···· 67

성과를 거두다 to achieve results ···· 196
성년 adult ······································· 145
성품 personality; character ············ 256
성향 tendency ·································· 32
성화 봉송 주자 torchbearer ············ 243
세계 기록 유산 Memory of the World
······································· 45, 219
세계 유산 World Heritage ············· 248
세상을 떠나다 to pass away; to die
·· 58, 165
세자로 삼다 to make a crown prince ·· 99
소꿉놀이를 하다 to play house ········ 157
소나무 pine tree ···························· 166
소란스럽다 to be noisy ···················· 183
소망 wish; hope ···························· 133
소멸하다 to become extinct ············ 184
소문난 잔치 famous feast ··············· 193
소시민 ordinary citizen ·················· 158
소용없다 to be useless ·················· 200
소재 subject; topic ······· 148, 166, 250
소질 talent ·································· 63
소탐대실 Losing a big one while being
    greedy for a small one. ········ 84
소통 communication ······················ 225
소통하다 to communicate ··············· 134
소확행 small but guaranteed happiness
····································· 139
속뜻 real meaning ················ 169, 171
속사정 inside story ························ 155
속세 mundane world ····················· 142
속수무책 There is no idea because
    one's hands are tied. ············ 120
손꼽아 기다리다 to await eagerly ····· 170
손해 보다 to suffer a loss ·········· 91, 93
솔선수범 To take the initiative
    and be a role model. ············· 54
쇠도끼 iron ax ······························· 93
쇠퇴하다 to decline ······················· 133
수군 navy ··································· 39
수력 water power; hydro ··············· 195
수련 training ································· 159
수명 lifespan ······························ 165
수사법을 구사하다 to use speech
    techniques ·························· 184
수사학 rhetoric ······························ 52
수상 소감 award acceptance speech ·· 182
수석 top ···································· 69

수석 합격 passing the exam
    with the highest score ··········· 26
수소 hydrogen ······························ 195
수습하다 to settle ·························· 27
수원 화성 Hwaseong Fortress, Suwon
····································· 248
수익 profit ································· 86
수익성 profitability ························ 35
수줍음 shyness ···························· 51
수출입 import and export ··············· 116
순조롭다 to be smooth ··········· 61, 109
순직하다 to die in the line of duty ···· 56
숨이 차다 to be out of breath ········· 40
숨죽이다 to be silent ····················· 27
스마트 기기 smart device ········· 64, 104
스캔들 scandal ····························· 227
스킨 스쿠버 skin scuba diving ········· 39
스타트업 startup ···························· 73
승려 Buddhist monk ····················· 142
승승장구 To push harder using
    the momentum of winning a fight. ·· 60
시기상조 The timing is rather too early
    (to have a chance to do something).
····································· 96
시끌벅적하다 to be noisy ·················· 182
시대를 거스르다 to go against the times
····································· 81
시련 hardship ······························ 109
시름시름 lingeringly ······················· 110
시상식 awards ceremony ········· 77, 128
시샘하다 to envy ··························· 104
시시각각 Every minute, every hour,
    as time passes. ···················· 96
시시비비 What is right is right,
    and what is wrong is wrong. ···· 198
시절 days; years
····· 15, 39, 70, 106, 108, 115, 160, 196
시조 Korean traditional poem ··· 106, 154
시종 chamberlain; servant ············· 207
시청률 viewer rating ······················ 191
시행 implementation ··············· 44, 214
시행착오 Making a trial run and going
    wrong to ruin. ······················ 126
식단 diet ···································· 230
-식으로 in the manner of ··············· 92
신기록 new record ················· 25, 243
신라 시대 Shilla Dynasty ········· 135, 159

신분 status ·································· 153
신인 rookie; new face ···················· 224
신작 new work ····························· 80
신재생 에너지 new renewable energy
····································· 195
신조어 neologism; new word ··········· 45
신하 subject; retainer ·· 45, 166, 171, 214
신화 myth; mythology ···················· 123
실격 disqualification ······················ 73
실랑이를 벌이다 to argue ··············· 76
실마리 clue; lead ·························· 85
실속이 없다 to be empty ················ 193
실업자 the unemployed ·················· 117
실적 performance ························· 116
실직자 unemployed person ············· 141
실질적 practical ···························· 219
실학자 scholar of the Realist School
    of Confucianism ···················· 57
실행하다 to carry out ····· 135, 196, 213
실험 experiment ··········· 23, 64, 70, 237
실험실 laboratory ·························· 37
심기일전 To change one's mindset. ··· 24
심부름 errand ······························ 97
심사 위원 judge ····················· 20, 199
심사숙고 Thinking and considering
    deeply. ······························ 216
심야 late night ···························· 231
심혈관 질환 cardiovascular disease ·· 40
십시일반 Ten spoonful's of rice makes
    a bowl of rice. ······················ 18
십중팔구 Eight or nine out of ten. ·· 228
쓸데없다 to be useless ····· 169, 171, 184
쓸데없이 uselessly ························ 181
쓸모 있다 to be of use; to be useful ·· 29
쓸모가 없다 to be useless ··············· 85

ㅇ

아는 척하다 to pretend to know ······ 85
아마추어 amateur ························· 224
아무래도 anyhow ·························· 151
아우성치다 to make a big fuss ········ 211
아전인수 Drawing and supplying water
    to one's own field. ················· 90
악당 villain ································· 121
악마 Satan ································· 81
악용하다 to abuse ························ 231

악의 제도 evil system ·········· 184
악의적 malicious ·········· 176
악화되다 to be worsen ·········· 148
안건 agenda ·········· 21
안목이 뛰어나다 to have an excellent eye
　　for ·········· 32
안분지족 Being comfortable and satisfied
　　with what one has shared.
　　·········· 138
안성맞춤 Custom-made in Anseong city
　　in Gyeonggi Province. ·········· 30
안위 comfort ·········· 165
안절부절못하다 to be restless ·········· 217
안정성 stability ·········· 195
안정화 stabilization ·········· 87
안타까움을 사다 to be pitiful ·········· 219
안팎으로 inside and outside
　　·········· 115, 116, 117
알차다 to be useful; to be helpful ·········· 191
암 환자 cancer patient ·········· 177
암울하다 to be gloomy ·········· 26, 103
앞다투어 striving for(to) ·········· 229
앞두다 have something ahead
　　·········· 15, 160, 207, 241
애를 태우다 to worry ·········· 217
애지중지 Cherishing and loving
　　something. ·········· 144
야단법석 Clamoring in an attempt
　　to extract clues of each other's right
　　and wrong. ·········· 180
야당 opposition party ·········· 74, 93
야생 wild ·········· 147
약초 medicinal herb ·········· 165
양궁 archery ·········· 52, 80
양반 가문 nobility family ·········· 153
양치기 소년 shepherd boy ·········· 227
어깨를 나란히 하다 to be the same level
　　·········· 69
어떤 일이든 간에 regardless of what it is
　　·········· 89
어리둥절하다 to be confused ·········· 16
어마어마하게 tremendously ·········· 62
어미 mother ·········· 147
어버이 parents ·········· 159
어부 fisherman ·········· 76
어부지리 A fisherman's profit. ·········· 72
어선 fishing boat ·········· 75

어쩔 줄 모르다 to be at a loss ·········· 218
어찌할 수 없다 to be beyond one's
　　control ·········· 187
어학연수 language study abroad
　　·········· 58, 67
언뜻 in an instant ·········· 170
언중유골 There is a bone in someone's
　　speech. ·········· 168
언행일치 Words and action reach
　　the one. ·········· 54
얼룩무늬 spotted pattern ·········· 147
얼어붙다 to be frozen ·········· 124
얽어지다 to be tangled ·········· 154
업적 achievement ·········· 77, 176
엉뚱하다 to be irrelevant ·········· 70, 205
엎친 데 덮친 격으로 to make matters
　　worse ·········· 116
여객선 passenger ship ·········· 118
여당 ruling party ·········· 74, 93
여론이 거세다 public opinion is fervent
　　·········· 178
여리다 to be tender-hearted ·········· 50
여우 주연상 best actress award ·········· 182
여진 aftershock ·········· 218
역량 competence ·········· 69, 190
역사 station building ·········· 58
역사서 history book ·········· 45
역지사지 To think in the other person's
　　situation. ·········· 42
연꽃 lotus flower ·········· 16
연료 전지 fuel cell ·········· 195
연설자 speaker ·········· 182
연이어 continuously ·········· 81, 88
연초 beginning of the year ·········· 166, 194
연패 successive victories ·········· 81
연합군 the Allied Forces ·········· 117
열세였음에도 불구하고 despite being
　　outnumbered ·········· 39
영사기 projector ·········· 70
영상화하다 to visualize ·········· 111
영역 domain ·········· 69, 136
영영 forever ·········· 219
영웅 hero ·········· 63
영입하다 to scout ·········· 59
영토 territory ·········· 63
예견하다 to foresee ·········· 38, 39
예술품 artwork ·········· 166

예식 ceremony ·········· 147
예의범절 etiquette ·········· 164
옛것 old things ·········· 43, 45
오누이 brother and sister ·········· 123
오는 바람에 due to the coming of ·········· 31
오락가락하다 to go back and forth
　　·········· 179
오리무중 To be in the thick fog. ·········· 84
오픈 sales start ·········· 81
온갖 all; all kinds of
　　·········· 65, 107, 110, 137, 142, 249, 259
온고지신 To know something new
　　by learning the old. ·········· 42
온실가스 greenhouse gases ·········· 195, 208
옷감 cloth ·········· 28
옷감을 짜다 to make fabric ·········· 21
옹주 princess ·········· 109
완성도 level of completion ·········· 111
왈가왈부 Some say it is right, and others
　　say it is wrong. ·········· 198
왕릉 royal tomb ·········· 248
왕위 throne ·········· 99
왕조 dynasty ·········· 45, 106, 107
외강내유 The outside is firm,
　　and the inside is soft. ·········· 256
외교부 Foreign Ministry ·········· 116
외동딸 only daughter ·········· 146
외세 foreign power ·········· 252
외신 foreign press ·········· 147
외유내강 The outside is soft,
　　but the inside is strong. ·········· 48
외화 foreign currency ·········· 124
외환 보유고 foreign exchange reserves
　　·········· 124
요청받다 to be requested ·········· 215
욕구 desire ·········· 153
욕망을 품다 to have a desire for ·········· 142
욕심내다 to be greedy ·········· 57, 171
욕심을 부리다 to be greedy
　　·········· 85, 139, 252
용궁 underwater palace ·········· 171
용두사미 Dragon's head with a snake's
　　tail. ·········· 192
용병술 tactics ·········· 32
용왕 the Dragon King (of the Sea) ·········· 171
우량주 blue chip ·········· 35
우려 worry ·········· 87, 135, 195

우리 barn; shed; cattle pen ⋯⋯ 238

우선시하다 to prioritize ⋯⋯ 91

우승을 차지하다 to win the championship ⋯⋯ 229

우여곡절 Being curved and twisted on the rest of a detouring road. ⋯ 108

우울증 depression ⋯⋯ 40

우유부단 It is too soft to break, to be indecisive. ⋯⋯ 210

우쭐대다 to brag ⋯⋯ 140

우후죽순 Bamboo shoots rising after the rain. ⋯⋯ 222

울고불고 weepingly ⋯⋯ 116, 187

움트다 to sprout ⋯⋯ 255

워킹맘 working mom ⋯⋯ 194

원성을 사다 to cause an outrage ⋯⋯ 188

원소 element ⋯⋯ 249

원앙 mandarin duck; lovebird ⋯⋯ 152

원유 crude oil ⋯⋯ 242

원작 original work ⋯⋯ 81

위기에 처하다 to be in a crisis ⋯⋯ 63, 121, 171

위인 great person; great figure ⋯⋯ 250

위태롭다 to be risky ⋯⋯ 121, 122

유감없이 발휘하다 to fully demonstrate ⋯⋯ 20

유구무언 There is a mouth, but there are no words. ⋯⋯ 168

유기 abandonment ⋯⋯ 112

유기(놋그릇) brassware ⋯⋯ 33

유래하다 to originate ⋯⋯ 225

유리하다 to be favorable ⋯⋯ 91

유명 인사 celebrity ⋯⋯ 224

유명무실 There is only a name without reality. ⋯⋯ 192

유명세를 떨치다 to gain fame ⋯⋯ 191

유물 artifact; remains ⋯⋯ 147

유배를 당하다 to go into exile ⋯⋯ 63

유별나다 to be particular ⋯⋯ 38

유비무환 There is no worry if one prepares in advance. ⋯⋯ 36

유산 분배 inheritance distribution ⋯⋯ 207

유언비어 Flowing words and flying words. ⋯⋯ 174

유유상종 Similar groups follow each other. ⋯⋯ 234

유일무이 Only one not two. ⋯⋯ 144

유전되다 to be inherited ⋯⋯ 147

유죄 선고 guilty sentence ⋯⋯ 137

유치하다 to host; to invite ⋯⋯ 82

유토피아 Utopia ⋯⋯ 103

유학자 Confucian scholar ⋯⋯ 154

육상 선수 track and field athlete ⋯⋯ 243

-(으)로 삼다 to use something as ⋯⋯ 44, 128

은도끼 silver ax ⋯⋯ 93

은퇴 retirement ⋯⋯ 15

음력 lunar calendar ⋯⋯ 183

의롭다 to be righteous ⋯⋯ 58

의료 활동 medical care ⋯⋯ 134

의미심장하다 to be meaningful ⋯⋯ 169

의사소통하다 to communicate ⋯⋯ 104

의약품 medicines ⋯⋯ 163

의연하다 to be resolute ⋯⋯ 51

의족 artificial leg ⋯⋯ 128

의지하다 to rely on ⋯⋯ 14, 143, 243

의학 medicine ⋯⋯ 232

의학계 medical profession ⋯⋯ 163

-이/가 따로 없다 to be the same as ~ ⋯⋯ 98

이견 different opinions ⋯⋯ 81

이끌리다 to be led ⋯⋯ 81

이득 profit ⋯⋯ 94

이론 theory ⋯⋯ 193, 237

이민 emigration ⋯⋯ 14, 182

이민 정책 immigration policy ⋯⋯ 135

이바지하다 to contribute to ⋯⋯ 82

이산가족 separated families ⋯⋯ 219

이상 고온 현상 abnormal hot temperature phenomenon ⋯⋯ 88

이상적인 사회 ideal society ⋯⋯ 201

이상주의자 idealist ⋯⋯ 207

이색적 unique; exotic ⋯⋯ 202

이심전심 Heart to heart. ⋯⋯ 12

이열치열 Treating heat with heat. ⋯⋯ 257

이직하다 to change jobs ⋯⋯ 127

이치 principle; natural law ⋯⋯ 249

이해타산 Calculating gains(benefits) and losses(harms). ⋯⋯ 90

인간관계 interpersonal relationships ⋯⋯ 172

인간사 human affairs ⋯⋯ 128

인공 지능 Artificial Intelligence ⋯⋯ 69, 134, 231

인사 팀 human resources team ⋯⋯ 32

인산인해 A lot of people who gathered as high as a mountain and spread out as wide as the ocean. ⋯⋯ 222

인생무상 There is nothing to last long in life. ⋯⋯ 138

인수하다 to take over ⋯⋯ 129

인식하다 to perceive ⋯⋯ 92

인연 connection; relationship ⋯⋯ 151

인정사정없다 to be heartless ⋯⋯ 212

인지상정 Human's natural heart. ⋯⋯ 12

인턴 intern ⋯⋯ 37

인품 personality ⋯⋯ 159

인플루언서 influencer ⋯⋯ 189

일가견이 있다 to have expertise ⋯⋯ 50

일거양득 Getting two benefits for one action. ⋯⋯ 257

일맥상통 Being connected to one stem. ⋯⋯ 234

일사천리 The stream of water poured down at once flows to around a thousand miles (1 ri is about 393 meters). ⋯⋯ 60

일석이조 To kill two birds with one stone. ⋯⋯ 36

일장춘몽 Round of a spring dream. ⋯⋯ 138

일제 강점 Japanese colonial rule ⋯⋯ 109

일취월장 To go forward day after day and develop month after month. ⋯⋯ 66

일편단심 A piece of red heart. ⋯⋯ 150

일화 anecdote ⋯⋯ 130

일확천금 Grabbing one thousand gold at once. ⋯⋯ 72

임기응변 To change answers according to situations. ⋯⋯ 30

임대료 rent ⋯⋯ 242

임원 executive ⋯⋯ 17

임직원 executives and staff members ⋯⋯ 46

임진왜란 Japanese invasion of Joseon ⋯⋯ 39, 109

ㅈ

자급자족 Giving to oneself and being satisfied with it. ……… 258
자랑을 늘어놓다 to boast too much ……… 238
자리를 내주다 to yield the position ……… 133
자리에 오르다 to rise to one's position ……… 65
자백 confession ……… 141
자살 충동 suicide impulse ……… 81
자손 descendent ……… 145, 163, 164
자수성가 To accomplish family wealth with one's own hands. ……… 66
자승자박 Tying up one's body with one's own rope. ……… 258
자신의 이익만 챙기는 통에 due to acting in one's own interest only ……… 252
자업자득 One gets the outcome of one's action. ……… 84
자연 선택 natural selection ……… 136
자연계 natural world ……… 136
자연물 natural object ……… 166
자연재해 natural disaster ……… 121
자원 resource ……… 196
자원봉사 volunteer work ……… 92
자자손손 A son of a son, and a grandson of a grandson. ……… 162
자초지종 From the beginning to the end (of work). ……… 96
자칫하면 at the slightest slip ……… 195
작곡 composition ……… 47
작사 lyric writing ……… 47
작심삼일 Three days since making up one's mind. ……… 210
잔뜩 a lot ……… 223
잘 들어맞다 to work well ……… 49
잠재력 potential ……… 244
잡음이 많다 to be noisy ……… 110
잡초 weed ……… 21
장군 general ……… 39, 61, 154
장난삼다 to do something for fun ……… 27
장단 rhythm ……… 103
장면이 연출되다 to be performed ……… 183
장벽 wall ……… 146
장수 general ……… 27, 34
장염 enteritis; stomach flu ……… 123

장유유서 There is an order between the old and the young. ……… 162
장인 craftsman ……… 33
장편 소설 full-length novel ……… 51
장황하다 to be lengthy ……… 184
재개발되다 to be redeveloped ……… 103
재난 disaster ……… 254
재단 foundation ……… 82
재물 wealth ……… 56, 57
재벌 conglomerate ……… 111
재앙 disaster ……… 165, 208
재정 finance ……… 44, 63
재조명되다 to be re-evaluated ……… 64
재창조하다 to recreate ……… 45
재치 quick wit ……… 169
재치 있게 wittily ……… 31
재판부 court ……… 226
재현되다 to be repeated ……… 81
저런 oh, no ……… 170, 212
저소득층 low-income families ……… 87
저지르다 to commit ……… 85, 137
저출산 low birth rate ……… 135
적군 enemy troops ……… 34, 221
적색 red; dark red ……… 248
적용하다 to apply ……… 136
적자생존 Only creatures fitted to the environment survive. ……… 132
적재적소 To put the right person in the right place. ……… 30
적합하다 to fit; to be adequate ……… 31, 32
전 국민적 national ……… 124
전 인류적 global ……… 208
전개되다 to be developed ……… 22, 51, 207
전년 대비 compared to the previous year ……… 87
전래 동화 traditional fairy tale ……… 139
전략 strategy ……… 182, 255
전략가 strategist ……… 256
전력 electricity ……… 88, 195
전력 military force ……… 223
전력 team force ……… 61
전말 whole story ……… 100
전망 prospect ……… 37
전무후무 Being none before and never after. ……… 78
전성기 golden era ……… 15
전신기 telegraphic instrument ……… 70

전염병 infectious disease ……… 34, 173
전쟁이 터지다 a war breaks out ……… 89, 212
전쟁터 battle field ……… 130
전전긍긍 Trembling with fear and hunching the body tightly. ……… 216
전철을 밟다 to repeat the mistake of one's predecessor ……… 43
전통 문화유산 traditional cultural heritage ……… 21
전투 battle ……… 34, 39, 61, 74, 184
전투선 battleship ……… 39
전향하다 to turn into ……… 224
전형적 typical ……… 50
전화 금융 사기 voice phishing ……… 231
전화위복 Disasters are changed into blessings. ……… 126
절 verse ……… 250
절대 왕정 absolute monarchy ……… 63
점령하다 to occupy ……… 63
점입가경 The more it moves forward, the more beautiful it gets. ……… 108
점치다 to make a prediction ……… 134
접하다 to border ……… 89
정년퇴직 mandatory retirement ……… 140
정당 party ……… 93
정서 반응 emotional response ……… 220
정성스럽게 attentively ……… 189
정숙하다 to be virtuous ……… 177
정신 질환 mental disorder ……… 220
정신적 유산 spiritual heritage ……… 201
정의롭다 to be righteous ……… 139
정전 ceasefire ……… 146
정전 사태 blackout; power outage ……… 88
정절 fidelity; chastity ……… 153
정취 vibe ……… 148
정치가 politician ……… 184
제도적 장치 institutional measures ……… 112
제비 swallow ……… 189
제자 student ……… 16
제정하다 to establish ……… 82
조개 shellfish ……… 76
조개껍데기 shell ……… 76
조갯살 stripped shellfish ……… 76
조류 tide ……… 39
조리 없다 to be pointless ……… 181

조선 시대 Joseon Dynasty 39, 99, 105, 153, 165

조선 총독부 the Japanese Government-General of Korea 226

조선어 Korean language 160

조성 building 213

조언하다 to advise 100

조연상 award for the supporting actor/actress 129

조직 organization 21, 169

존댓말 honorific (language) 202

좀처럼 rarely 97

종목 event 243

좋을 듯하다 it seems good 225

좌불안석 Being unable to comfortably sit. 216

좌우되다 to be determined 134

좌절하다 to despair 25

좌지우지 Going to the left or to the right. 186

좌충우돌 Ramming to the left and bumping into the right. 198

주가 stock price 86, 98, 176

주객전도 Reversing the roles of host and guest. 204

주경야독 To farm during the day and study at night. 24

주권 sovereignty 124

주도 leading 195

주름 wrinkle 131

주식 투자 stock investment 176

주의를 주다 to give someone a warning 206

주체 subject 205

주택 단지 residential area 105

죽마고우 An old friend used to ride bamboo horses together. 156

중구난방 It is hard to stop everyone talking. 180

중립 neutrality 117

중시하다 to think much of 202

중언부언 Repeating the same words over and over again. 180

즈음하다 to be around 183

증거 evidence 181

증명하다 to verify; to prove 64, 141

지구 온난화 global warming 88, 195

지능 지수 intelligence quotient 237

지능화 intellectualized 231

지문 fingerprint 147

지방 관리 local government official 57

지방 자치 단체 local government 112

지속 가능한 미래 sustainable future 88

지시 order 45

지인 acquaintance; friend 231

지지를 얻다 to get support 117

지지하다 to support 99, 141

지진 earthquake 190, 218, 223

지침서 guidebook 57

지팡이를 휘두르다 to swing a cane 142

지형 topography; geography 39, 247

직전 right before 122

진리 truth 16

진수성찬 Rarely good food and many kinds of side dishes. 259

진실하다 to be sincere 151

진심 true heart; sincerity 167

진작에 before; in advance 213

진화론 theory of evolution 136

짐작하다 to guess; to surmise 106, 238

집계상 on the aggregate; in total 80

집권 seizing power 63

집안을 일으키다 to accomplish one's family wealth 67

집중력 concentration 64

징조 sign 165

짤막한 문구 brief phrase 184

쪼개다 to spare; to split 64

쫓아내다 to expel 177, 189

ㅊ

차고 garage 129

차근차근 step by step 100

차일피일 This day or that day. 210

참가자 participant 238

참되다 to be true 158

참모 중장 Lieutenant General of the Staff 226

참전 용사 war veteran 75

참전하다 to participate in war 75, 111

참치잡이 tuna fishing 75

창시자 founder 16

창업하다 to start a company 73, 129

창작곡 creative song 43

책임감을 지니다 to have a sense of responsibility 201

처단하다 to punish 226

처지 situation 13, 14, 121

천만다행으로 fortunately 71

천생연분 A relationship made by heaven from birth. 150

천양지차 The difference between heaven and earth. 102

천연가스 natural gas 89

천우신조 Heaven helps, and ghosts help as well. 72

천재지변 natural disaster 190

천정부지 Being unable to know the end of a ceiling. 238

철갑선 armored battleship 39

철학자 philosopher 52, 136

청렴결백 (One's personality) To be clear, clean, and incorruptible, like white. 54

청렴하다 to be incorruptible 53

청색 blue 248

청중 audience 21, 183

청천벽력 A lightening in the clear blue sky. 114

청탁 solicitation; request 53

체격 physique(physical structure) 239

체계적으로 systematically 52

초가 thatched house 148

초래하다 to cause 88

총알 bullet 51

최대 the largest 225

최우수 the best 199

최적 the most suitable 244, 256

최종 우승자 final winner 200

추구하다 to pursue 139, 142

추돌 rear-end collision 71

추모제 memorial ceremony 58

추분 Autumnal Equinox 165

축가 congratulatory song 15

축사 congratulatory message 15

축음기 gramophone 70

출간하다 to publish 127

출산율 birth rate — 193

출연하다 to perform; to appear on the stage — 153, 225

출전권 participation right — 243

출전하다 to participate — 52, 243

충동구매 impulsive buying — 92, 215

충성 loyalty — 159

충신 loyal retainer — 154

충절 loyalty — 154, 226

취사 cooking — 255

취지 purpose; meaning — 213

치닫다 to escalate; to go up — 112

치매 dementia — 11

치열하다 to be intense — 74

치중하다 to concentrate on — 58

친근하게 in a friendly way — 117

친지 close friend — 183, 188

친환경 eco-friendly — 133

친환경 가방 eco bag — 88

칠전팔기 To fall seven times and get up eight times. — 24

칠하다 to color; to paint — 249

칡덩굴 vines of arrowroots — 154

침략 invasion — 39

침몰하다 to sink — 118

침범하다 to invade — 252

침소봉대 Saying that a needle is a bat. — 174

침수되다 to be flooded — 105

침입 invasion — 34

침탈당하다 to be plundered — 26

ㅋ

컨설턴트 consultant — 64, 237

콘셉트 theme; concept — 105

콩쿠르 concours; contest — 241

콩트 (Fr.) conte; (En.) skit — 160

큰 폭으로 significantly — 87

ㅌ

타고나다 to be born with — 196

타산지석 Even a stone from a different mountain helps grind the rocks here. — 42

타인 other person(people) — 237, 256

탁상공론 An empty discussion only on the desk. — 192

탁월하다 to be excellent — 79

탄소 배출량 carbon emission — 195

탄탄대로 (without high or low) A flat and big road. — 60

탄탄하다 to be solid; to be firm — 81, 195

탈 없이 without a problem — 62

탈락하다 to be eliminated — 200

탐내다 to desire — 57, 83, 139

탓하다 to blame — 85

태양열 solar heat — 195

태조 the first king — 45, 99

터 site; lot — 135, 250

터득하다 to master — 127

터무니없다 to be absurd — 177

털어놓다 to confide — 46, 97

텀블러 tumbler — 88

토론회 debate; forum — 178

통합 integration — 135

투덜거리다 to grumble — 203

투수 pitcher — 62

투자처 investment market — 177

특권 계급 privileged class — 153

팀원 team member — 17, 29, 187, 200

팀장 team leader — 29, 49, 167, 187

ㅍ

파견 근무 secondment — 152

파견하다 to dispatch — 99

파란만장 Waves as high as ten thousand jang(about 30km). — 108

파산 bankruptcy — 63

파악하다 to figure out — 39

파파라치 paparazzi — 226

판매량 sales volume; sales — 59

판문점 Joint Security Area — 146

팔방미인 A person who is beautiful in eight directions. — 48

팔선녀 eight Taoist fairies — 142

패권 supremacy; hegemony — 117

패널 panelist — 197

패물 jewelry — 22

패하다 to lose; to be defeated — 63

팽배하다 to prevail — 58

편집 editing — 160

평민 the common people — 153

평생에 걸치다 throughout one's whole life — 81

폐광 abandoned mine — 105

폐쇄하다 to shut down — 124

폐허 ruins — 105

포괄하다 to include — 201

포로 prisoner — 121

포병 장교 artillery officer — 63

포부 aspiration; ambition — 28

폭락하다 to plunge — 194, 242

폭로하다 to reveal — 171

폭염 heat wave — 88

폭풍우 storm — 75

표류 drifting; floating — 75

푸짐하게 abundantly — 235

풀어내다 to unfold — 81

품격이 있다 to be classy — 79

풍력 wind power — 195

풍수 사상 feng shui thought — 249

풍자 문학 satire literature — 170

풍전등화 A lamp light in front of wind. — 120

프레젠테이션 presentation — 23

프로젝터 projector — 98

피겨 스케이팅 figure-skating — 79

피란살이 refugee life — 110

피란하다 to escape; to seek refuge — 148

피폐해지다 to be devastated — 117

ㅎ

하객 guest; vistor — 206

하급 귀족 lower class nobility — 207

하나가 되다 to be united — 17, 19

하는 셈이다 it is like doing — 62

하루빨리 immediately; quickly — 213

하루아침에 in overnight — 124, 141

하천 river — 38

하층민 lower class — 22

학 crane — 166

학문 study — 28, 52, 193, 201

학문을 닦다 to pursue learning — 201

학문적 academic — 160

학식 knowledge; erudition — 159

학창 시절 one's school days — 155

한 움큼씩 handful of ⋯⋯ 38
한 치 앞도 모르다 to be unpredictable ⋯⋯ 127
한결같이 consistently ⋯⋯ 141
한낱 only ⋯⋯ 106
한마음이 되다 to become united ⋯⋯ 22, 124
한바탕 a round of ⋯⋯ 139
한반도 Korean peninsula ⋯⋯ 22, 146
한순간에 for a moment; for an instant ⋯⋯ 141
한없이 boundlessly ⋯⋯ 241
한자리 one place ⋯⋯ 16, 207, 218
할 노릇이다 to be a situation to ⋯⋯ 117
할 말이 없다는 듯 as if someone has nothing to say ⋯⋯ 167
할인가 discounted price ⋯⋯ 235
함흥차사 A messenger sent to Hamheung(present Hamheung-si, Hamgyeongdo) by a king. ⋯⋯ 96
합류하다 to join ⋯⋯ 117
합병 merger ⋯⋯ 124
항일 운동 anti-Japanese movement ⋯⋯ 160
해결책 solution ⋯⋯ 87, 99, 219
해고되다 to be fired ⋯⋯ 127
해당 relevant ⋯⋯ 232
해를 끼치다 to cause harm; to damage ⋯⋯ 94
해수면 sea level ⋯⋯ 208
해안 coast ⋯⋯ 165, 208
해전 naval battle ⋯⋯ 39
해체되다 to be disbanded ⋯⋯ 110
햇볕을 쬐다 to bask in the sunshine ⋯⋯ 76
행방 whereabouts ⋯⋯ 87
행정관 executive officer ⋯⋯ 57
허망하다 to be futile ⋯⋯ 141
허물없이 candidly ⋯⋯ 157
허수아비 scarecrow; (metaphorically) puppet ⋯⋯ 99
허심탄회하게 candidly ⋯⋯ 46
허약하다 to be weak ⋯⋯ 128
허영심 vanity ⋯⋯ 51
허전하다 to feel empty ⋯⋯ 139
허튼 약속 hollow promise ⋯⋯ 178
헌병 military police ⋯⋯ 226
헐뜯다 to slander ⋯⋯ 74

험하다 to be tough ⋯⋯ 107
헤아리다 to consider ⋯⋯ 44, 141
혁명의 불꽃 flame of revolution ⋯⋯ 63
현실성 practicality; reality ⋯⋯ 196
현실주의자 realist ⋯⋯ 207
현실화되다 to become a reality ⋯⋯ 193
혐의 charge ⋯⋯ 57, 160
협약하다 to make an agreement ⋯⋯ 208
협의안 agreement proposal ⋯⋯ 208
협의체 consultative council ⋯⋯ 208
협정하다 to make an agreement ⋯⋯ 219
-형 type ⋯⋯ 50, 51, 68, 69
형무소 prison ⋯⋯ 160
형사 detective ⋯⋯ 100, 200
형을 선고받다 to be sentenced ⋯⋯ 160
형형색색 All shapes and colors. ⋯⋯ 246
호기심 curiosity ⋯⋯ 70
호의 favor ⋯⋯ 172
혼연일체 To be mixed or blended to become like one. ⋯⋯ 18
홀로 alone ⋯⋯ 258
화 disaster ⋯⋯ 130
화답하다 to return ⋯⋯ 172
화두가 되다 to become a hot issue ⋯⋯ 244
화룡점정 Drawing eyes by marking dots in the picture of a dragon. ⋯⋯ 259
화물차 freight vehicle ⋯⋯ 70
화산 폭발 volcanic eruption ⋯⋯ 190
화석 연료 fossil fuel ⋯⋯ 195
화재를 일으키다 to cause a fire ⋯⋯ 70
화제 topic ⋯⋯ 15, 80, 153
화학 chemistry ⋯⋯ 19
환경 운동가 environmental activist ⋯⋯ 197, 208
환멸 disillusion ⋯⋯ 81
환멸을 느끼다 to be disillusioned ⋯⋯ 99
환상 illusion ⋯⋯ 207
환생하다 to be reincarnated ⋯⋯ 142
환절기 time of changing seasons ⋯⋯ 101
환호하다 to cheer; to shout for joy ⋯⋯ 213
활 bow ⋯⋯ 52
활성화하다 to boost ⋯⋯ 105
황녀 imperial princess ⋯⋯ 107
황당하다 to be absurd ⋯⋯ 111, 141
황색 straw color ⋯⋯ 248
황소 bull ⋯⋯ 250
황제 emperor ⋯⋯ 63, 146

황홀하다 to be ecstatic ⋯⋯ 109
회상하다 to reflect ⋯⋯ 106
회원국 member country ⋯⋯ 237
회화 painting ⋯⋯ 166
횡설수설 Speaking horizontally and vertically without coherence. ⋯⋯ 180
효율 efficiency ⋯⋯ 134
효율성 efficiency ⋯⋯ 32
후기 latter period ⋯⋯ 57, 115, 142
후렴구 chorus ⋯⋯ 250
후보자 candidate ⋯⋯ 178, 242
후원 back garden; backyard ⋯⋯ 166
후회하곤 하다 to often regret it ⋯⋯ 38
휘둘리다 to be swung ⋯⋯ 50
휩쓸다 to sweep ⋯⋯ 77
휩쓸리다 to be swept ⋯⋯ 212, 227
휴전 ceasefire ⋯⋯ 219
흑색 black ⋯⋯ 249
흘려듣다 to overhear ⋯⋯ 205, 206
흡연 smoking ⋯⋯ 255
흥겹다 to be exciting ⋯⋯ 250
흥망성쇠 Rise and fall. ⋯⋯ 132
흥미진진하다 to be exciting ⋯⋯ 165, 207
흥행하다 to be a box office hit ⋯⋯ 50, 129
흩날리다 to flutter ⋯⋯ 16
흩다 to scatter ⋯⋯ 27
흩어지다 to be scasttered ⋯⋯ 219
희로애락 Joy, anger, sorrow and pleasure. ⋯⋯ 156
힘을 보태다 to provide support ⋯⋯ 117
힘을 합하다 to cooperate ⋯⋯ 19